무지개
원리

Nihil Obstat :
Rev. Thomas Kim
Censor Librorum
Imprimatur :
Most Rev. Boniface CHOI Ki-San, D.D.
Episc. Incheon
2013. 12. 20.

무지개
원리

초판 1쇄 발행 2006년 11월 20일
전면완전 개정판 1쇄 발행 2012년 4월 25일
리바이벌판 8쇄 발행 2023년 12월 7일

글 차동엽

펴낸이 김상인
펴낸곳 위즈앤비즈
디자인 박은영
주소 경기도 김포시 고촌읍 신곡로 134
전화 031-986-7141 **팩스** 031-986-1042
출판등록 2007년 7월 2일 제409-3130000251002007000142호

ISBN 978-89-92825-93-1 03320
값 15,000원

Blessing of the rainbow • 하는 일마다 잘 되리라

무지개 원리

차동엽 지음

위즈앤비즈
Wisdom & Vision

 **머리말**

리바이벌판을 내며

무슨 조화인지 이 글을 쓰는 날 쌍무지개가 떴습니다.

북한산 자락에 선연하게 걸쳐 있는 일곱 색깔의 축복을 보노라니 괜스레 길상하게 여겨졌습니다.

2006년 말 초판이 찍히고서 두 해가 지날 무렵, 『무지개 원리』는 밀리언셀러라는 과분한 이름을 얻었습니다. 그러고서 오늘에 이르기까지 장기 스테디셀러로 자리매김해 왔습니다. 독자들 사랑 덕입니다.

속도감의 관점에서, 요즈음 10년은 과거 100년에 비견됩니다.

이 현상은 문화 전반에서 실감으로 경험됩니다. 10년 전의 것들로서 현재에 살아남은 것들은 극히 드뭅니다.

시간의 시선은 날로 비정해지고 있습니다.

그럼에도 시간은 모든 것의 시금석입니다.

진짜배기는 시간의 시험을 견뎌냅니다.

해묵어도 여전히 풋풋한 그것을 순정이라 부를 수 있듯이, 시간이 흘러도 늘상 고개가 끄덕여지는 것, 그런 것이라야 참지혜라 할 수 있을 것입니다.

바람입니다.

『무지개 원리』가 꼭 저런 것이었으면 좋겠습니다.

문득 떠오른 소망이 아닙니다. 애초부터 "무지개 뜨는 삶을 기약할 참 지혜"를 전할 요량으로 집필에 착수했다는 기억이 뇌리에 또렷합니다.

무모한 도전이었지만 그만큼 보람이 컸습니다.

출판사와의 계약기간 만료로 비롯된 공백이 꽤 길어졌습니다. 그 사이에 미안하고 고맙게도 독자들로부터 재출간 요청이 빗발쳤습니다. 애정으로 기다려준 분들에게, 절차적 지연으로 이제야 새로 빛을 보게 된 점, 너르게 이해해 주시기를 이 자리를 빌려 사과드립니다.

뜬금없이 스스로에게 묻고 싶어집니다.

"내 인생의 무지개"는 언제 떴던가.

이로써 그만인가, 또 뜰 것인가.

어떤 경우에도 최후까지 유효한 진실은, 그것이 우리 마음속 희망의 조도에 따라 명멸을 거듭한다는 사실입니다.

무지개에 관한 한 남미 인디언의 희망이 우리보다 한 수 위입니다.

"그대 어깨 위로 무지개 뜨기를"([…] and may the rainbow always touch your shoulder).

차례

PART 02 하는 일마다 잘 되는 무지개 원리

PART 03 무지개 선순환

PART 01

내 **인생**의 밑그림

인생의 절반은 밑그림에 달려 있다. 나머지 절반은 그 밑그림을 채우는 작업일 뿐이다.

앞날이 구만리 같은 젊은이에게 잘 그려진 '내 인생의 밑그림'은 소모적인 수고와 상처투성이인 시행착오를 감면해 준다. 여생을 대비해야 하는 중년 이후의 사람들에게 새로 그려진 내 인생의 밑그림은 더더욱 중요하다. 왜? 후반기 끝자락으로 치달을수록 시간의 소중함이 훨씬 절박하게 느껴지니까.

하지만 밑그림을 그린다는 것이 결코 만만한 일이 아니다. 섣불리 그렸다간 후회하기 다반사다. 잘못 그렸다간 전체 인생을 망치고 만다. 밑그림을 제대로 그리려면 필요충분한 정보와 통합적 안목이 요구된다. 바로 이 점이 사회생활을 시작하는 이들의 고충이며 한계다.

'무지개 원리'는 내 인생의 밑그림을 멋지게 그릴 수 있도록 도와주는 일종의 지혜 가이드다. 처음 그리든 새로 그리든 '자신만의' 밑그림을 그리는 데 요구되는 필요충분한 정보와 통합적 안목을 제시하기 때문이다.

물론, 누구에게나 이미 내 인생의 밑그림이 있다. 그런 이들은 이 책을 읽으며 자신의 밑그림을 수정하거나 보완할 수 있다.

이 장에서는 밑그림의 기초와 틀에 해당하는 지혜를 제공한다.

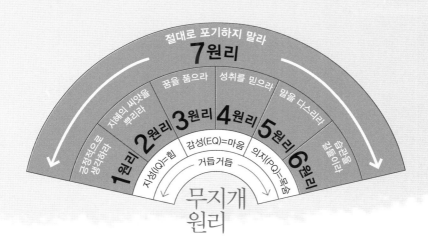

운명이라
말하지 마라

내 허락을 받아야

불과 10년 전만 해도 사람들이 가장 원하는 것이 '성공'이었다. 하지만 요즘은 점점 '행복'을 더 원하는 추세다. 그만큼 성공을 향한 질주가 고달팠다는 얘기며, 그 대열에서 좌절한 이들이 많이 생겨났다는 얘기며, 또 설사 성공을 이뤘다 해도 그 뒤에 허탈감이 컸다는 얘기 아닐까. 그리하여 밑도 끝도 없는 성공추구는 이제 그만, 행복이라도 착실히 챙기자는 심산 아닐까.

그런데 행복의 추구도 만만치 않다. 거기에도 턱하니 복병이 있다. 바로 녹록지 않은 환경, 자꾸 '불행'이라는 이름표를 붙여달라고 유혹하는 '잘 풀리지 않는 현실'이 그것이다. 하도 사방으로 막히고 팔방으로 꼬이니까 사람들 입에서 '운명탓', '팔자타령'이 절로 나올 판이다.

동서고금의 성공 및 행복 지혜를 두루 탐구했다고 자부하는 나의 처방은 단순무식하다.

"그냥 웃으세요, 그러면 즉시 행복해지고 성공도 곧 뒤따라옵니다."

이 말에 어떤 독자들은 반문할지 모른다.

"아, 누가 몰라서 그래? 망해 봐, 웃음이 나오나. 회사에서 속상한 일 생겨 봐, 애들이 속 썩여 봐, 실패해 봐, 어디 가서 안 좋은 얘기 들어 봐, 표정이 굳어지는 걸 어떡해. 그런데도 웃으라고? 행복할 수 있다 고?"

일리가 있는 말이다. 웃을 수 없는 상황이 있다. 우리 삶에서는 불행 의 요인이라고 생각되는 일들이 끊임없이 벌어지고 있다. 육체적 고통, 정신적 고뇌, 생활고……

이러한 때에도 늘 그런 행복을 누리게 해 주는 비책이 있다. 바로 다 음의 특급 행복법칙을 되뇌는 것이다.

"그 무엇도 내 허락 없이는 나를 불행하게 만들 수 없다!"

이는 '테크닉'이 아닌 '법칙'이며 '원리'다. 지금껏 많은 행복 전도사, 많은 행복 관련 서적들이 우후죽순처럼 생겨났지만 글로벌 금융위기가 오면서 모두 쑥 들어갔다. 당장 경제가 어렵고, 삶이 힘든 여건에서는 테크닉적인 접근이 통하지 않기 때문이다.

그런데 나는 오히려 글로벌 금융위기 때 가장 호황(?)을 누렸다. 원리 를 잡았기 때문이다. 이 원리를 설파하고 원리를 강의하기에 나의 저술 과 강연이 더욱 진가를 발휘했다. 어려울 때 원리를 잡은 사람은 살아 남지만 테크닉을 잡은 사람은 살아남지 못한다.

그렇다면 그 원리란 무엇인가?

'내 허락 없이는'이란 말을 한번 따져보자. 이 말은 무슨 의미인가? '허락'은 내가 주체적으로 하는 것이다. 그러므로 내가 이성적으로 '불 행'이라고 인식하지만 않으면 나는 더 이상 불행하지 않다.

똑같은 데이터를 놓고 각자의 판단은 다를 수 있다. 내가 '불행'의 리스트에 꼽고 있는 것 가운데, 다른 사람은 그것을 '행복'의 리스트에 포함시키는 경우가 얼마나 많은가.

예를 들어보자. 같은 평수의 아파트에 살면서, 어떤 사람은 그 집을 궁전 같은 행복의 보금자리로 여기는 반면, 어떤 이는 남에게 감추고 싶은 수치의 현장으로만 간주할 수도 있다. 그 까닭을 굳이 실례를 들어 유추하자면 전자는 엊그제까지 전셋집에 살다가 방금 내 집을 마련하여 이사 온 경우이겠고, 후자는 보다 큰 평수에서 떵떵거리며 살다가 형편이 나빠져 평수를 줄여서 이사 온 경우가 되겠다. 누구의 관점이 옳은가? 정답은 없다. 다만 각자의 선택일 뿐이다.

그러므로, 내가 끝까지 허락해 주지 않는 한, 이 세상에 그 무엇도 '불행'의 이유가 될 수 없다.

운명도 내 허락을 받아야 운명이다.

절망도 내 허락을 받아야 절망이다.

절망은 거짓이다

젊은 세대의 초상(肖像)

"시방 세상이 하수상하다.

소위 2040세대의 신음은 거칠고, 절망은 깊고, 분노는 격하고, 혼돈은 칠흑이다."

내가 그려본 젊은 세대의 초상이다. 기법으로 치자면 스케치다. 그렇다. 이 시대 2040세대는 기성사회로부터 받은 실존적 상처가 너무 깊다.

군부독재 시대에 태어나 음울하게 성장하다, 청소년기에 야심차게 공부하려 하니 IMF 외환위기의 직격탄을 맞았다. 그 여파로 가족 해체까지 경험했다. 그들의 동생 세대는 어떠한가. 그들은 어린 시절 저 아픔을 고스란히 함께 겪다가 간신히 대학을 졸업하자 글로벌 금융 위기로 사회 진출의 길이 막혔다.

이들은 '수동적' 피해자로 시대의 슬픔을 온몸에 안고 있다. 경제가 어려워질수록 기득권 세대는 더욱더 자신의 것을 내어놓지 않으려 움켜잡으니, 상흔 투성이인 이들은 아무 것도 주어진 것 없는 박탈감에 시달릴 수밖에 없다. 이러하니 절망은 깊고, 분노는 격할 수밖에……

그래서인가. 이 시대 2040세대의 현실을 풍자한 신조어들이 하루가 멀다 하고 등장한다.

경제여건상 연애, 결혼, 출산을 포기한 세대를 뜻하는 '삼포세대', 비싼 대학 등록금 탓에 부모 등골을 뺀다 하여 만들어진 말 '등골탑', 졸업 예정자들의 취업이 늦어지면서 청년 대부분이 졸업 후 실업자나 신용 불량자가 된다는 뜻의 '청년실신', 아르바이트로 부족한 학자금을 충당하는 학생들에 대한 반어적 표현인 '알부자족' 등……. 이들 신조어에는 하나같이 절망을 웃음으로 승화하려한 몸부림이 물씬 배어난다.

나는 기탄없는 공감을 느끼는 한편, 뭔가 모를 찜찜함에 멈칫해진다. 물음이 솟아오른다.

"과연 우리에게 절망만이 결론이고, 위로며, 대안일까?"

이 물음이 사유를 만나면서 또 다른 물음을 낳는다.

"혹시 저 신조어들은 현실을 더욱 꼬이게 하는 주술효과를 지닌 것은 아닐까?"

"아니라면 저 신조어들이 오늘의 젊은 세대로 하여금 치열한 경쟁사회로부터 피신케 하는 은신처 역할을 하는 것은 아닐까?"

이쯤에서 나는, 우리의 시선을 종횡으로 이동하여 보다 넓은 시야를 확보하고서, 사실을 있는 그대로 바라볼 필요를 느낀다.

유독 우리만 힘들고 괴로운 것일까? 아니다. 그런 생각이 드는 것은 '착시' 현상이다. 따지고 보면 미국이나 일본, 나아가 유럽의 사정이라고 우리보다 나을 것이 없다. 더 하면 더 했지 결코 덜하지 않다. 그러기에 저런 '절망의 신조어'들 속에 자신의 삶을 끼워 맞추며 안위하는 것은 바람직하지 않다고 본다.

지금보다 훨씬 어려웠던 시절에도 희망을 가지고 산 사람이 많다. 대공황, 세계대전, 6 · 25 전쟁 등……. 인류 역사에서 고난은 마치 밥상의 반찬과 같았다. 하지만 인류는 그런 처참한 상황도 끄떡없이 견뎌냈다. 원시시대부터 집적된 시련을 견디는 위대한 '면역력'으로 절체절명의 절망까지도 이겨냈던 것이다.

　고난을 이기는 '면역력'이 떨어지면, 작은 고생도 크게 보이는 법이다. 또 부정적 신조어를 반복하여 말하다 보면, 그 신조어의 덫에 걸려들게 마련이다. 이런 까닭에 나는 우리 시대 젊은이들의 절망과 분노를 가중시키는 핵심적인 원인으로 '면역력' 저하와 부정적 '신조어'라고 본다.

　우선, 면역력이 약하니까 그 반대급부로 절망과 분노가 커지는 것이다. 그러므로 사회 환경의 완악함을 탓할 것이 아니라 면역력을 키우는 것이 상책이다. 나중에 확인하게 될 터지만 이 책에 제시된 '무지개 원리'를 몸에 익혀두는 것으로도 '면역력'은 급상승하게 될 것이다.

　그리고, 자꾸 '88만원세대', '삼포세대', '청년실신' 등의 신조어를 주문처럼 외워대니까 현실이 점점 더 꼬이는 것이다. 현실을 바꾸려면 말을 바꾸어야 한다. '안 된다', '버겁다', '끝장이다'라는 말은 그 사회를 죽음으로 몰고 가는 '쥐약'이다. 치사량이 넘으면 다 죽게 마련이다. 그러므로 '된다', '할 수 있다', '기회는 또 있다'는 등의 말과 문화를 퍼트리는 것이 살 길이다.

　기억하자. 절망은 우리를 속이는 거짓이다. 나는 모든 이에게 선언하고 싶다.

절망은 결론이 아니다.

아무리 끝을 모르는 어둠의 터널 속에서도 우리의 결론은 '희망'이다.

절망은 우리의 마지막 언어가 아니다.

아무리 먹장구름이 하늘을 뒤덮어도 우리의 마지막 언어는 '무지개'다.

한 손으로도 박수를 칠 수 있다

흔히 가지지 못한 것을 불평하고, 누려보지 못한 것을 탄원하고, 이루지 못한 것을 한탄하는 것이 인지상정이다. 불가역적인 시련이나 장애를 감당해야 하는 경우, 운명을 원망하는 것은 차라리 상식이다.

하지만 보란 듯이 운명의 명령을 거부한 사람들도 있다.

베트남전이 한창이던 시절, 전쟁에서 부상당하여 돌아온 군인들을 위해 대대적인 위문공연이 기획됐다. 이 프로그램의 총 감독은 미국의 유명한 코미디언 밥 호프를 공연에 초대하고자 했다. 하지만 밥 호프는 몹시 바쁜데다가 선약이 있다며 거절했다.

밥 호프가 없는 위문 공연은 아무런 의미가 없다고 생각한 감독이 그에게 간곡히 부탁했다.

"우리는 당신이 꼭 필요합니다. 전쟁터에서 돌아온 군인들을 위로해주는 아주 중요한 자리거든요."

끈질긴 감독의 부탁에 밥 호프는 5분 정도만 얼굴을 보이고 내려오기로 약속했다.

공연 당일, 밥 호프가 무대에 올라 얘기를 시작하자마자 사람들이 웃기 시작했다. 그런데 5분이 지나도 끝낼 생각을 안 하고 10분, 15분, 25분이 넘었는데도 공연이 계속됐다. 거의 40여 분 동안 공연을 하고 내려온 그의 얼굴에는 눈물이 흐르고 있었다.

감독이 그 이유에 대해 묻자, 밥 호프는 이렇게 말했다.

"저 앞줄에 있는 두 친구 때문에 그렇습니다."

앞줄엔 상이군인 두 사람이 열심히 박수를 치며 기뻐하고 있었다. 그런데 한 사람은 오른팔이, 다른 한 사람은 왼팔이 없었다. 두 사람은 남아 있는 팔을 사용해서 함께 박수를 치고 있었다.

밥 호프는 말했다.

"저 두 사람은 나에게 진정한 기쁨이 무엇인가를 가르쳐 주었습니다. 한 팔을 잃어버린 두 사람이 힘을 합하여 함께 기뻐하는 모습을 보면서 나는 참된 기쁨이 무엇인지 배웠습니다."

팔 없는 두 상이군인의 기발한 낙천(樂天)은 밥 호프뿐 아니라 50년이 지난 우리에게도 하나의 가르침이다. 준열하면서도 경쾌한 일침이다.

너무나 쉽사리 '운명의 장난' 운운하는 우리에게 또 하나의 여운 짙은 감동이 있다. '네 손가락의 피아니스트'로 우리에게 잘 알려진 이희아(1985—). 바로 그녀의 씩씩한 몸짓이다. 그녀는 두 손을 다 합쳐 손가락이 네 개고, 무릎 아래로 다리가 없는 선천성 사지 기형의 1급 장애인이다. 그러나 그녀는 열 손가락이 다 있는 사람이 치기도 힘들다는 쇼팽의 '즉흥환상곡'을 감미롭게 연주하며 국내외 장애·비장애인 모두에게 온몸으로 희망을 전하는 피아니스트가 되었다.

그녀는 연필이라도 쥘 수 있게 하려는 부모의 바람으로 일곱 살 때부터 피아노를 치기 시작했지만 그녀 자신조차도 피아니스트가 되리라고는 생각하지 못했다고 한다.

하지만 그녀는 남다른 신앙과 의지로 아무도 기대하지 못한 위대한 일을 해냈다. 나는 어느 날 문득 TV 특집 프로를 통해 그녀의 연주에 흠뻑 빠진 적이 있다. 캐나다 어느 교회에서 연주했을 때 청중들의 몰입과 경탄, 그리고 우레와 같은 기립 박수를 지금도 생생히 기억한다. 아직 만나진 못했지만 이후 우리는 서로 팬이 되어 격려해 주는 사이가 되었다.

한 쪽 팔로도 박수를 칠 줄 아는 그들,
낙천에 관한 한 허허실실의 멘토다.
네 손가락으로 쇼팽을 연주하는 그녀,
인생을 회의하는 우리를 위한 채찍이며 위로다.

수렁에서 빠져나올 수 있다

누구든지 한때 실수할 수 있다. 순간의 혼돈으로 어둠의 뒷골목을 방황할 수도 있다. 방심하다가 수렁에 빠져 허위적 댈 수도 있다. 비록 그렇다 해도 절망은 속단이다.

미국 뉴저지의 어느 작은 학교, 허름한 교실 안에 스물여섯 명의 아이가 앉아 있었다. 아이들은 저마다 어두운 과거를 지니고 있었다. 어떤 아이는 상습적으로 마약을 복용했고, 어떤 아이는 소년원을 제집처럼 드나들었으며, 어떤 아이는 낙태를 경험하기도 했다.

잠시 후, 그들을 지도할 베라라는 이름의 새 선생님이 들어왔다. 그녀는 학생들을 향해 미소 지으며 문제 하나를 냈다.

"다음 세 사람 중에서 인류에게 행복을 가져다줄 사람이 누구인지 판단해 보세요.

1번: 부패한 정치인과 결탁하고 점성술을 믿으며, 두 명의 부인이 있고 줄담배와 폭음을 즐긴다.

2번: 두 번이나 회사에서 해고된 적이 있고 정오까지 잠을 잔다. 아편을 복용한 적이 있다.

　3번: 전쟁 영웅으로 채식주의자며 담배도 안 피우고 가끔 맥주만 즐긴다. 법을 위반하거나 불륜관계를 가져본 적도 없다."

　아이들은 의심의 여지없이 세 번째 사람을 선택했다. 하지만 선생님의 대답은 뜻밖이었다.

　"이 세 사람은 모두 우리가 이미 알고 있는 인물이에요. 첫 번째는 대통령이었던 프랭클린 루스벨트. 두 번째는 영국의 수상 윈스턴 처칠. 세 번째는 수천만 명의 목숨을 앗아간 나치스의 지도자 아돌프 히틀러에요."

　순간 교실에는 침묵이 흘렀다. 선생님은 다시 입을 열었다.

　"여러분의 인생은 이제부터가 시작이에요. 과거에 어떤 일이 있었는지는 중요하지 않아요. 여러분은 모두 소중한 존재고 얼마든지 꿈을 이룰 수 있답니다."

　이 말은 아이들의 운명을 조금씩 변화시키기 시작했다. 훗날 아이들은 사회 각 분야에서 전문가로 활동하며 미래를 창조해나갔다. 어떤 아이는 심리학 박사가 되었고, 법관, 비행사가 된 아이들도 있었다.[1]

　얼마나 통쾌한 역전극인가! 그러기에 우리의 결론은 단호하다.

　"절망은 속단이다.
　어떤 철옹성 같은 이유로도 절망은 끝내 속단이다."

희망 구하기

만들어진 절망에서

근본적으로 우리가 말하는 절망에는 속임수가 많다. 원래는 절망할 일이 아닌데도 잘못된 판단 때문에 절망이 희망을 가리게 되는 경우다. 최근 들어 우울하고 무기력한 기분이 계속 든다면 그 실체가 무엇인지 천천히 들여다 볼 필요가 있다. 희망을 가리는 가짜 절망만 잘 가려내도 희망이 다시 보이기 때문이다.

가짜 절망 가운데 가장 대표적인 것이 이른바 '만들어진' 절망이다. 프란츠 카프카의 통찰 속에서 우리는 그 일단을 발견한다. 그는 이렇게 말했다.

"나는 광고지를 읽지 않는다. 그것을 읽으면 종일 부족한 것을 생각하게 되고 그것을 원하게 될 테니까!"

여기서 그가 간파한 것은 무엇인가? 바로 상업주의의 속임수다. 사실 사람은 언제든 유혹에 넘어갈 준비가 돼 있다. 프랑스 사상가 루소는 이를 이렇게 풍자적으로 말했다.

"20대는 연인에 움직이고
30대는 쾌락에 움직이고

40대는 야망에 움직이고
50대는 탐욕에 움직인다.”

이러한 성향을 겨냥하여 현대 상업주의는 우리 안의 과잉 욕망을 부추긴다. 텔레비전, 라디오, 신문, 잡지, 인터넷, 거리의 광고판, 문자 메시지 등 하루에도 수천수만 가지 방식을 동원하여 우리에게 전하려는 메시지는 이것이다.

“당신은 충분히 아름답지 않아요. 당신은 충분히 누리고 있지 못해요. 당신은 충분히 갖고 있지 않아요……. 때문에 행복해지려면 아직 멀었어요.”

이러한 메시지가 내면에 잠자고 있던 욕망을 충동한다. 그러기에 예컨대 텔레비전에서 '궁전 같은 아파트' 선전만 나오면 갑자기 내가 살고 있는 아파트가 초가집처럼 보이는 것이다. '가짜 절망'의 구렁텅이에 빠지는 것이다.

일찍이 장자는 사람의 마음이 무엇에 의해 움직이는지 꿰뚫어 간파하였다.

“질그릇을 내기로 걸고 활을 쏘면 잘 쏠 수 있지만, 허리띠의 은고리를 내기로 걸고 활을 쏘면 마음이 흔들리고, 황금을 걸고 활을 쏘면 눈앞이 가물가물하게 되느니라. 그 재주는 마찬가지인데 연연해 하는 바가 생기게 되면 외물(外物)을 중히 여기게 되니, 외물을 중히 여기는 자는 속마음이 졸렬해지는 것이니라.”[2]

외물의 노예가 될 때 마음이 흔들리고, 급기야 눈앞이 가물가물 거리게 된다. 결국 있는 재주도 소용없게 되어 버리는 것이다. 이보다 고약한 유혹이 또 어디 있겠는가.

이러한 현상을 빗대어 꼬집는 신조어가 바로 '어플루엔자'(affluenza)라는 단어다. 이 말은 풍요로움을 뜻하는 '어플루언트'(affluent)와 유행성 독감을 뜻하는 '인플루엔자'(influenza)의 합성어로서 '풍요의 욕망을 전염시키는 독감'으로 번역할 수 있다. 곧 소비지상주의가 탐욕병을 일으켜 결과적으로 과중한 업무와 빚, 근심과 걱정을 떠안게 한다는 말이다. 한마디로 '만들어진 절망'인 것이다.

우리는 어떻게 현대 상업주의가 초래한 '만들어진 절망'에서 벗어날 수 있을까. 그 길은 '일상성 혁명'에 있다. 곧 강요된 소비 패턴에서 과감히 벗어나 일상의 작은 혁명을 일으켜 보라는 것이다. 한번 가득 찬 냉장고에 만족하지 말고, 깨끗이 비워 보라. 텔레비전의 현혹으로부터 유혹당하지 말고, 전원을 꺼라. 자동차를 즐기지 말고, 걷기를 생활화해라. 궁전 같은 아파트에 살기만 꿈꾸지 말고, 대자연이 주는 낭만을 만끽해 보라……

그러면 이미 '만들어진 절망'으로부터 자유를 선언한 셈이다. 그리하여 어느새 주체적 삶을 회복하고 만족함의 환희를 누리게 되는 것이다.

비교가 부른 절망에서

비교 역시 가짜 절망을 부른다.

내가 최초로 절망을 안 것은 초등학교 입학 때였다. 말 그대로 뛰놀 줄밖에 몰랐던 자그맣고 까만 소년은 '핵교'라는 말에 마냥 가슴이 두근두근 설레었다. 그것이 이내 허물어진 것은 단 반나절 만이었다.

담임선생님은 한반이 된 아이들에게 책과 공책을 나누어 주셨다. 그러자 반 아이들은 기다렸다는 듯 일제히 각자 자신의 이름을 공책에 또박또박 적기 시작했다. 나는 순간 당황하였다. 그때까지 나는 내 이름은커녕 'ㄱ, ㄴ, ㄷ'도 몰랐기 때문이다. 집안 어느 누구도 이 천진난만한 소년에게 조기교육의 필요성을 구태여 들이대진 않았었다. 당시 집안 사정이나 분위기가 그랬다. 당연히 어린 꼬마에게 '글자는 학교 들어가면 배우는 것'으로 치부되어 있었다. 남들 다 하는 '이름쓰기'도 못한다는 열등감, 그것이 내 생애에 느낀 첫 절망이었다.

집에 돌아온 나는 마침 우리 집과 잘 알고 지내던 이웃집 할머니와 마주쳤다. 할머니는 기특하다는 듯 인자한 웃음을 띠며 나에게 이렇게 말을 건네셨다.

"동엽아, 핵교 댕기니까 좋지?"

그때 내가 어떻게 대답했는지 나는 글자 하나 틀리지 않고 생생하게 기억한다.

"큰일났시유. 애덜이 지 이름들을 다 쓸 줄 알드라고유. 나는 한글도 모르는데……!"

요즘 젊은이들 사이에 '엄친아'와 '엄친딸'이라는 말이 유행한다고 들었다. 한 번도 본적이 없는 '엄마 친구 아들' 또는 '엄마 친구 딸'과 끊임없이 비교 당하는 꼬투리가 되는 이 유행어 역시 거짓 절망의 원천이다.

"엄마 친구 아들이 이번에 ○○대학에 합격했다더라."

"엄마 친구 딸이 ○○기업에 우수한 성적으로 취업되었다더라."

대부분 사람은 태어나면서부터 그들이 원하든 원치 않은 간에 비교 '당한다'. 문제는 그 허락되지 않은 '비교 당하기' 탓에 어느 순간 자신도 모르게 자신과 타인을 '비교한다'는 데 있다.

그런데 내가 가진 행복을 보지 못하고 남이 가진 행복만을 귀히 여기고, 배 아파하는 것만큼 미욱한 이가 또 있을까. 안타깝게도 많은 경우에 우리는 이 비교가 불러오는 가짜 절망에 쉽사리 빠져 버리고 만다.

그러기에 궁극적으로 우리에게 필요한 것은 인식의 전환이다. 곧 비교를 통하여 획득된 우월감도, 비교당함으로써 초래된 열등감도 모두 '나'의 독자적인 가치를 왜곡할 뿐이다.

'나'는 유일무이한 존재다. 그리고 '나'는 충분히 가졌고 마음껏 누리고 있다. 우리가 사용하는 비교의 기준들은 결코 절대적이지 않다. 비교의 비극에 빠지지 말자. 비교하지 않을 때 우리는 훨씬 자유로워질 수 있고 행복해질 수 있다.

성급함이 가져온 절망에서

가짜 절망은 성급한 속단에서 올 수도 있다. 토마스 에디슨은 말한다.

"인생에서 실패한 사람들은 대부분, 그들이 포기하는 그 순간 자신이 성공에 얼마나 가까이 다가왔는지 깨닫지 못한다."

한마디로 골대 앞에서 넘어지는 격이다. 이런 일이 우리에게는 적잖이 발생한다.

성급하게 체념하거나 포기하지 마라. 절대 결론을 내리지 마라. 어떤 일에 대해서도 어떤 사람에 대해서도 결론을 내리지 마라. '이 일은 이제 글렀어. 여기가 끝이야'라고 체념하지 마라. '그는 안 돼'라고 꼬리표를 달지 마라.

어떤 상황에서도 열린 희망을 가질 줄 알아야 한다. 결코 중간에 포기해서는 안 된다.

한번은 어느 기자가 벤자민 프랭클린에게 다음과 같은 질문을 했다.

"당신은 수많은 장애가 있는데도 어떻게 포기하지 않고 한 가지 일에만 전념할 수 있었습니까?"

프랭클린은 다음과 같은 명대답을 주었다.

"당신은 혹시 일하는 석공을 자세히 관찰해 본 적이 있습니까? 석공은 아마 똑같은 자리를 백 번은 족히 두드릴 것입니다. 갈라질 징조가 보이지 않더라도 말이죠. 하지만 백한 번째 망치로 내리치면 돌은 갑자기 두 조각으로 갈라집니다. 이는 한 번의 망치질 때문이 아니라 바로 그 마지막 한 번이 있기 전까지 내리쳤던 백 번의 망치질 때문입니다."

허튼 시도란 없다. 단 한 번의 망치질도 종국의 성취를 위한 또 한 번의 노력인 것이다.

단박에 시험에 합격하기를 꿈꾸지 마라. 빠르게 성과를 올려 승진하기를 욕심내지 마라. 그것이 바로 패배감, 무력감, 좌절감의 원인이 된다.

당장은 답답하더라도 인내하고 기다려 보라. 신영복 교수는 이렇게 말한다.

"기다림은 더 많은 것을 견디게 하고, 더 먼 것을 보게 하고, 캄캄한 어둠 속에서도 빛나는 눈을 갖게 한다."[3]

역사 속 역경을 이긴 많은 이에게서 우리는 꿈과 희망을 지니고 포기하지 않을 때 그것을 이룰 수 있음을 배운다. 그러니 인내로 내공을 쌓아 마지막 망치질까지 박차를 가하자. 성급한 속단이 가져오는 가짜 절망을 깨달으라. 그 자체로 폐기된 희망을 구할 수 있을 것이다.

나는 나를 조각한다

바뀔 수 있다

　우리는 좋지 않은 일이 일어나면 습관적으로 팔자타령을 한다. 그 밑바탕에는 '사람은 팔자대로 살아간다'는 운명론이 짙게 깔려 있다.

　팔자와 관련하여 심히 그 뜻이 무서운 속담이 있다. "팔자는 독에 들어가서도 못 피한다", "이 도망 저 도망 다해도 팔자 도망은 못한다" 등의 말이 바로 그것이다. 이 말 속에는 다른 것은 몰라도 팔자는 어떤 방법을 써도 피하지 못한다는 체념이 깔려 있다. 여기서 한 걸음 더 나아간 "뒤로 오는 호랑이는 속여도 앞으로 오는 팔자는 못 속인다"라는 속담은, 우리의 운명은 우리 자신 마음대로 할 수 없음을 강변한다.

　돌이킬 수 없고 벗어나기 힘든 상황에서 슬픔과 역경을 이겨내기 위한 자기 위로이자 체념의 수단으로 이런 말이 생겨난 것이 아닐까. 그런데 사람들은 이 운명론이 일시적인 위로로 다가왔다가 슬그머니 '족쇄'로 둔갑한다는 사실을 쉽게 간과하고 있는 것은 아닐까. 팔자니 운명이니 하는 것에 얽매이면 결국 자신의 한계를 뛰어넘으려는 도전조차 못하는 꼴이 되고 마니 말이다.

　여기 감연히 운명론에 맞선 인물이 있다. 프랑스인이 가장 존경하는 인물 중 하나인 샤를르 드골 전 대통령은 운명론을 거스르는 신념을 설파했다.

"역사는 운명론을 가르치지 않는다. 역사는 자유인들의 의지가 결정론을 무너뜨리고 새로운 길을 여는 순간들이다."

그는 제2차 세계대전 직후 프랑스 국민들에게 이 신념을 심어줌으로써 독일군의 무차별 폭격으로 폐허화된 프랑스의 재건을 독려하여, 오늘의 프랑스를 있게 해 준 초석을 깔았다.

나 역시 그의 말에 100% 공감한다. 한번 생각해 보자. 인생 운명론이냐 인생 개척론이냐를 결정짓는 것은 그 사람의 의식이다. 의식은 곧 그 사람의 인생관이기 때문이다.

그런데 여기 흥미로운 연구 결과가 있다. 지난 100년 동안 두뇌 연구자들은 인간의 두뇌를 이루는 신경세포가 생후 3세에 성장을 멈추고 안정적인 구조를 갖추게 된다고 믿었다. 이는 한 인간의 두뇌 능력과 특성은 거의 '운명적으로' 유아기에 결정된다는 이야기인 셈이다.

그러나 이를 뒤집는 연구 결과가 있었다. 프린스턴 대학교의 엘리자베스 굴드와 찰스 그로스 교수가 1999년 10월 15일자 과학잡지 「사이언스」에 발표한 '성인 원숭이 피질에서의 신경세포 형성'이라는 색다른 논문이다. 그들은 "성인 원숭이 두뇌에 새로운 신경세포가 지속적으로 증가하고 있다"는 놀라운 사실을 발표했다. 또한 두뇌의 중간 깊숙한 장소에 만들어진 새로운 신경세포는 그곳에만 머무는 것이 아니라 생각, 의사결정, 학습 등 고도의 지적 활동을 수행하는 두뇌의 피질 여러 영역에 분산되고 있다는 것도 발견했다.

비록 원숭이를 대상으로 한 연구 결과지만, 그로스 교수는 다음과 같이 결론짓는다.

"원숭이는 근본적으로 인간과 비슷하기 때문에 인간에게도 비슷한 일이 진행되리라는 것은 의심할 여지가 없다."

이 실험은 인간 두뇌피질의 특정 영역들이 매일 새로운 버전으로 거듭나고 있다는 사실을 시사해 주고 있다. 즉, 인간은 끊임없는 훈련으로 '자신을 바꿀 수 있다'는 말인 것이다.

'무지개 원리'로 삶을 바꾼다고 하니까 어떤 사람은 이렇게 말할지도 모른다.

"말이 그렇지, 지금까지 안 바뀐 게 과연 바뀔까?"

이제, 답은 명확하다.

"바뀐다."

원숭이도 바뀌었다. 하물며 사람이랴.

바뀔 수 있다.

"마누라만 빼고 다 바꾸라!"

표현 자체보다 그 성과로 명언 반열에 오른 이 말 역시 그 증명이다.

자아상을 바꾸면 미래도 바뀐다

앞의 이야기를 좀 더 구체적으로 해보자. 카네기연구소를 설립한 데일 카네기는 말한다.

"인생을 살면서 얻은 가장 소중한 교훈이 있다면 그것은 '사고의 중요성'이다. 자신이 무엇을 생각하고 있는지를 정확히 안다면 그는 자신이 누구인지를 아는 사람이다. 생각이 자기 자신을 만들기 때문이다. 내 정신 상태, 즉 내 마음은 운명을 결정하는 가장 중요한 요소다."[4]

그의 말은 진실로 입증되었다. 그 이후 90년 이상의 세월 속에서 이루 헤아릴 수 없는 숫자의 사람들이 이 신념을 실행하여 자신의 운명을 바꿔왔기 때문이다.

그런데 생각을 바꾸는 것에서 진일보한 것이 자아상을 바꾸는 것이다. 생각은 의식의 영역이지만 자아상은 잠재의식 내지 무의식의 영역이기 때문이다. 곧 무의식이 바뀌면 운명은 더 확실히 바뀌게 된다.

사례는 얼마든지 있다. 적극적 사고 훈련가인 지그 지글러 박사가 뉴욕의 지하도를 들어가려는데 거지 한 명이 연필을 팔고 있었다. 지글러도 다른 사람들처럼 1달러를 주고 연필은 받지 않았다. 그런데 지나쳐 가다가 다시 되돌아와서 거지에게 말했다.

"아까 준 1달러의 대가로 연필을 주세요."

거지가 연필을 주자 지글러 박사가 이렇게 힘주어 말했다.

"당신도 나와 같은 사업가요. 당신은 더 이상 거지가 아닙니다."

지글러 박사의 이 말 한마디에 거지는 '그래, 나는 거지가 아니야. 길거리에서 돈 1달러를 받고 연필 한 자루씩 주는 사업가라구' 하고 생각했다. 그 순간부터 거지의 자화상은 달라졌을 뿐 아니라 새로운 힘과 용기를 얻을 수 있었다. 그는 자신의 운명과 환경을 바꾸는 말을 되새기듯이 했다.

"나는 거지가 아니라 사업가다. 나는 사업가다. 연필을 파는 사업가다."

이렇게 생각의 큰 변화를 겪은 거지는 훗날 정말로 큰 사업가가 되었다. 그리고 지글러 박사를 찾아와 다음과 같이 말했다.

"당신의 말 한마디가 나를 변화시켰습니다. 다른 사람들은 연필도 안받은 채 돈 1달러만 주고 가기 때문에 나는 늘 거지 자화상을 가지고 있었죠. 그러나 당신은 연필을 받아 가면서 '당신도 나와 똑같은 사업가'

라고 말해 주어서 내 인생이 이렇게 바뀔 수 있었습니다."

거지가 사업가로 변신한 것은 아주 가끔만 일어나는 기적일까.
장구한 역사는 증언한다. 그것은 흔해빠진 이야기라고.

생각하는 대로 말하는 대로

자아상을 바꿔야 한다고 하니까 자아상이 얼른 떠오르지 않아 좀 혼란스러울지도 모르겠다. 자아상은 불쑥 불쑥 생각으로도 나타나고 말로도 표출된다. 그러므로 자아상을 바꾼다는 것은 생각이나 말을 바꾼다는 말과 다르지 않다.

자아 이미지 심리학의 선구자인 프레스코트 레키 박사의 연구를 통해서 우리는 그 요령을 배울 수 있다. 그는 자신의 학생들이 어떤 과목을 학습하는 데 애를 먹는다면, 그것은 그 과목을 배우는 데 자신을 일치시키지 못했기 때문이라는 이론을 펼쳤다. 그는 실험 결과 만일 학생들로 하여금 자아 이미지를 변화시키도록 유도할 수 있다면 학습 능력 또한 크게 향상된다는 결론에 도달하였다.

이러한 생각은 다음과 같은 사례를 통해 입증되었다. 단어 시험에서 100개 중 55개나 철자가 틀리고 여러 과목에서 낙제점을 받았던 학생이 다음 해에는 평균 91점을 받아 교내에서 가장 뛰어난 학생이 되었다. 학점이 나빠 학교를 그만둔 한 여학생은 콜롬비아 대학에 입학하여 전 과목 A학점을 받는 우등생이 되었다. 시험 당국에서 영어를 구사할 능력이 없다고 통보를 받았던 한 소년은 다음해 문학상 시상식에서 표창장을 받았다.

그 학생들의 성적이 나쁜 것은 그들이 아둔하거나 기본 능력이 부족해서가 아니었다. 문제는 부적절한 자아 이미지였다. 그들은 우연히 시험 성적이 나쁘게 나온 사실을 토대로 다음과 같은 결론을 내렸다.

"나는 수학적인 개념이 없어요."

"나는 천성적으로 철자에 약해요."

한마디로 그들은 점수와 실패를 동일시했던 것이다. 그저 "시험에 떨어졌어요"라고 말하는 대신에 "나는 실패자입니다"라는 결론을 내리고, "그 과목에서 낙제했어요"라고 말하는 대신에 "나는 낙제생이에요"라고 말했다.[5]

레키 박사가 수정해 준 것은 생각과 말이었다. 이로써 자아 이미지가 바뀌어 그에 상응하는 결과를 얻게 되었다.

'나는 할 수 있어'라고 생각하고 말하는 사람은 결국 해낸다. '나는 할 수 없어'라고 생각하고 말하는 사람은 결국 하지 못한다. 생각과 말에 따라 운명이 바뀌게 되는 것이다.

국민 MC 유재석을 모델로 하여 가수 이적이 그와 함께 부른 노랫말은 그대로 다 체험적 증언이다.

"마음먹은 대로 생각한 대로
말하는 대로 될 수 있단 걸
알지 못했지 그땐 몰랐지
이젠 올 수도 없고 갈 수도 없는
힘들었던 나의 시절 나의 20대
멈추지 말고 쓰러지지 말고
앞만 보고 달려 너의 길을 가
주변에서 하는 수많은 이야기
그러나 정말 들어야 하는 건

내 마음속 작은 이야기
지금 바로 내 마음속에서 말하는 대로

말하는 대로 말하는 대로
될 수 있다고 될 수 있다고
그대 믿는다면

마음먹은 대로 (내가 마음먹은 대로)
생각한 대로 (그대 생각한 대로)
도전은 무한히 인생은 영원히
말하는 대로 말하는 대로
말하는 대로 말하는 대로"

피라니아 이야기

우리는 흔히 운명론에 굴복하여 체념하는 이야기를 듣는다.

"이렇게 사는 것이 내 팔자이며 내 운명이야. 아무리 노력해도 난 벗어날 수가 없어!"

과연 '벗어날 수 없다'는 말은 옳은가? 이에 대해 올바른 답을 얻기 위하여 피라니아의 이야기를 들어보자.

남아메리카의 강에 사는 육식어 피라니아를 수조에 넣고 다음과 같은 실험을 했다고 한다. 피라니아가 먹이를 받아먹기 위해 수조 한쪽 끝으로 몰렸을 때, 수조의 한가운데를 투명한 유리판으로 막는다. 먹이를 먹고 반대쪽으로 헤엄쳐 가려던 피라니아는 투명한 유리판에 부딪혀 더 이상 앞으로 나아가지 못한다. 피라니아는 끊임없이 돌진하지만 번번이 고통만을 얻게 된다. 시간이 흐르면서 그들은 차츰 환경에 적응하게 되고, 유리판을 향해 돌진하기를 멈춘다.

몇 주일 후 유리판을 치워버려도 피라니아는 예전처럼 자유롭게 헤엄치려 하지 않는다. 수조 가운데쯤 가다가 자진해서 되돌아올 뿐이다. 만약 그들이 말을 할 줄 안다면 이렇게 외칠지도 모른다. "여기가 끝이야, 나는 여기서 더 갈 수 없어!"(마르코 폰 뮌히하우젠, 『네 안의 적을 길들여라』, 이레 참조)

사람들도 마찬가지다. 우리는 수조에 갇힌 피라니아처럼 자신의 능력과 본분을 망각한 채 살아갈 때가 있다. '나 같은 사람이 어떻게……', '내 머리로는 감당 못할 것 같은데.' 이러한 말로 자신을 학습시켜 놓았기 때문이다.

수조 속 피라니아로 살 것인가, 자유로운 강물 속 피라니아로 살 것인가.

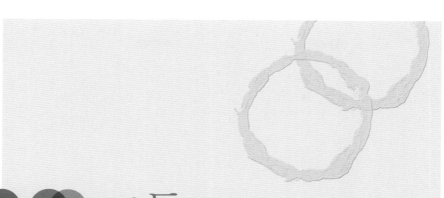

그들은 달랐다

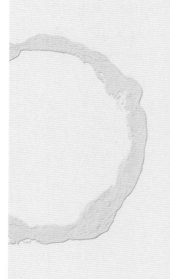

나의 소원

　나는 늘 희망을 이야기한다. 책에서도, 강의에서도, 인터뷰 때에도, 사람을 만날 때에도 꼭 희망을 이야기한다. 희망에 관한 한 나는 최일선 프런티어요 전문가임을 자임한다. 나를 찾아오는 기자들은 하나같이 나에게서 풍기는 희망 에너지를 글에서 언급해 준다.

　그래서 그런지 좋아해 주는 이들이 많다. 거리를 다니다 보면 나의 얼굴을 알아보는 사람도 많고 종이를 들고 와서 사인을 요청하는 사람도 제법 된다. 이 분들은 시쳇말로 나의 팬들이다. 그렇다고 내가 명예를 좇아다니는 것은 아니다.

　내가 애써 추구하는 것은 '의미'다. 내가 늘 희망을 이야기하는 까닭도 그것이 의미있는 일이기 때문이다. 나에게 의미가 빈약한 명예나 권력은 전혀 매력이 없다. 오히려 영혼에 유익하지 않을 뿐더러 공허하기까지 하기 때문이다.

　내가 본격적으로 의미를 추구하게 된 것은 전적으로 세계적인 심리학자 빅터 프랭클 덕이 크다. 나는 그의 저서들을 읽으면서 인간은 원초적으로 '의미에의 의지'를 지녔다는 통찰에 무릎을 쳤다. 그에 의하면 인간을 궁극적으로 행복하게 해 주는 것은 존재의 의미다.

의미란 무엇일까? 의미란 관계 안에서 발견되는 존재의 보람이다. 나는 남을 기쁘게 해 주고, 절망한 사람들에게 희망을 주고, 상처받은 사람들에게 위로를 주며, 도움이 필요한 사람들에게 도움을 줄 때 의미를 발견한다. 사실 진정한 의미는 이런 것들보다 훨씬 큰 것이다. 하지만 이런 작은 일들에도 분명코 의미가 있다.

사람들은 나에게 묻는다.

"왜 당시 인기 있었던 공대를 졸업하고, 진로를 바꾸셨습니까?"

나는 일부러 짓궂은 어투로 답한다.

"성공할려구요."

장난기 섞인 답변이지만 나의 흉금을 담고 있음엔 틀림없다. 그렇다. 나의 소원은 성공하는 것이다. 나는 성공을 원한다. 그런데 성공도 성공 나름이다. 나는 부, 명예, 권력, 이런 것들이 '성공'이 아니라고 말하고 싶지는 않다. 이런 것들은 나름대로 성공의 요건이 된다. 하지만 진정한 성공이라고 말하기는 어렵다. 진정한 성공은 그 이상의 것이어야 한다. 진정한 성공은 이런 것들보다 더 많고 더 크고 더 높다. 이 책 후반부로 갈수록 그 윤곽이 드러날 것이다.

이유 있는 갈채

발가락 하나의 차이

내가 유럽에서 공부하고 있을 때, 브라질 축구선수 호나우두가 유럽의 신예 스포츠 선수로 각광을 받았다. 아직 그가 한국에 잘 알려지지 않았을 때다. 하루는 독일 방송에서 호나우두 선수의 경기를 다 모아 분석한 특별 프로를 만들어 방영한 적이 있다. 나는 그 방송을 아주 재미있게 봤다. 발동작 하나하나가 예술이었다. 나는 그때 그의 황홀한 발놀림을 주의 깊게 관찰한 끝에 이런 결론을 내렸다.

"아, 세계 최고의 축구선수가 되는 비결은 '반 발'이구나. 맞아 바로 다른 선수들보다 반발만 빨리 움직이면 되는 거야!"

한참 세월이 흘러 2010 남아공 월드컵 때 아르헨티나 축구선수 메시가 전 세계 축구팬들의 주목을 받았다. 나 역시 그의 축구실력에 매혹되어 그가 축구하는 모습을 자세히 관찰하였다. 그리고 얻은 결론은 이것이었다.

"야아, 세상 무섭게 변했네! 이젠 '반 발' 차이가 아니라 '발가락 하나' 차이네. 최고의 축구 스타가 되려면 남들보다 '발가락 하나' 차이만큼 빨리 움직여야 하는 시대가 되어버리다니!"

메시의 그 현란한 드리블에도 놀라움을 금할 수 없었지만, 내가 더욱 놀랐던 것은 특급 선수와 1등급 선수의 격차가 이젠 겨우 '발가락 하나' 차이로 좁혀졌다는 사실이었다.

꼭 축구에 국한된 얘기는 아닐 것이다. 다른 스포츠 분야에서도 스타들끼리의 경쟁은 점점 치열해지고 있다. 선두를 유지하기 위해 할 수 있는 것을 총동원해도 자칫하면 밀릴 판이니 이 얼마나 피말리는 전쟁인가. 타고난 체력 조건, 훈련, 지능 모든 것을 가동해도 안심을 못할 지경이니, 이것이야말로 이른바 '지식융합' 시대 생존경쟁의 한 단면인 것이다.

메시는 하나의 상징일 뿐이다. 사실 모든 분야에서 이미 이런 일이 일어나고 있다. 그래서 융합의 시대니 통합의 시대니 통섭의 시대니 운운하는 것이다.

실로 세상은 살벌해졌다. 발가락 하나 차이, 한 곳 차이, 1점 차이로 승패가 갈리고, 당락이 결정되는 시대에 우리는 살고 있다. 생존을 결정짓는 이 간격이 점점 좁혀지면 좁혀졌지 넓어지는 일은 결코 없을 듯한 기세로 미래는 달려오고 있다.

뒤에서 소개가 되겠지만, 그러기에 '무지개 원리'의 통합적 자기계발이 날로 진가를 발휘하고 있는 것이다.

와우, 요즘 젊은이들

김해외고에서 학생들에게 특강을 한 적이 있다. 당시 현재로, 역사는 고작 2년째 접어들고 있지만 경남 지역의 인재들이 다 모여들었다는 선생님들의 설명에서 순수한 자긍심이 묻어났다.

과연 학생들은 눈빛이 달랐다. 질문 몇 마디 했더니 대답도 적극적으로 해 주었다. 미래를 개척하고 팔자를 만들어간다는 '무지개 원리' 특강에 재미있어 하면서 관심을 갖고 집중하는 모습이 참 고맙기도 하고 대견하기도 했다.

하지만 30분 정도 지나니까 학생들이 졸린 눈으로 변하더니 여기저기서 고개가 뚝뚝 떨어지는 모습이 보였다. '강의가 재미없나?' 하는 생각이 뇌리를 스쳐가면서 내 목소리는 점점 커지기 시작했다. 그런데 그것이 아니었다. 졸음이 몰아치는 가운데 학생들은 여전히 강의를 들으려고 몸부림쳤다. 어느 학생은 스스로 일어서서 엉거주춤 반무릎을 꿇고 듣고 있었고, 어느 학생은 뒤로 나가 계단에 서서 맑은 공기 마시며 듣고, 어느 학생은 옆에 있는 학생 옆구리를 찔러주었다.

무슨 일이 있었나 싶어서 40분 강의를 하고 10분 휴식을 주었다. 쉬는 시간에 교장선생님이 경위를 말씀해 주셨다.

"애들이 시험 기간이라 밤을 꼬박 새서 그랬습니다. 요즘 애들이 이렇게 고생하며 살아요."

이어지는 강의는 서로 교감하며 감동 속에서 끝났다. 잠깐 주어진 시간에 질문들이 쏟아졌다.

"GNP 3만 불 시대를 위한 대안이 있다던데 그것 좀 말씀해 주세요."

"꿈을 품으라고 하셨는데, 어떤 꿈을 품어야 할지, 내가 무엇을 잘하는지 막막할 때가 있습니다. 진로가 보이지 않고 답답할 때, 어떻게 해야 하는지 말씀해 주세요."

"어떤 꿈이 있으면, 마치 그 꿈이 이루어진 듯이 행동하라고 하셨는데, 저는 글로벌 리더가 되고 싶거든요. 제가 어떻게 행동해야 하는지 구체적으로 말씀해 주세요."

…….

올라오는 비행기에서 나의 얼굴엔 줄곧 흐뭇한 미소가 떠나지 않았다. 나는 강의를 통하여 그들에게 꿈과 용기와 격려를 주었지만, 그들은 나에게 잃어버렸던 순수와 열정을 회복시켜 주었다.

그 후 몇 년이 흘렀다. 나는 요즘 젊은이들에게 감탄한다. K-pop 스타들을 필두로 한 글로벌 한류, 다양한 장르에서 불고 있는 오디션 열풍, 스포츠 꿈나무들의 세계대회 쾌거, 등등……. 어디 그뿐인가. 국제 기능 경시대회, 국제 수학 및 과학 경진대회 등에서 상위 석권 소식들은 감동으로 소름 돋게 하지 않는가.

그냥 저절로 얻어진 결과가 아님을 안다. 가수를 꿈꾸는 젊은이들이 굶으면서 15시간씩 춤을 추며 훈련을 하고, 개그맨들이 3분짜리 코너 하나를 위해 일주일간 회의와 연습을 반복하며 구슬땀을 흘리는 모습 등을 TV 화면을 통해 보면서, 존경심마저 들었다.

연 600회의 강의 현장에서 수천 명의 CEO를 만날 기회가 있었던 나는 거기서 얻은 깨달음 하나를 꼭 오늘의 젊은이들에게 말해 주고 싶다.

"결국 꿈과 노력이 승부수다. 머리 좋은 것? 재능 좋은 것? 1등? 2등? 모두 꿈보다 약하다. 성적이 떨어져도, 좋은 학교에 못 갔어도, 혹은 수능에 밀렸어도 꿈을 강력하게 가지고 있다면 최고가 될 수 있다. 꿈의 에너지가 최후의 승자를 만든다. 나의 삶도 꿈으로 점철된 삶이었다. 그래서 이 말은 공허한 궤변이 아니다."

편견의 만리장성을 넘다

우리는 수많은 편견의 굴레 속에서 산다. 자기 자신에 대해서도 편견의 감옥은 비정하다.

"나는 못해", "나는 안 돼", "나는 열등해" 등의 편견이 일단 의식 속에서 형성되면, 그 족쇄는 줄곧 우리를 따라다닌다.

하지만 편견은 편견일 뿐이다. 최근 미국 프로스포츠계에서 인종에 대한 편견을 멋들어지게 극복한 대만계 미국인 제레미 린이 세상을 떠들썩하게 해서 빅 이슈가 되었다.

린의 '황색 돌풍'은 좀체 열기가 식을 줄 모른다. 키 191cm의 린은 '키 작은 아시아인은 NBA에서 성공할 수 없다'는 편견을 깨뜨렸다.

린은 대만계 중국인 이민 2세대다. 그는 학창 시절 동양인인 탓에 어려움을 겪었다. 하버드대 시절엔 '달콤새콤한 돼지 자식'이라는 야유까지 들었다. 황색 피부를 돼지에 비유한 인종 차별을 당한 것이다. 하지만 그는 묵묵히 참았다.

하버드 대학을 졸업하던 2010년에는 NBA 드래프트에서 지명 받지 못했다. 하지만 포기하지 않았다. 다시 도전했다. 혼신의 힘을 다해, 마침내 NBA 관계자들의 눈에 들었다.

그래도 동양계 선수를 보는 눈은 곱지 않았다. '실력보다는 유니폼 판매용 선수', '중국인 관중을 끌어 모으기 위해 데려온 선수'라는 비아냥을 들었다. 결국 제대로 실력을 펼칠 기회도 없이 D리그로 내려갔다.

시련은 끝나지 않았다. 2011년 12월 9일 골든 스테이트는 린을 방출했다. 그러길 여러 차례, 뉴욕 닉스 주전들이 줄줄이 부상으로 주저앉아 백업 멤버로 린에게 뉴욕의 유니폼을 입혔다. 그후 린은 뉴저지 네츠전에 처음 출전해 팀의 2연패를 끊더니 단박에 7연승을 이끌었다. 시련 앞에서 좌절하지 않고 참고 또 참았다가 기회를 잡은 그가 기적을 만든 것이다.[6]

린의 놀라운 기량과 실력은 같은 아시아계 미국인들에게 희망을 불어넣고 있다. 아시아계 미국인 청소년들은 린에 대해 이렇게 말하고 있다.

"정말 보기 좋아요. 아시아인도 미국 NBA에서 성공할 수 있다는 사실을 증명해 주죠."

이 아이들에게 제레미 린은 우상이다. 편견을 휴지 조각처럼 찢어버린 린의 승승장구는 바로 오늘 편견 때문에 날개를 펴지 못하는 우리들을 위한 조용한 응원이다.

제레미 린은 편견의 만리장성을 넘었다. 그에게 갈채를 보낸다.

그럼에도 혹여 사람들은 물을지 모른다.

"그는 100만 명당 1명 나올까말까 하는 희귀종 아닌가요?"

만고에 남을 지혜는 답한다. "1명이 이뤘으면 그것은 이미 정복된 가능성이다. '불가능하다'와 '어렵다'는 비슷한 말이 아니라 반대말이다."

지금 우리에게 필요한 것

벤츠차를 타는 청소부

지금 우리에게 필요한 것은 무엇일까. 외국에서 공부하던 시절 '바로 저거야!'라고 무릎을 쳤던 경험이 힌트로 떠오른다. 오스트리아에는 "아침에 굴뚝 청소부를 보면 그날 하루 재수가 좋다"는 속담이 있다. 빈의 굴뚝 청소부들은 검은색 상·하의를 입고 흰색 모자를 쓰며, 특이하게도 옛날 황제를 상징하는 독수리 문양이 새겨진 버클을 허리에 차고 다닌다. 그들은 자신들의 일이 아무나 할 수 있는 일이 아니라는 데 누구 못지않은 자부심이 있다.

놀랍게도 오스트리아에서 굴뚝 청소부는 에너지 관리와 화재 예방도 담당하는 고소득 업종 '전문가'로서, 일을 마치고 작업복을 벗으면 세계 최고급 승용차인 벤츠를 타고 다닐 정도라고 한다. 소위 '3D 업종'이라는 말이 아직도 유효한 우리나라에서는 상상도 할 수 없는 일이다.

어쨌든 오스트리아에서 굴뚝 청소부가 되려면 3년 과정의 '굴뚝 학교'를 졸업한 뒤 자격증을 따야 한다. 이러한 자격증을 취득한 사람을 마이스터(Meister)라 부른다. 또 마이스터로 16년 이상 활동해야 비로소 사업장을 운영할 자격을 얻을 수 있다고 한다.

내가 오스트리아 빈에서 공부하면서 이렇듯 철저한 독일어권의 장인 제도에 대하여 경탄을 금치 못한 일이 한두 번이 아니다. 그곳에서는 장인제도 정신이 전 영역에서 구현되고 있다. 정치가가 되려면 정치에서 경력을 쌓아야 한다. 학자가 되려면 아카데미에서 경력을 쌓아야 한다. 그러기에 전직(轉職)이 거의 없다. 학자가 정치에 뛰어드는 일도 없다. 그들은 각자 고유 분야 전문가로서의 명예를 더 중요시한다.

내가 그곳에서 석사학위를 받았을 때, 그 나라 사람들은 나를 '마기스터 차'(Magister Cha)라 불러 주었다. 그것은 나의 학위에 대한 존중이었다. 그 이후, 내가 박사학위를 받은 뒤, 사람들은 나를 '독토르 차'(Doctor Cha)라 불렀다. 그것은 적어도 내가 한 분야의 전문가라는 인정이자 예우였다. 박사 배출 과정이 까다롭고 엄격하기로 소문난 독일어권에서 학위 소지자란 질적으로 그 분야의 전문성을 인정받기에 충분했기 때문이다.

요즘 들어 한국에서도 전문인력 우대 분위기가 점차 고조하고 있지만, 여전히 소모적인 고학력 쏠림 현상은 우리가 극복해야 할 과제임에 틀림없다. 이는 교육 및 기업 풍토의 개선을 요하는 망국적 폐단인 동시에 개인적으로도 직업관의 혁신이 필요한 걸림돌이 아닐까 한다.

만일 그들이 한국에 태어난다면

IT 강국, 인재 강국을 자랑하는 한국에서는 왜 노벨상 수상자가 배출되지 않는 걸까. 도대체 무엇이 문제일까.

나는 교육부 장관을 지낸 서울대 문용린 교수가 지은 『지력혁명』이라는 책에 소개된 이야기에서 그 궁금증의 실마리를 발견하였다.

김옥균이 옥황상제에게 소원을 들어 달라고 했다. 이에 옥황상제는 내기 바둑을 두어 김옥균이 이기면 소원을 들어주기로 했다. 다행히 김옥균이 승리했다.

"다름이 아니라 아직도 우리나라에는 많은 사람들이 타의에 의해서든 자의에 의해서든 자기가 무엇을 잘하는지, 무엇을 해야 하는지를 모르고 살아가고 있습니다. 귀감이 될 만한 위대한 천재 세 사람만 한국에 다시 태어나게 해 주십시오."

옥황상제는 잠시 생각하다가 이공계 기피 현상을 고려하여 아인슈타인, 에디슨, 퀴리 부인을 한국에 다시 태어나게 해 주었으나 시간이 지나도 한국의 발전에 진전이 없자 세 사람을 찾아가 보았다.

먼저 아인슈타인을 만나 보았더니 그는 대학에도 못 가고 허드렛일을 하고 있었다.

옥황상제가 이유를 물었더니 아인슈타인은 수학에 가장 자신이 있지만, 그것만으로는 대학에 들어갈 수가 없다고 했다.

다음으로 에디슨을 찾아갔다. '에디슨은 원래 대학을 안 나왔으니까 잘되었겠지' 했더니 그는 골방에서 육법전서를 읽고 있었다. 그 이유는 발명은 했는데 특허를 얻기가 어려워 특허 관계법을 공부하고 있다는 것이었다.

마지막으로 퀴리 부인을 찾아갔더니 이렇게 말했다.

"여자라고 교육도 잘 시켜 주지 않고 잘 써주지도 않는군요."

이 이야기는 '하는 일마다 잘되는 삶'을 향한 우리의 여정에 일말의 단서를 제공한다. 성공과 행복을 갈망하는 우리에게 부족한 2%가 무엇인지를 암시하고 있는 것이다.

강점 계발

앞에서 소개된 '벤츠차를 타는 청소부' 얘기도 그렇고 김옥균의 '소원' 얘기도 그렇고, 모두 강점 계발의 필요성을 시사해 주고 있다. 교육열이 세계에서 제일 높다는 대한민국의 학부모들에게, 그리고 교육을 받는 학생 당사자들에게 꼭 필요한 훈수다.

강점 계발은 어떻게 하는 것이 바람직할까.

하버드 대학 교육대학원의 교육심리학과 교수였던 하워드 가드너 박사의 '다중지능(MI: Multiple Intelligence)이론'이 그 길을 일러준다. 그에 의하면 사람 속에는 8가지 종류의 지능이 함께 존재한다. 곧 언어지능, 음악지능, 논리수학지능, 공간지능, 신체운동지능, 인간친화지능, 자기성찰지능, 자연친화지능 등이다. 이들은 한 개인 속에 모두 존재하지만, 각 지능의 높낮이는 지능별로 다르고 사람마다 차이가 있다고 한다.

이들의 연구 결과를 따르면, 성공한 사람들은 IQ보다 다중지능 가운데 자신의 강점을 계발하여 집중적으로 발휘한 것으로 나타났다. 예를 들어 보자.

모짜르트, 베토벤, 정명훈, 서태지 등은 '음악지능'을 특별히 발휘하여 성공하였다.

피카소, 레오나르도 다빈치, 비디오 아티스트 백남준 등은 '공간지능'이 탁월하여 성공하였다.

골프 황제 타이거 우즈, 박세리, 미셸 위 등은 '신체운동지능'이 뛰어나서 성공가도를 달리고 있다.

그렇다면 이제 관건은 '이런 다중지능을 어떻게 끌어낼 수 있는가'

다. 의외로 그 방법은 간단하다. 바로 아이들에게 "공부 잘 해라", "꼭 1등 해야 돼"라고 잔소리하는 대신에 "꿈을 가져라"라고 격려해 주는 것이다.

한번은 미국학자들이 자국 역사에 공헌한 사람들을 뽑아서 출신지를 조사해 보았다. 그랬더니 미국 북동부의 작은 지방인 '뉴잉글랜드'에서 특별히 많은 인재가 배출된 사실을 발견했다.

학자들은 그 이유가 궁금하여 그 지역을 여러 가지 방법으로 조사해 보았다. 얼마 후 학자들은 그 지방 부모들이 특별한 말로 자녀들을 교육한다는 사실을 발견했다. 특히 자녀가 잘못하여 책망할 때에도 그들은 같은 말로 교훈을 했다.

"애야, 꿈을 가져라."

"애야, 커다란 포부를 가져라."

누구든지 꿈을 품고자 할 때는 '본능적으로' 자신의 강점이 무엇인지 짚어보는 것으로 출발하게 마련이다. 자신 있는 분야에서 스스로 품고 싶은 꿈을 탐색해나가는 것은 상식이다. 그러기에 "큰 꿈을 가지고 큰 사람처럼 생각하고 행동하라"는 동기부여만 주면 되는 것이다.

명심하자.

꿈과 비전을 통해서 자신의 강점이 꽃핀다.

아름다운 비전을 품은 사람은 아름다운 사람으로,

큰 비전을 품은 사람은 큰 사람으로,

훌륭한 비전을 품은 사람은 훌륭한 사람으로.

이렇게 사람은 비전을 품고, 비전은 사람을 만든다.

성공한 사람들의 2%

플러스 사고를 하였다

지금 우리는 '그들은 달랐다'라는 제목 아래 성공지대를 산책하고 있는 중이다. 본격적으로 행복과 성공의 길을 답사하기 전에, 눈에 띄는 돌출 '가능성'들만 쭈욱 훑어보고 있다.

두루 넓게 보던 시선을 이제 조금 좁혀보자. 그러면서 성공한 사람들만이 지니고 있는 '2%'에 주목해 보자.

성공한 사람들의 '2%'를 형성하는 첫 번째 특징은 '플러스 사고'다. 그 대표적인 모델은 2002년 노벨 물리학상을 받은 일본인 코시바 마사토시 교수다.

그해 3월 그는 도쿄 대학 졸업식에 초청을 받았다. 그는 과거 도쿄 대학의 물리학과를 꼴찌로 졸업하였다. 졸업식장의 대형 스크린에는 그의 학창 시절 성적표가 공개되었는데, 16개 과목 중 우(優)는 '물리학 실험I'과 '물리학 실험II' 두 개뿐이었다. 나머지는 양(良)이 10개, 가(可)가 4개였다.

그런 그가 노벨상을 받게 된다.

그의 비밀은 무엇일까. 그것은 '플러스 사고'에 있었다. 그는 이를 '능동적 인식'이라 표현하였다. 그는 졸업식 축사에서 학교의 우등생이라고 해서 사회에서도 우등생이 된다는 법은 없다고 지적하면서, '수동적 인식'과 '능동적 인식'에 대하여 말했다.

"학업 성적이라는 것은 배운 것을 이해한다는, 말하자면 수동적 인식을 얼마나 잘했는가를 나타내는 것입니다. 성적이 좋은 사람이 관료가 되고 혹은 교수가 되기도 하지만, 해외로부터 문헌이나 이론을 수입하는 일에만 골몰하는 경우가 자주 있습니다. 수동적 인식의 폐해임에 틀림없고, 사실은 성적 우수자가 빠지기 쉬운 함정이기도 합니다."[7]

그는 오늘날 수동적 인식의 가치가 점점 떨어지고 있는 반면, 스스로 해결책을 찾아낼 수 있는 능동적 인식이 더욱 가치를 드높이고 있다고 말한다. 그가 말하는 수동적 인식은 '남이 간 길을 착실히 따라가는 것'이다. 이런 인식을 가진 사람은 새로운 기회를 만들어낼 수 없다. 그렇기에 능동적 인식, 곧 '남이 가지 않은 길에서 스스로 길을 만들어 간다는 생각'을 지니고 살아가야 한다는 것이다.

코시바 마사토시 교수를 물리학 분야의 달인으로 만들어 준 것은 '안된다'는 생각보다 '할 수 있다'는 신념으로 새로운 길을 도전하는 플러스 사고였다.

학교 성적 우수자가 꼭 사회 우등생이 되지 않는다는 이 '플러스 사고'. 누구에게든지 차별 없이 기회는 '도전하는 자'에게 주어진다는 깨달음, 바로 우리를 위한 자극이다.

밑바닥을 기겠다는 각오가 있었다

성공한 사람들의 2%를 형성하는 두 번째 특성은 '밑바닥을 기겠다는 각오'다.

최근 '스펙 스트레스'라는 말이 생겼다. 여러 조사 기관이 발표한 통계를 종합해 보면 이 시대 젊은이들 열 명 중 여덟 명이 스펙 스트레스에 짓눌려 '스펙 강박증'에 시달리고 있는 것으로 나타났다.

'스펙'은 애초 기계의 사양을 뜻하는 'specification'의 한국식 약어로, 본래의 의미와 다르게 사람에게 쓰이고 있다. 일종의 콩글리시인 셈이다.

1990년대 말 외환위기와 2008년 금융위기를 거치면서 점점 취업난이 심각해지자 대학생들은 어쩔 수 없이 끝을 모르는 '스펙 무한경쟁'에 뛰어들었다. 이러다 보니 스펙의 과잉 현상이 생겨나고, 입사에 굳이 필요 없는 스펙을 갖춰야 하는 '오버 스펙'으로 치닫게 되었다. 또한 과열되고 있는 고스펙 평준화 현상은 다양한 스펙으로 취업했다는 말이 불안을 조장하여 여러 스펙을 무작위로 쌓다 보니 생긴 결과다.

결국, 이런 현상은 우리나라 기업들이 잠재력 있는 인재를 키우기보다 당장 쓰기 편한 '레디메이드(기성품)'를 선호하는 쪽으로 몰고 갈 우려가 있다.[8]

그렇다고 스펙을 완전히 무시할 수도 없는 노릇이지만, 스펙보다 중요한 것이 '밑바닥을 기겠다는 각오'다.

현재 전 세계 82개국에서 7천 명의 직원들을 고용하고 있는 아이디어 컴퍼니인 '사치&사치'사의 회장 케빈 로버츠에 얽힌 이야기다. 그는 1960년대에 당시 국제적으로 사업을 확장해가던 메리 퀸트라는 회사의 취업 면접에서 이런 제의를 하였다.

"앞으로 6개월 동안 전임자 월급의 반만 받고 일하겠습니다. 나중에 제게 가치 있다고 판단되시면 그때부터 제 능력에 맞게 월급을 주십시오."

그는 채용되었다. 그는 바닥부터 시작할 각오가 되어 있었다. 그는 일찍부터 인생을 투자란 관점에서 바라본 인물이었다. 어느 누가 다른 사람 월급의 절반을 받고 일을 하고 싶겠는가? 하지만 그는 눈앞에 있는 일이 정말 배워 볼 만한 일이라고 생각했고 그래서 승부수를 던졌던 것이다.

후일 그는 이렇게 회상했다.

"나는 매 순간을 사랑했다. 혁신과 즐거움은 우리의 열정이었다."

케빈 로버츠를 변화무쌍한 화장품 업계의 달인으로 만들어 준 2%는 미래를 위해 당장 손해가 되는 일이라도 기꺼이 한다는 결연한 '의지'였던 것이다.

노예가 아니라 주인으로 살았다

성공한 사람들의 2%를 형성하는 세 번째 특성은 '노예가 아니라 주인으로 살았다'는 것이다.

진정으로 성공한 사람들은 동시에 행복하게 산다. 성공했다고 알려져 있는 사람들 가운데, 일의 노예, 환경의 노예, 돈의 노예로 사는 이들이 많다. 이들은 엄밀히 말하면 성공한 사람들은 아니다.

반면, 환경이 아무리 열악해도 늘 행복의 주인으로 사는 사람들이 있다. 일도 즐기고, 돈도 멋지게 쓸 줄 아는 이들이다. 이런 사람들이야말로 진정으로 성공한 사람들이다.

영국에 한 노인이 있었다. 그는 누가 보아도 행복해 보였다. 하루는 노인에게 사람들이 물었다.

"어르신, 어쩜 그렇게 항상 밝고 즐거우신지요? 그 비결이 무엇인지 좀 가르쳐 주십시오."

노인이 활짝 웃으며 답하였다.

"비결이랄 게 있나? 아침마다 눈을 뜨면 행복과 불행 중 한 가지를 선택하는 거지. 나는 그 중에서 늘 행복을 선택할 뿐이라네."[9]

이 노인의 대답이야말로 지혜 중의 지혜다. 그렇다. 행복은 나의 선택에 달려 있다. 이를 기원전 300년경 로마의 집정관 아피우스 클라우디우스는 실감나게 정의했다.

"사람은 각자 행복의 대장장이다."

나는 주인이다.

운명? 내가 조각한다.

행복? 내가 발생시킨다.

성공? 내가 결정짓는다.

바보 소리 들으면 성공한 거야

　85세를 일기로 세상을 떠난 한국의 슈바이처 장기려 박사는 아름다운 일화를 많이 남겼다. 어느 해 정월 초하룻날, 아침 일찍 박사 곁에서 자고 일어 난 애제자가 잠자리를 정돈하고 먼저 세배를 올렸다.

　장기려 박사는 따뜻한 미소를 머금고 덕담을 해 주었다.

　"금년엔 날 좀 닮아서 살아보아."

　스승의 큰 사랑에 어리광을 잘 부리던 제자가 재롱삼아 말을 받았다.

　"선생님 닮아 살면 바보 되게요."

　그러자 장기려 박사는 껄껄껄 웃으며 다음과 같이 토를 달았다고 한다.

　"그렇지, 바보 소리 들으면 성공한 거야. 바보로 살기가 얼마나 어려운 줄 아나?"

　혹여 세상 사람들은 늘 불쌍한 환자들에게 무료진료를 해주던 장기려 박사를 '저 사람 바보 아냐?' 하고 생각했을지 모른다. 가난한 사람들에게 먹을 것을 퍼주던 그에게 내심 '이상한 사람'이라고 빈정거렸을지 모른다. 하지만 장기려 박사는 바보가 아니었다. 그는 '바보로 살기'로 작정했던 사람이었던 것이다.

　춘원 이광수 선생이 병원에 입원하여 치료를 받을 때 담당 레지던트였던 장기려 박사를 가리켜 '당신은 바보 아니면 성자'라고 한 말이 실감된다.

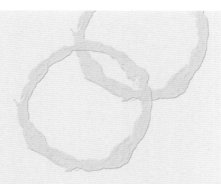

방법이 아니라 원리다

공부의 진화

나는 학교 공부만 마흔 살까지 했다. 그리고 그 이후 대학교 강단에서 가르치기 위해 공부를 놓지 않다가 10년 전부터 연구소 소장직을 맡게 되었으니, 평생 공부의 길을 걸어온 셈이다.

이렇게 줄곧 공부를 하다 보니 공부도 진화한다는 사실이 깨달아졌다. 공부에 이골이 날수록 공부의 완급, 요령, 깊이 등이 새로워진다는 말이다. 한 분야를 깊이 파다 보면 공부하다가 '도를 트는' 지경을 경험하기도 한다. 그러기에 불교에서는 선승(禪僧) 못지않게 학승(學僧)을 쳐주는 것 아닐까.

공부를 하다가 뭔가가 보이기 시작하면 공부가 슬슬 되고 있다는 징후다.

우선, 개념들의 위계(hierarchy)가 보이기 시작한다. 진리에도 위계가 있다. 곧 상위 진리가 있고 하위 진리가 있다. 하위 진리는 상위 진리에 배속 내지 포용되기에 상위 진리 하나 제대로 파악한 것이 하위 진리 수백 가지를 파악한 것보다 더 가치로울 수 있다.

다음으로, 그 분야의 '종결자'가 보이기 시작한다. 책을 읽을 때 '이 책 저자가 일류구나, 삼류구나' 선별이 되기 시작하면 그 공부는 많이 진도가 나간 것이라 보면 된다. 누구든 처음에는 평면적으로 공부를 한다. 수많은 자료를 수집하여 그걸 가지고 도토리 키재기를 하는데, 어느 날 불현듯 그 분야에서 일인자를 만나게 된다. 이것이 공부다. 처음에는 뭐가 뭔지 누가 누군지 모르고 1류 정보와 3류 정보를 같은 반열에서 취급하다가, '아, 이 분야에서는 이 사람이 결론이다!'를 아는 것이 바로 공부다. 한 영역에서 종결자를 만났을 때, 그때는 일단 공부의 끝이 가까워진 것이다.

내가 가장 재미있어 하는 공부 주제는 '인간'이다. 특히 인간의 한계와 가능성을 탐구하는 것이 나의 최고 즐거움이다. 이것이 내가 자기계발에 관한 글을 쓰게 된 배경이기도 하다.

그런데 나의 인간탐구에서 온갖 시련을 견뎌내고 경탄할 저력을 드러낸 민족적 모델, 이름하여 '인간 종결자'로 나는 망설임 없이 유다인을 꼽는다. 이는 우연적 또는 임의적 선택이 아니라, 30여 년간 계속된 탐사 여정의 귀결이다.

왜, 어떻게 그러한가. 슬슬 벤치마킹에 들어가 보자.

유다인의 성공 법칙

유다인과 한국인의 차이

유다인 출신 중에는 세계에서 제일 우수한 석학, 비범한 예술가, 엄청난 부호들이 많다. 20세기를 주도한 최고의 지성 21명 중 15명이 유다인이다. 할리우드의 걸출한 영화감독들과 스타들의 대부분이 유다인이다. 미국 내 최고 부자 40명 중 절반이 유다인이다.

1901년에서 1990년까지 90년간 자연과학 분야에서 노벨상을 받은 사람 404명의 종교 실태를 조사해 보니, 그리스도교가 76%를 차지했고, 그밖에 유다교가 22%, 불교 0.9%, 회교 0.1%로 나타났다. 유다인이 소수민족임을 감안할 때 대단한 성과라 아니할 수 없다. 이렇듯이 유다인은 거의 전 부문에 걸쳐 세계적으로 두각을 나타내고 있다.

그렇다면 우리 한국인은 어떨까?

한국인의 두뇌는 세계에서도 매우 뛰어난 것으로 나타났다. 2003년 말 오스트리아의 빈 의대는 50개국 국민의 IQ를 비교한 후 한국이 2위라는 연구 결과를 발표한 바 있다. 또 '경제협력개발기구'(OECD)에서 실시한 '학업 성취도 국제비교'(PISA)를 보면 선진국 40개국 가운데 한국 고교 1년생들이 문제 해결 능력에서 1위를 차지하여 세계 최상위임을 입증했다.

게다가 한국의 교육열은 단연코 세계 1위다. 교육을 위해서라면 국제 이산가족이 되는 것도 불사한다.

그럼에도 한국은 아직 세계적인 위인을 배출하는 데는 그리 실적이 좋지 않다. 고등학교 때까지 '수재'였던 학생들도 대학에만 가면 '둔재'가 되고 마는 게 한국 교육의 현실이다.

이런 현상을 우리는 어떻게 설명해야 할까? 도대체 유다인과 한국인 사이에는 어떤 차이가 있는 것일까?

그 비밀은 앞에서 언급한 '강점 계발'에 있다. 즉, 이스라엘에서 영재란 우리가 생각하듯이 IQ만 높은 아이를 의미하지 않는다. 그보다는 특정한 한 분야에서 뛰어난 재능을 가진 아이를 영재라 하는데 이것은 다중지능이론과도 일맥상통한다.

유다인 학생들은 방과 후에 영재 교육 기관에서 특별한 수업을 받는다. 로보틱스, 저널리즘, 천문학, 기계 수리에서부터 유머, 지도자 정신, 이야기 듣기 같은 과목들까지 있다고 한다. 가능한 한 많은 선택의 방향을 제시하여 아이들이 자신의 관심사를 발견하게 하고, 또한 한 분야에만 편중되지 않도록 조정하기 위해서다. 과학 영재라고 해서 과학 분야만 집중적으로 교육하는 것이 아니라 창의력을 높여주는 과목도 듣게 하여 논리력과 창의력이 상승 작용을 하도록 하는 것이다. 이 원칙은 예술 분야의 영재들에게도 적용된다.

교육 1000년 프로젝트, 탈무드

유다인 교육의 산실은 『탈무드』다. 해학과 지혜가 담겨 있는 유다인들의 민담 정도로 우리에게 알려져 있는 『탈무드』는 사실 1,000년간 치밀하게 설계된 책이다.

쉽게 말하여 탈무드는 성경의 핵심 가르침을 아이들 눈높이에 맞춰 가르치기 위해 기획된 일종의 '스토리텔링' 지혜모음이다.

국가 존망의 숱한 위태로움을 보며 정신적 지주인 경전 연구의 중요성을 깨달은 유다인은 BC 500년경부터 장장 1,000년간 수많은 학자들과 랍비들이 가담한 장기 프로젝트로 탈무드를 연구·보급하였다. 이처럼 정신자산에 대한 원대한 안목과 아낌없는 지원이 있었기 때문에, 유다인은 수천 년간 한과 통곡으로 점철해온 시련의 역사를 이겨내고 세계에서 가장 우수한 민족으로 살아남을 수 있었다. 그리고 그 결실인 경전과 탈무드는 오늘도 세계 각처에 흩어져 살고 있는 유다민족을 연결해 주는 정신적 지주요 얼인 동시에 탁월한 지혜의 원천이 되고 있다.

이스라엘 국립대학에서 교수를 지낸 류태영 박사는, 그의 책 『지혜의 삶—탈무드에서 배우는 자녀교육법』에서 세계 역사를 빛낸 유다인이 지닌 우수성의 바탕이 바로 탈무드 교육이라고 말한다.

탈무드 교육은 생존의 지혜와 더불어 유다인의 민족적 정체성을 자손들에게 대물림하는 것을 근간으로 삼고 있다. 이 시대에도 유다인의 민족의식은 대단하다. 유다인들은 미국에 가도 유다인이고 유럽에 가도 유다인이고 한국에 와도 유다인이다. 이처럼 철저한 민족적 자긍심에서 세계사를 움직이는 지혜가 나오고 있는 것이다.

셰마 이스라엘

탈무드에서 중히 여기는 정신적인 자산 가운데 넘버원이 바로 '셰마 이스라엘'(이스라엘아, 들어라)이다.

오늘날도 모든 유다인들이 매일 아침, 저녁 최소 두 번 낭송해야 하는 '셰마 이스라엘' 전통은 구약 성경 신명기 6장의 성구에서 비롯되었다.

"이스라엘아 들어라. 너희는 마음을 다하고 목숨을 다하고 힘을 다하여 주 너희 하느님을 사랑해야 한다. 너희는 〔……〕 이 말을 너희 자녀에게 거듭 들려주고 일러 주어라"(신명 6,5-7).

이 명령의 핵심은 '마음', '목숨', '힘'을 다하는 삶의 자세다.

여기서 '마음'은 히브리어로 '레브'라 하는데 이는 감성을 다하라는 말이다. 곧 모든 정(情)을 합해서 하느님을 사랑하라는 말이다.

'목숨'은 히브리어로 '네페쉬'라고 하는데 이는 영혼을 다하라는 말이다. 그런데 영혼의 핵심적인 기능은 '의지'다. 이는 곧 모든 의(意)를 다해서 하느님을 사랑하라는 말이다.

'힘'은 히브리어로 '메호드카'라고 하는데 이는 생각의 힘을 다하라는 말이다. 곧 모든 지(知)를 모아서 하느님을 사랑하라는 말이다.

또 하나 여기서 놓치지 말아야 하는 것은 바로 그다음에 이어지는 '거듭거듭'이라는 어구다. 이는 습관화, 체화, 인격화를 의미한다. 곧 앞에서 말한 삶의 자세들이 몸에 밸 때까지 반복적으로 교육하고 훈련해야 한다는 것이다.

이러한 처방에는 좋은 습관을 들이는 것이 성공과 행복의 관건이 된다는 예지가 서려 있다. 평소 '마음'과 '목숨'과 '힘'을 다하여 하느님을 사랑하는 것이 습관화되면, 어느 분야에서도 최선의 결과를 이끌어 낼 수 있다. 그런 습관을 지니고 있는 사람은 스포츠, 예술, 학문, 연구 등 어느 분야에서건 반드시 최고를 달성할 수 있게 된다.

놀라운 사실은, 유다인들이 이 말씀을 받은 것이 지금으로부터 약 3,200년 전이며, 글로 기록된 것이 약 2,700년 전인데, 유다인 가정에서는 오늘날도 이 말씀을 아침저녁으로 최소 하루 두 번씩 공동으로 암송하고 있다는 사실이다. 이는 전통의 계승을 '구닥다리'의 집착으로 치부해버리기 십상인 우리에게는 입이 다물어지지 않는 문화 쇼크다. 그

만큼 유다인이 고집스럽고 융통성 없어 보일 것은 언급할 필요도 없으리라.

이 구절의 암송 효과에 주목한 것은 내가 처음이다. 유다인들은 이것이 자기들 전통이니까 아무생각 없이 '그냥' 외웠을 뿐이다. 성경을 특히 떠받드는 개신교 학자들은 이 구절이 하느님의 명령이니까 그냥 종교적 계명이라 여기고 감히 분석해 볼 엄두를 내지 못했다. 하지만 석사학위를 성서 분야에서 취득한 나에게는 어느 날 영감처럼 '아, 이거 탁월한 교육법인데!' 하는 깨달음이 불쑥 들었다. 곧바로 어원분석에 들어갔더니 지혜의 금맥을 발견할 수 있었다. 순간 무릎을 탁 쳤다.

"와우, 이거 천기누설이다! 그러니까 '마음'은 감성(感性)을 뜻하고 '목숨'은 의지(意志)를 말하는 것이고 '힘'은 지성(知性)을 가리키는 것이니, 이야말로 전인적 투신을 뜻하지 않는가!"

"……."

"게다가 '거듭거듭'이라는 단어와 '다하여'라는 단어는 또 얼마나 영양가 있는 명처방인가. 가히 자기계발의 비방(秘方)이라 해도 무색할 것이야."

한번 상상해 보라. 한 민족이 대를 물려가면서 인간존재의 핵심인자를 활성화시키는 단어들을 흡사 주문처럼 매일 외운다! 그러면 어떤 일이 일어날까? 모르긴 모르되 그 금쪽같은 단어들이 그 민족의 유전자 속에 DNA로 구조화되어 자동적으로 육체와 의식에서 살아 움직이지 않을까.

이런 점에서 나는 이 '셰마 이스라엘'이야말로 가장 완벽한 인성 계발 원리이자 모델이며, 프로그램이라고 생각한다.

유다인의 전뇌 교육

전뇌(全腦) 계발

앞에서 짚어본 유다인 암송 성구의 주요 단어들은 하나같이 결정적인 자기계발 인자들이다. 그 가운데 '힘', '마음', '목숨'은 인간의 3가지 정신능력인 지(知)·정(情)·의(意), 곧 지성, 감성, 의지와 호환되는 단어다.

이를 오늘날 두뇌연구 성과와 연결시켜 보면, 이들이 결국 전뇌 계발의 코드가 됨을 알게 된다. 어떻게 그러한지 잠깐 현대 두뇌연구 정보를 확인해 보자.

인간의 대뇌는 좌뇌와 우뇌로 나뉘어져 있다. 두 개로 갈라진 반구들은 크기가 다를 뿐만 아니라 기능에도 차이가 있고 생성하는 뇌 호르몬에도 차이가 있다. 우반구는 신체의 왼쪽을 통제하고 좌반구는 신체의 오른쪽을 지배한다. 좌·우 반구 사이의 교신은 '뇌량'(腦梁)이라고 불리는 밀집된 신경섬유의 다발을 통해 이루어진다.

좌뇌는 일반적으로 언어적, 수리적, 분석적, 논리적, 이성적 분야를 담당한다. 좌뇌는 논리적인 사고에 능해서 숫자나 기호를 잘 인식하고 읽기와 쓰기, 그리고 계산하는 능력이 강하다.

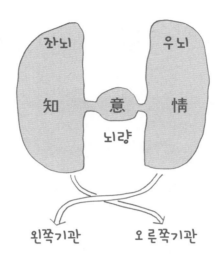

반면 우뇌는 비언어적, 시공간적, 직관적, 감성적 분야를 담당한다. 우뇌는 공간 인식의 기능을 담당하고, 시각적 정보를 종합적으로 파악한다. 특히 감성적 세계에 강하여 음악, 미술 등 예술 분야를 담당한다.

좌뇌의 생각은 논리가 정연한 반면에 결정을 내리는 데에 시간이 걸리므로 급한 상황에서는 직감적이고 순간적인 우뇌의 결정에 따른다.

이 좌뇌와 우뇌를 통합하는 기능을 뇌량이 담당한다. 뇌량을 통하여 정보교환이 이루어지기 때문에, 좌뇌와 우뇌는 각각의 고유성을 유지하면서 하나의 기능 단위로 작용한다. 뇌량은 통합하고 선택하는 기능을 담당한다.

이리하여 지성, 감성, 의지를 관장하는 영역이 확인된 셈이다. 좌뇌는 지성의 처소요, 우뇌는 감성의 처소요, 뇌량은 의지의 처소라 보아도 된다는 결론에 이른 것이다.

그런데 유다인의 자녀교육을 살펴보면 이들을 고루 자극하여 계발시키는 지혜가 배어 있음을 보게 된다.

지성(=좌뇌) 계발: 원리 교육

유다인들은 교육을 통하여 고기 잡는 법을 가르친다. 유다 학교에서는 학생들에게 리포트를 과제로 내줄 때, 가능한 한 많은 자료를 수집하게 한다. 그리고 그 수집한 자료들을 적절히 종합, 분석, 정리해서 자신의 머리로 리포트를 작성하도록 이끌어준다. 리포트의 평가 기준은 그 내용이 아니라, 자료를 다룬 솜씨가 중점이 된다. 즉, 고기를 잡아주는 것이 아니라 고기 잡는 법을 가르쳐 주는 것이다.

유다민족의 인물들을 한번 떠올려보자. 그들 중에는 높은 추상적 사고력을 요구하는 학문과 사업 부문에 종사하는 인물이 많다. 물리학자로는 아인슈타인, 심리학자로는 프로이트가 있다. 비즈니스 분야에서도 뉴욕 금융의 중심지인 월 가(街)의 금융 브로커 중 과반수가 유다인이라고 한다.

이는 어릴 적부터 '추상으로서의 하느님'에 대하여 생각하는 것이 습관화되어 있기 때문이라고 할 수 있다. 하느님은 언제나 추상의 영역속에 존재하며, 그런 까닭에 유다인은 항상 '구상화될 수 없는 하느님'을 생각하는 훈련을 계속하고 있는 셈이다. 또한 이것이 사물을 논리적, 추상적으로 생각하도록 만들었을 것이다.

이런 의미에서 유다인 자녀교육은 주입식 교육이 아닌 철저한 원리교육이라고 말할 수 있다.

한 유다인 가정에서 아버지가 어린 자녀에게 수학을 가르치고 있었다.

"다섯 더하기 다섯은 얼마지?"

"열둘이요."

이럴 때 한국에서라면 아마도 이런 반응이 나오지 않을까.

"어떻게 열둘이냐? 열이지. 이렇게 쉬운 것도 몰라서 어쩐다. 넌 커서 뭐가 되려고 그래?"

하지만 유다인 아버지는 잠시 여유를 두고 웃으면서 다시 질문한다.

"그래? 그러면 다섯 더하기 일곱은 얼마지?"

이런 식으로 자꾸 질문을 던져서 생각하게 하면 아이는 스스로 답을 알게 된다.

"이제 알았어요. 다섯 더하기 일곱은 열둘이고, 다섯 더하기 다섯은 열이에요!"

그러면 아버지는 웃으며 말한다.

"그렇지. 내 아들 똑똑하구나."[10]

유다인 부모에게는 자녀의 실패를 배움의 출발로 삼는 지혜가 있었던 것이다.

감성(=우뇌) 계발: 베갯머리 교육

유다인들은 중요한 지혜를 잠결에 들려준다. 이른바 베갯머리 교육이다.

유다인 엄마들의 하루 생활 중 가장 중요한 순간은 자녀들을 침대에 눕히고 그 곁에서 잠들 때까지 함께 있는 시간이다. 이는 자녀들에게도 마찬가지로 중요한 시간이다.

유다민족의 전통에 따라 엄마가 읽어주는 이야기는 대개의 경우 구약성경 중에서 골라낸다. 이때, 어린이들이 가장 재미있어 하는 것은 주로 영웅들의 이야기다. 모세가 이집트에서 탈출한 이야기나 다윗 왕과 거인 골리앗의 이야기 등, 아이들은 수천 년의 역사를 단숨에 거슬러 올라가서 마치 자신이 그곳에 있는 것처럼 마음껏 상상력을 펼친다. 이러한 성경 영웅담에 대한 흥분은 오랫동안 지속되어 상상력이 풍부한 시인과 작가를 낳는 계기가 되기도 한다. 시인 하이네를 비롯하여 프란츠 카프카, 토머스 만 등 유다인 중에서 상상력을 구사하는 타입의 작가들이 많은 이유 중 하나가 바로 여기에 있다.

베갯머리 교육에 버금가는 것으로서 유다인들은 또한 밥상머리 교육을 중시한다. 유다인들은 밥상머리에서 가족과 대화를 나누는 것을 소중하게 생각한다. 밥상에서 많은 대화를 하려면 어떻게 해야 할까? 여기에 유다인들의 지혜가 있다. 밥을 먹고 나서 필수적인 코스로 차와 맛있는 후식을 먹는 것이다.

유다인 부모는 이러한 디저트에 잊지 않는 것 한 가지가 있다. 바로 아이를 위해 웃음과 칭찬과 격려의 양념을 치는 일이다. 달콤한 디저트를 먹으며 기분이 좋아진 아이에게 재미있는 이야기를 들려주고 칭찬과 격려의 말을 해 주면 아이의 기쁨은 배가 된다. 부모와 함께하는 밥상이 진정 복되고 즐거운 자리임을 깊이 인식하게 되는 것이다. 이리하여 유다인 어린이는 밥상머리에서 꿈나래를 펴기 시작한다.

또한 유다인들은 매일 식탁에서 하느님께 감사를 드리는 것으로 식사를 시작한다. 이것은 하느님의 은혜를 마음에 새기고 잊지 않기 위해서다. 그렇게 함으로써 자녀들은 하느님의 도움으로 하루를 무사히 끝맺게 되었음을 알게 된다. 자녀들은 이런 분위기 속에서 전통을 접하며 자라고, 하느님에 대한 경건한 마음과 감사하는 자세를 자연스럽게 익히게 된다.

의지(=뇌량) 계발: '사브라'

유다인들은 자녀들을 선인장 꽃의 열매인 '사브라'라고 부른다. 이 선인장에는 사막의 어떤 악조건에서도 꽃을 피우고 열매를 맺는 강인함과 억척스러움이 배어 있는 것이다.

'사브라'라는 호칭은 의지 강화 교육의 지혜다. 사랑하는 자녀를 '사브라'라고 부를 때마다 부모는 자녀에게 다음과 같은 메시지를 심어주고 있는 셈이다.

"너는 사브라다. 내 인생은 선인장과 같았다. 나는 사막에서 뿌리를 내리고, 비 한 방울 오지 않고 땡볕이 쬐는 악조건 속에서 살아남았다. 아침에 맺히는 이슬 몇 방울 빨아들이며 기어코 살아남았다. 그러니 너는 얼마나 소중한 존재냐. 너라는 열매를 맺기까지 나는 인고의 세월을 견디어 냈다. 너는 사브라다. 선인장 열매다.

그러니 너도 끝까지 살아 남거라. 그리하여 또 다른 열매를 맺어라. 그 열매가 맺어지거든 그를 사브라라고 불러 주어라."

이토록 말을 배울 때부터 자신을 지칭하는 말로 '사브라' 소리를 거의 매일 듣고 자라는 이스라엘 청소년들 내면에 생에 대한 강인한 의지력이 자리잡았을 것임은 두말할 나위 없겠다.

인격화(습관화): 메주자

유다인의 자녀교육에서 놓치지 말아야 하는 것이 '거듭거듭'이라는 어구다.

"너희는 집에 앉아 있을 때나 길을 갈 때나, 누워 있을 때나 일어나 있을 때나, 이 말을 너희 자녀에게 거듭 들려주고 일러 주어라"(신명 6,7).

우리 삶에 결정적으로 중요한 말씀은 골수에 새겨지고 혈관 속을 흘러야 한다. 그러기 위해서는 '거듭거듭'의 길밖에 없다. 그러면 습관화, 체화, 인격화가 절로 이루어지게 되어 있다. 성경은 이 '거듭거듭'을 실행하는 방편으로 말씀을 적어서 문설주에도 매달고 이마에도 붙이고 손목에도 차고 옷술단에도 걸으라고 권한다(신명 6,8-9 참조).

유다인들은 이 분부를 곧이곧대로 받아들여 오늘날까지 실천하고 있다. 앞서 언급했듯이 유다인들은 오늘날도 이 말씀을 매일 아침, 저녁 최소 두 번 낭송한다. 그리고 이 말씀을 양피지에 써서 작은 케이스에 넣고 문설주에 매다는 것을 전통으로 삼아 왔다. 이것을 히브리어로 '메주자'라고 한다.

오늘도 유다인들은 문을 드나들 때 이 메주자를 만지면서 하느님의 말씀을 거듭거듭 마음에 새기고 있다. 세계 어느 지역에서 살건 유다인은 새로 이사를 하면 가장 먼저 하는 중요한 행사가 바로 현관문 오른편에 이 메주자를 다는 것이다. 이 메주자는 7년에 한 번 바꾼다고 한다.

내가 보기에 한국인은 융통성이 많다. 이 얘기는 어떤 명령이 주어질 경우 곧이곧대로 행하지 않고 적당히 생각한다는 말이다. 반면 이스라엘인들은 약속이나 규정에 대해서 답답할 정도로 융통성이 없다. 충실하다. 그래서 오늘의 유다인들이 만들어졌다고 나는 믿는다.

만사형통의 7법칙

법칙에 대하여

나는 유다인들의 자녀교육지혜를 연구하다가 만사형통의 7법칙을 터득하여, '무지개 원리'라 이름 붙였다. 법칙이나 원리나 같은 의미다. 엄밀히 구별하자면 원리는 보다 큰 개념이고 법칙은 상대적으로 작은 개념이다.

사람들이 나에게 왜 하필 '원리'라는 딱딱한 말을 썼냐고 곧잘 물어온다. 그것은 약은꾀로 살지 말고 '원리'를 붙잡으라는 속내에서였다. 원리는 지나치게 목표 지향적이며 과정을 무시하는 경향을 지닌 '전술', '기술', '노하우' 등의 처세술에 대한 대안인 것이다.

이 세상에는 법칙이 있다. 자연의 운행에 법칙이 있듯이 사람 살아가는 데에도 법칙이 있다. 앞에서 언급한 것들을 잘 들추어 보면 거기서 불변의 법칙들이 발견된다. 법칙이라는 것은 공식대로 이루어진다는 것이다. 곧 '인풋'(input)을 알면 '아웃풋'(output)을 예측할 수 있다는 것이다.

성공에도 법칙이 있다. 그 법칙의 조건을 충족시켜 주면 반드시 성공하는 길이 있다는 말이다. 그래서 소위 '성공학' 관련 연구들이 속속 진행되고 있다.

마찬가지로 행복에도 법칙이 있다. 행복에로 이르는 길이 있다는 말이다.

법칙은 '처세술', '방법' 또는 '전략'과는 차원을 달리한다. 처세술은 속과 겉이 다를 수 있다. 그런 체하여 소기의 성과를 얻어내는 것이다. 이는 당장은 통할지 몰라도 계속 통하지는 않는다. 성공도 '반드시'가 아니라 '운이 좋으면'이란 조건에 달려있다. 요즈음 서점가엘 가보면 온통 '전략', '전술', '방법', '기술', '노하우', '스킬' 등이란 단어가 범람한다. 처세술의 일종이다.

법칙은 속일 수가 없다. 속과 겉이 같아야 한다. 법칙은 때가 차야 열매를 맺는다. 하지만 반드시 맺는다. 법칙은 시간이 지날수록 더 힘을 발휘한다.

앞에서 잠깐 소개된 성공한 사람들의 2%, 유다인의 자녀교육 지혜 등은 이 책 전체에서 앞으로 소개할 '무지개 원리'에 녹아 있는 성공 법칙과 행복 법칙의 일부분들이다.

전인적 자기계발 원리

'무지개 원리'의 강점은 전인적 자기계발 원리라는 데 있다.

이 책을 준비하면서 나는 성공과 행복 관련 국내외 저술들을 두루 읽어 보았다. 대체로 공감을 하면서도 한편 아쉬움을 느꼈다. 그것은 대부분의 제언들이 단편적인 방법이나 부분적인 처방만을 제시하고 있다는 점 때문이었다. 그래서 책을 읽을 때는 고개가 끄덕여지고 '될 것' 같은데 막상 실전에서는 효과가 크게 드러나지 않는 한계를 절감할 수밖에 없었다.

이제는 통합적 원리가 필요하다.

바로 위에서 확인했듯이 유다인의 '셰마 이스라엘'에 녹아 있는 '마음을 다하여', '목숨을 다하여', '힘을 다하여', 그리고 '거듭거듭'은 종합적으로 완벽한 '전인적 자기계발 원리'를 형성한다.

이 전인적 자기계발 원리는 인간두뇌 및 심리 구조 연구 성과와도 상합한다. 나는 인간의 두뇌 영역을 '좌뇌', '우뇌', 그리고 '뇌량'으로 나누어 접근할 수 있다는 사실에 주목하였다. 그리고 이것이 인간의 지성, 감성, 의지와 관계된다는 사실을 알아내었다.

이러한 구조적인 토대 위에 개별적이며 부분적인 성공 법칙들과 행복 법칙들을 통합한 결과, 마침내 만사형통의 7법칙이 탄생하였다. 전체의 밑그림은 다음과 같다.

고금의 지혜	현대의 자기계발 지혜
지성 계발 (힘을 다하여: 좌뇌)	무지개 원리 1_ 긍정적으로 생각하라 무지개 원리 2_ 지혜의 씨앗을 뿌리라
감성 계발 (마음을 다하여: 우뇌)	무지개 원리 3_ 꿈을 품으라 무지개 원리 4_ 성취를 믿으라
의지 계발 (목숨을 다하여: 뇌량)	무지개 원리 5_ 말을 다스리라 무지개 원리 6_ 습관을 길들이라
인격화 (거듭거듭: 전인)	무지개 원리 7_ 절대로 포기하지 말라

앞에서 말했듯이 이는 『탈무드』와 '셰마 이스라엘'에서 발견한 유다인의 성공 원리를 구체적으로 체계화한 것이다. 이 원리는 현대 두뇌 연구 결과와도 부합한다.

좌뇌 영역에서 유다인 성공 법칙인 셰마 이스라엘의 '힘을 다하여'에 부응하여 지성 계발이 이루어지도록 두 원리가 배치되어 있다.

우뇌 영역에서 유다인 성공 법칙인 셰마 이스라엘의 '마음을 다하여'에 부응하여 감성 계발이 이루어지도록 두 원리가 배치되어 있다.

뇌량 영역에서 유다인 성공 법칙인 셰마 이스라엘의 '목숨을 다하여'에 부응하여 의지 계발이 이루어지도록 두 원리가 배치되어 있다.

끝으로 전인 영역에서 유다인 성공 법칙인 '셰마 이스라엘'의 '거듭거듭'에 부응하여 습관화가 이루어지도록 한 원리가 배치되어 있다.

무지개 원리 부채꼴 도해

부챗살 도해는 지금까지의 설명을 한 눈에 볼 수 있도록 종합해 본 것이다.

이 도해를 보면 1원리에서부터 6원리까지가 지성, 감성, 의지와 관련하여 순서적으로 배치되어 있고, 마지막 7원리는 전체를 처음부터 끝까지 아우르면서 적용되는 것으로 그려져 있다. 그러니까 1원리부터 6

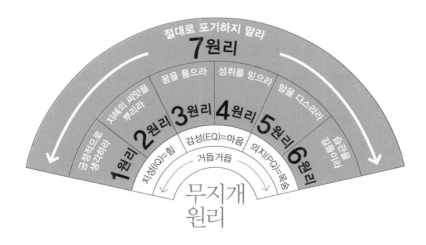

원리까지 '거듭거듭' 실행하면서, '절대로 포기하지 말라'는 것이 '무지개 원리' 전체의 밑그림인 것이다.

무지개 원리는 다름이 아니라 안으로는 '긍정적인 생각', '지혜의 씨앗', '꿈' 그리고 '성취에 대한 믿음'을 품고, 밖으로는 이들을 '말'과 '습관'으로 표출하면서, 처음부터 끝까지 늘 그렇게 '포기하지 말라'는 실행 명제다.

실제로 그대로 해보면 반드시 자신의 삶에 '무지개'가 뜬다는 것을 실증적으로 체험하게 된다. 안팎으로 '깨끗한' 것을 품으니 청정 무지개가 뜨는 것이다. 그리하여 출간 당시만 해도 하나의 주장이었던 '무지개 원리'는 이제 수많은 독자들이 입에서 입으로 전하는 기적의 증언이 되어 가고 있다. 이미 많은 분이 이 원리를 통해서 팔자와 운명의 굴레를 벗어나기 시작하였다. 매일 이 원리를 실행하면서 성공과 행복의 가도를 걷고 있다.

'무지개 원리'는 밭에 씨앗을 뿌려 결실을 거두기까지 시간을 요하기 때문에, 처음에는 그 결과가 부실한 듯하지만 시간이 지날수록 그 열매가 풍성해진다는 것을 확인하게 된다.

혹자는 '무지개 원리'를 한국판 탈무드라고 불러준다. 그러기에 '무지개 원리'로 언젠가 대한민국 전 국민들이 무지갯빛 희망이 휘영청 뜬 것을 보게 되리라 감히 예감해 본다.

다섯 장으로 된 짧은 자서전

1. 난 길을 걷고 있었다. 길 한가운데 깊은 구덩이가 있었다.
   난 그곳에 빠졌다. 난 어떻게 할 수가 없었다.
   그건 내 잘못이 아니었다.
   그 구덩이에서 빠져 나오는데 오랜 시간이 걸렸다.

2. 난 길을 걷고 있었다. 길 한가운데 깊은 구덩이가 있었다.
   난 그걸 못 본 체했다. 난 다시 그곳에 빠졌다.
   똑같은 장소에 또다시 빠진 것이 믿어지지 않았다.
   하지만 그건 내 잘못이 아니었다.
   그곳에서 빠져 나오는데 또다시 오랜 시간이 걸렸다.

3. 난 길을 걷고 있었다. 길 한가운데 깊은 구덩이가 있었다.
   난 미리 알아차렸지만 또다시 그곳에 빠졌다.
   그건 이제 하나의 습관이 되었다.
   난 비로소 눈을 떴다. 난 내가 어디 있는가를 알았다.
   그건 내 잘못이었다.
   난 그곳에서 얼른 빠져 나왔다.

4. 내가 길을 걷고 있는데 길 한가운데 깊은 구덩이가 있었다.
   난 그 구덩이를 돌아서 지나갔다.

5. 난 이제 다른 길로 가고 있다.

— 포르티아 넬슨

PART 02

하는 일마다 잘 되는
무지개 원리

'무지개'는 꿈 곧 희망을 상징한다. 내용적으로는 축복 또는 행운이 그 짝일 것이다. 그러기에 사람들은 '무지개 원리' 특강 현장에서 곧잘 이렇게 물어온다.

　"다른 유명한 책들에도 꿈에 대해서 많이들 얘기했더라구요. 거 다 그게 그거 아닌가요?"

　나는 이렇게 답한다.

　"좀 차이가 있습니다. 그게 그거는 아닙니다."

　"어떻게 다르다는 거죠?"

　"예를 들면 이렇습니다. 그분들이 얘기하는 꿈을 축구에 비유하자면 대체로 이런 주장인 셈입니다. '꿈은 특출난 스타플레이어다. 꿈이라는 골게터는 개인기가 뛰어나기에 골을 넣을 수 있다' 이런 식입니다. 물론 넣을 수 있습니다. 그런데 반드시 넣지는 못합니다. '무지개 원리'는 그 골게터가 골을 넣을 확률을 훨씬 높여주는 원리입니다."

　"어떻게요?"

　내 주장은 이렇다. 여기 꿈이라는 골게터가 하나 있다. 하지만 그 혼자는 너무 고독하다. 그러니 그의 주변에 여섯 명의 어시스트 꾼들을 붙여주자. 그러면 여기서 어시스트하고 저기서 어시스트하면 골이 들어갈 확률이 훨씬 높아지지 않는가. 이게 '무지개 원리'다.

여섯 명의 어시스트 꾼들의 이름은 무엇인가? 바로 '긍정적인 생각'이라는 선수, '지혜'라는 선수, '신념'이라는 선수, '말'이라는 선수, '습관'이라는 선수, '포기를 모르는 인내'라는 선수다. 이들과 연합해서 골이 들어가는 것이다. 그러기에 '무지개 원리'를 가지고 꿈을 꾸면, 꿈이 확실하게 이루어지게 마련이다.

물론, 굳이 '무지개 원리'를 오직 '꿈' 하나에로 귀결시킬 필요는 없다. '꿈'과 상관없이도 다른 여섯 가지 원리들은 그 자체로 가치와 의미를 지니고 있다. 하나하나가 인간다운 삶, 행복한 현재를 담보하는 믿을 만한 원리인 것이다.

그러므로, 앞으로 소개하는 무지개 원리 일곱 가지를 먼저 하나씩 개별적으로 익힌 연후에, 전체를 통합적으로 연동시키는 스텝을 밟음이 바람직하다 하겠다.

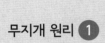

무지개 원리 **1**

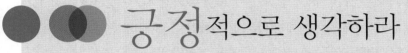

긍정적으로 생각하라

[지성계발] 하나_긍정적으로 생각하기

나는 대학 졸업 후 해군 학사 장교로 군복무를 하였다. 훈련 시절 나는 동료들로부터 '차돌'이라는 별명을 얻었다. 그런데 이것은 전적으로 '뇌'의 상상력을 활용한 덕이었다. 나는 괴로운 훈련이 있을 때마다 상상의 세계로 들어가 이른바 무릉도원을 즐겼다. 그러면 시간이 금세 갔다. 10km 구보를 할 때 나는 마음속으로 묵주알을 굴리며 기도를 하였다. 그 덕에 힘든 줄을 몰랐다. 매번 옆에서 견디지 못하고 처지는 동료의 총을 들어주고 뛰었던 것을 기억한다.

한번은 이런 일이 있었다. 훈련의 피크라고 하는 '지옥주'를 보내고 있을 때였다. 지옥주는 말 그대로 지옥과 같은 주(週)를 뜻한다. 일주일 내내 밥을 굶기고 잠을 재우지 않고 좌학(이론 수업)과 훈련의 강도는 더 세게 하여 한계 상황을 견디게 하는 훈련인 것이다. 이때는 좌학과 좌학 시간 사이의 쉬는 시간마저 쉬지 못하고 '풀 점핑' 훈련에 빼앗기고 만다. 졸리고 배고프고 몸은 늘어지고 하는 상황에서 '풀 점핑'은 그야말로 상 고문이었다. 다리가 땅에 딱 붙어서 떨어지질 않았다. 훈련을 시키는 구대장들은 작대기 하나씩 들고 다리 밑을 휘둘렀다. 그러면 맞지 않으려고 팔짝 뛰기 때문에 풀 점핑은 아닐 망정 억지로라도 점핑이 이루어졌기 때문이었다. 나는 이 고통을 또 긍정적 생각으로 극복하였다. 내 몸이 깃털처럼 가볍다고 생각하고 미친 듯이 뛰었다. 이런 내가 눈에 띄었던 모양이다. 구대장이 나에게 다가와 지휘봉으로 배를 찔렀다. 나는 큰 소리로 관등성명을 댔다.

"네, ○○번 ○○○사후생."

"복창."(따라서 하라는 지시)

"복차—앙!"

"훈련 상태 양호."

"훈련 상태 양호!"

"휴식."

"휴식!"

그 덕에 나는 쉬는 시간 내내 혼자서만 쉴 수 있었다. 참 달콤한 휴식이었다. 다른 동료들에게는 얄밉게 보였겠지만 훈련 기간 동안 나에게는 이런 에피소드들이 많이 생겼다. 모두가 긍정적인 생각 덕이었다.

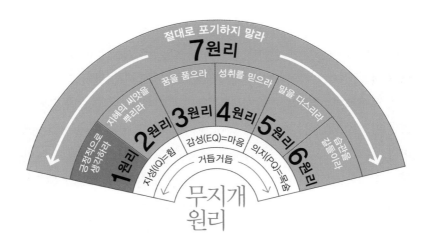

'무지개 원리 1'은 [지성계발]의 첫 번째에 해당한다. [지성계발]은 생각의 힘을 키우고 발휘시키는 것을 지향한다. 생각의 힘은 부정적으로도 긍정적으로도 작용할 수 있다. 부정적인 생각은 파괴력을 발휘한다. 반면에 긍정적인 생각은 생산적인 힘을 발휘한다. 그러기에 '무지개 원리 1. 긍정적으로 생각하라'가 성립하는 것이다.

그렇다면 긍정적으로 생각한다는 것은 과연 어떤 것일까?

한두 번 상황이 좋을 때 긍정적으로 생각하는 것은 그리 어려운 일이 아니다. 그러기에 더욱 값진 것은 극단적인 부정의 상황에서도 발휘되는 긍정적인 발상이다. 이런 경지의 긍정적인 생각을 할 수 있으려면, 생각의 지대에 '결'을 내야 한다.

'결'은 무엇인가? 결은 일정한 흐름의 패턴이다. 결에는 여러 가지가 있다. 무늬결, 나뭇결, 물결, 살결, 머릿결 등등. 이런 결은 어떻게 해서 형성되는가? '반복'을 통해서다.

그런데 '결'은 일단 형성되고 나면 '길'의 역할을 한다. 외부의 변수를 자신의 결을 따라 유인하여 '그렇게 흐르도록' 또는 '그렇게 진행하도록' 작용한다는 말이다.

생각에도 결이 있다. 반복의 과정을 통해서 어느새 자신의 생각에 '결'이 난다. 어떤 이에게는 부정적인 쪽으로, 어떤 이에게는 긍정적인 쪽으로. 이렇게 '결'이 나서 결국 '길'이 생긴다.

이리하여 '긍정적으로 생각하라'는 실천명제의 궁극적 의미가 명료해졌다.

"생각을 관장하는 좌뇌에 긍정의 결 또는 길이 날 때까지 반복해서 긍정적으로 생각하라. 그러면 어떤 상황에서도 긍정적으로 생각하기가 저절로 된다. 물론 그 성과는 허탈하지 않다."

'무지개 원리'가 막 알려지기 시작했을 때만 해도 방금의 이 문장은 하나의 확신에 지나지 않았다. 하지만 이미 100만을 훌쩍 넘는 독자들이 읽고 실행해 본 지금은 신나는 증언이 되고 있다.

이제 긍정적 생각의 다이내믹과 장애, 그리고 계발에 우리의 관심을 기울여보자.

생각 에너지

생각하는 대로 신체는 반응한다

생각은 주로 좌뇌에서 이루어진다. '생각한다'는 것은 판단하거나 식별하거나 유추하는 것을 뜻한다. 그런데 생각은 우리의 육체에 지대한 영향을 끼친다. 우리의 신체는 생각하는 대로 반응한다. 예를 들어보자.

어떤 사람이 나이아가라 폭포를 구경하다가 너무 목이 말라 폭포의 물을 마셨다. 그런데 돌아서는 순간, 'poisson'이라고 쓰여 있는 팻말을 보게 되었다. 그는 독을 마셨다는 생각에 갑자기 창자가 녹아내리는 듯한 아픔을 느낌과 동시에 배가 슬슬 아파오기 시작했다. 그는 이 단어를 '독'을 가리키는 영어 단어 'poison'으로 착각했던 것이다.

고통으로 괴로워하는 그를 주변 사람들은 급히 병원으로 옮겼다. 그런데 담당의사는 환자의 자초지종을 듣더니 오히려 껄껄 웃는 게 아닌가? 의아해 하는 환자를 향해 담당의사는 다음과 같이 말했다.

"선생님이 보신 팻말은 영어의 포이즌(poison)이 아니라, 's'가 하나 더 붙어 프랑스어로는 '낚시' 곧, '낚시금지'를 뜻하는 말입니다."

그 말을 들은 환자는 아프던 배의 통증이 순식간에 사라지는 것을 느꼈다. 그리고 멀쩡하게 병원을 나와 집으로 돌아갔다.

이 이야기 속 환자의 고통은 과연 무엇을 의미하는가? 생각이 자기 자신의 신체에 영향을 끼친다는 좋은 사례다. 이것이 극단적으로 나타난 현상이 바로 '플라시보 효과'(placebo effect)다. '위약(僞藥) 효과'라고도 하는 이 효과의 유래는 다음과 같다.

프랑스에 에밀 쿠에라는 약사가 있었다. 어느 날 쿠에가 잘 아는 사람이 의사 처방전 없이 찾아와서 "시간이 늦어 병원에 갈 수도 없고 당장 아파 죽을 지경이니 약을 지어 달라"고 하소연했다. 쿠에는 처방전이 없었기 때문에 처음에는 거절했으나, 그 사람의 사정이 딱하여 거짓말을 했다. 즉, 쿠에는 그 사람이 말하는 통증에는 실제로 아무 효과도 없으나 인체에 해를 끼치지 않는 포도당류의 알약을 지어주었다.

며칠 후 쿠에가 우연히 길에서 그 환자를 다시 만났다. 그런데 그가 던지는 말이 의외였다.

"선생님, 그 약이 무슨 약인지 몰라도 참 신통합니다. 그 약 하나 먹고 깨끗하게 나았는걸요. 참으로 감사합니다."

어떻게 이런 일이 있을 수 있을까? 분명 쿠에가 준 약은 아무런 효과도 없는 약이었는데 말이다. 그 이유는 다음과 같이 생각할 수 있다. 환자는 에밀 쿠에라는 약사에 대한 믿음, 그리고 믿고 있는 약사가 지어준 약에 대한 믿음으로 '나을 수 있다'는 확신이 있었다. 그리고 그 믿음으로 인해 약의 성분과 상관없이 병이 나을 수 있었던 것이다.

우리는 또한 때때로 '나빠질 것이다'라는 부정적 예견을 갖고 행동하기도 한다. 이것이 '플라시보 효과'와 반대되는 '노시보 효과'(Nocebo effect)다. 문제는 플라시보 효과보다 노시보 효과가 훨씬 더 크고 나쁘다는 것이다.

그러기에 어떤 상황에서도 기왕이면 긍정적으로 생각하는 것이 긍정적인 결과를 가져올 확률이 높다. 어떤 악조건에서도 의도적으로 긍정적인 생각을 선택한다면 인생의 큰 시련이 닥쳐도 오히려 기쁨과 평화가 넘쳐날 수 있음을 꼭 기억해 둘 일이다.

생각을 다스리면 감정이 조절된다

"나는 감정 조절이 안 되는 것이 문제야. 한 번 욱하면 조절이 안 된단 말야."

흔히 듣는 넋두리다. 이 사람의 문제는 과연 욱하는 성질에 있는 것일까? 나의 견해로는 이 사람의 진짜 문제는 그의 '경직된 생각'에 있다. 즉, 생각이 신축성이 없어 고정관념이나 편견에 집착하니까 '욱한 성질'을 가라앉히지 못하는 것이다.

감정은 독립변수가 아니라 생각에 예속된 종속변수다. 어떤 사건을 보고 화가 치밀어 오르는 것은 먼저 그 '사건'을 화낼 일로 판단한 생각이 있었기 때문이다. 생각을 고쳐먹어 그 '사건'을 화낼 일로 간주하지 않으면 저절로 화나는 감정은 소멸되고 만다. 그러기에 생각을 다스리면 감정이 조절된다고 말하는 것이다.

사실 이 세상에서 발생하는 모든 일은, 긍정적인 측면을 반드시 그 안에 지니고 있다. 이는 우리가 건전한 이성을 통해 제대로 된 판단을 내리기만 하면 행복에 도달할 수 있음을 의미한다. 이러한 접근법을 택했던 사람들이 바로 소크라테스, 플라톤, 아리스토텔레스와 같은 고대 그리스 철학자들이었다. 그들은 행복의 조건으로 이성 곧 생각하는 능력을 내세웠다.

그들 말대로 이성적 판단은 행복에 절대적으로 중요하다. 감정은 이성의 종이며, 그러기에 감정은 판단하는 대로 따라오기 마련이다. 화나는 에너지가 먼저 생기는 게 아니라 화나는 판단이 먼저 일어나는 것이다. 감사한 에너지가 먼저 생기는 게 아니라 감사한 생각이 먼저 드는 것이다. 그러기에 핵심은 "생각을 잘 하기만 하면 감정이 조절된다"는 사실이다.

예를 들어 누군가에 대해 미운 느낌이 생겼다고 가정해 보자. 이 미운 감정 자체는 잘못이 없다. 밉다는 판단을 내린 그 이성이 주범이다. 그렇다면, 생각만 잘 하면 그 '밉다'는 판단이 '밉지 않다'는 판단으로 바뀔 수도 있다는 말이 된다.

보통 사람 같으면 '불행'이 될 일을 긍정적으로 생각해서 '행복'으로 전환시킬 줄 알았던 사람이 대철학자 소크라테스였다. 그는 어떤 악조건 속에서도 행복의 기회를 발견할 줄 아는 긍정적 발상의 주인공이었다.

소크라테스의 아내 크산티페는 말이 많고 성미가 고약했다. 사람들이 묻기를 "왜 그런 악처와 같이 사느냐"고 하니 소크라테스는 다음과 같이 대답했다고 한다.

"마(馬)술에 뛰어나고자 하는 사람은 난폭한 말만 골라서 타지. 난폭한 말을 익숙하게 다루면 딴 말을 탈 때 매우 수월하니까 말이야. 내가 그 여자의 성격을 참고 견디어 낸다면 천하에 다루기 어려운 사람은 없겠지."

또 한 번은 부인의 끊임없는 잔소리를 어떻게 견디느냐고 사람들이 물었다. 그랬더니 소크라테스는 "물레방아 돌아가는 소리도 귀에 익으면 괴로울 거야 없지"라고 대답하며 웃더란다.

어느 날은 부인이 소크라테스에게 잔소리를 퍼붓다가 머리 위에 물 한 바가지까지 휙 끼얹었다. 그래도 소크라테스는 태연히 말했다고 한다.

"천둥이 친 다음에는 큰비가 내리는 법이지."

대답하는 족족 우스갯소리 같지만 소크라테스의 이러한 처세 지혜는 처절한 것이다. 그는 결혼한 지 일주일 후 결론을 내렸다.

"이렇게 살면 내가 제명에 못 살지! 특단의 조치를 취하지 않으면 일찍 죽겠는걸. 부인이 나를 무슨 말로 공격해 봐라. 내가 긍정적인 생각으로 중무장해서 막아내리라!"

그는 행복과 평화의 소중함을 알았기에 그것을 위해서 다른 모든 것들, 곧 자존심, 분노, 억울함 등을 가차 없이 무시할 줄 알았던 것이다.

보통 사람 같으면 크산티페의 고약한 언동 때문에 같이 감정이 폭발하여 화병이 들고도 남을 일이었다. 하지만 소크라테스는 재치 있게 긍정적으로 생각함으로써 아예 분노라는 감정을 생기지 못하게 하였다.

한번 짚어보자. 가장 중요한 것이 무엇인가. 그것은 내 마음의 행복과 평화다. 이것을 깨뜨리는 그 모든 것을 우리는 어떠한 경우에도 막아낼 줄 알아야 한다. 그래서 나의 행복론 하나가 성립한다.

"그 무엇도 내 허락 없이는 나를 불행하게 만들 수 없다."

흔히 우리는 "나는 이것 때문에 불행하고, 저 사람 때문에 불행하다"는 식의 불행 리스트를 작성해 놓고 살아간다. 하지만 그것은 자신의 판단일 뿐 결코 객관적인 근거가 되지 못한다. 자신이 '불행'이라고 여기는 것을 다른 사람은 '행운'이라고 여기는 경우가 허다하다. 그러기에 나는 저런 속단의 유혹이 밀려올 때 스스로에게 말해 준다.

"그 무엇도 내 허락 없이는 나를 불행하게 만들 수 없다."

각자의 마음속에 이 말을 새겨 둔다면, 결코 인생에서 좌절이나 포기는 없다. 결국 행복과 불행은 객관적인 잣대가 아니라 주관적인 잣대에 있는 것이기 때문이다. 똑같은 것을 놓고 어떤 사람은 그것을 불행으로 치부할 수 있다. 하지만 그것이 어떤 사람에게는 행복의 이유가 될 수도 있다. 그러므로 우리는 어떤 경우에도 그것을 '불행'으로 여기지 말아야 한다. 모든 것은 내 허락 여하에 달려있다.

이것이 생각의 힘이다. 우리가 느끼는 모든 감정 이면에는 생각이 자리 잡고 있다. 따라서 생각을 긍정적으로 다스리면 감정은 그에 따라갈 수밖에 없다.

기대하라, 그리하면 얻으리라

얼마 전 차를 타고 운전하고 가다가 옆 차선으로 지나가는 트럭 뒤 창문에 '하는 일마다 잘 되리라' 스티커가 붙여져 있는 것을 보았다. '무지개 원리'의 핵심 메시지인 그 문구를 좋아해 주는 독자들이 하도 많아 따로 스티커를 만들었더니, 그야말로 폭발적인 사랑을 받았다. 종종 저렇게 그 스티커가 붙여진 차들을 볼 때마다 뿌듯함과 보람을 동시에 느낀다.

'아! 긍정적인 메시지에 목말라 하는 사람들이 참 많구나!'

차량뿐 아니라 가게, 사무실 등에도 붙여져 있는 것을 이따금씩 보게 된다. 그럴 때마다 왠지 반갑다.

지금 이 글을 쓰는 책상 앞에도 크리스털 유리 속 소용돌이 무지개 위에 캘리그래피로 쓰여진 '하는 일마다 잘 되리라'는 문구가 나를 향해 미소 짓고 있다.

'피그말리온 효과'라는 말이 있다. 원래 그리스 신화에서 나온 이 말은, 조각가인 피그말리온이 자신이 조각한 여인상과 사랑에 빠진다는 내용을 담고 있다. 이 용어 역시 "우리가 상대방에게 기대하는 만큼 그 결과가 얻어진다"는 기대효과의 중요성을 말하고 있다. 상대방에 대한 우리의 기대(생각)가 놀라운 행동변화를 낳는다는 주장이다.

심리학자인 로버트 로젠탈은 이러한 내용의 연구를 실제 초등학교 실험에서 증명해냈다. 로젠탈은 우선 초등학교 교사에게 학생들에 대한 기대를 가져올 수 있는 하나의 정보 즉, IQ 점수를 제공하였다. 로젠탈은 교사가 높은 IQ 점수를 받은 학생들에게 보이지 않는 기대를 하며 그들을 미묘한 방식으로 격려하거나 호의적으로 행동할 것이라고 예상했다.

그 결과, 학기가 끝나갈 무렵 로젠탈의 생각은 들어맞았다. 즉, 교사가 일반 학생들보다 더 많은 지적 성장을 기대했던 IQ 점수가 높은 학생들이 큰 점수의 향상을 보였던 것이다. 또한 그 효과는 저학년에 매우 강한 영향력을 끼쳤다고 한다.

이것은 생각이 우리의 행동에 얼마나 중요한 영향을 끼치는지를 알려주는 극명한 사례다.

교사들은 IQ 점수가 높은 학생에게 더 자주 미소 지었고, 더 많은 시선을 주었고, 수업 중에 이 학생들의 응답에 더 호의적인 반응을 보였다고 한다. 따라서 기대를 받는 학생들도 학교 다니는 것을 더 좋아했고, 실수를 해도 교사들이 애정 어린 조언을 해 주었기 때문에 성적 향상을 위해 열심히 노력할 수 있었다. 결과적으로 교사의 기대는 학생의 IQ 점수 그 이상의 영향력을 발휘했음이 드러났다.

이처럼 우리가 하는 생각은 자신뿐 아니라 타인을 변화시키는 데에도 놀라우리만큼 큰 영향력이 있다. 이쯤에서 나는 생각 에너지의 창조력을 극대화시킬 실행 명제를 선언해 둔다.

꿈으로 기대하라, 자신에게. 웃게 될 것이다.
사랑으로 기대하라, 배우자에게. 행복하게 될 것이다.
격려로 기대하라, 자녀에게. 흐뭇하게 될 것이다.

응원으로 기대하라, 동료에게. 찌-잉하게 될 것이다.

실증적 증언은 또 있다. 뇌신경학자 사라 벵슨은 실험 참가자들을 두 그룹으로 나누어 일정한 과제를 준 후, 한 그룹에는 '똑똑하다, 지적이다' 같은 단어를, 다른 그룹에는 '멍청한, 무식한' 같은 단어를 사용했다. 그 결과 긍정적인 단어를 들은 그룹이 실험과제를 더 잘 수행했다.

즉, 긍정적인 기대는 우리의 뇌 활동을 바꾸고 긍정적인 행동을 강화시켜 미래에 영향을 미친다는 것이다.[1]

결론은 명확하다.

"긍정적으로 기대하라. 그리하면 반드시 긍정적인 결과를 얻는다. 이는 과학이다."

이 말을 뒤집어 보면, 이 말의 메시지는 자못 무서워진다.

"'내 주제에 뭘', '네까짓 게 뭘', '이러다가 망하겠는 걸'이라는 생각을 자주하라. 반드시 망한다. 이는 법칙이다."

부정적 사고의 극복

메뚜기 자아상을 버리라

사실 긍정적으로 생각하는 것이 바람직하다는 것은 누구나 다 안다. 문제는 긍정적으로 생각하고 싶어도 이미 자신 안에 부정적인 사고방식이 '결' 또는 '길'로 패턴화되어 있다는 사실이다.

사람마다 우리가 흔히 말하는 '사고방식'이 있다. 어떤 사람은 그 길이 직선으로 곧게 나서 대화를 할 때에 상대방에게서 들은 바를 곧이곧대로 믿는다. 반면에 어떤 사람은 그 길이 왼쪽으로 비뚜로 나서 상대방에게서 들은 바를 자기 식으로 굴절시켜서 받아들인다. 간혹 어떤 사람은 그 길이 오른쪽으로 휘어서 상대방에게 들은 바를 확대해서 맞장구치며 듣는다.

그리고 대체로 직업에 따라 그 '사고방식'이 유형화된다. 다 그런 것은 아니지만 군인, 선생님, 공무원은 대체로 상대방의 말을 잘 받아들이며 '원칙'을 말할 때는 더욱 그렇다. 벤처기업 사원, 중소기업 사장 등은 대체로 '불가능은 없다'는 도전 정신으로 무장되어 있고, 문제해결 능력이 탁월한 편이다.

물론, 각 사람마다 편차가 있을 수 있다. 또 전혀 딴판일 수 있다. 내가 말하려는 요지는 사람마다 자신이 다니기를 좋아하는 '생각의 길'이 있으며, 사람마다 습관적으로 드러내는 생각 패턴이 있다는 점이다. 그 길과 방식이 부정적으로 굳은 사람은 아무리 확실한 기회가 찾아와도 거기서 위험 요인만을 본다. 한편, 그 길과 방식이 긍정적이며 적극적인 사람은 어떤 어려움이 닥쳐도 거기서 기회를 본다.

나의 결론은 간단하다. 행복과 성공은 이미 그 생각의 길에 따라 정해져 있다는 사실이다. 변화를 원한다면 먼저 생각의 길을 다시 내야 한다. 잡초가 무성한 지대에 길을 내려면 길을 닦고 자주 왕래해야 한다.

그러면 우리는 어떻게 그리고 어느 방향으로 생각의 길을 내야 할 것인가? 지금부터 알아보기로 하자.

성경에는 이집트에서 탈출하여 하느님이 약속하신 땅으로 향하는 이스라엘 백성들의 이야기가 있다. 가나안 땅에 거의 도착했을 때, 하느님은 모세에게 일러 그 새로운 땅을 정찰할 사람들을 보내게 하신다.

40일 만에 돌아온 정찰대의 보고는 서로 달랐다. 정찰대 열두 명 가운데 열 명이 다음과 같이 말했다.

"우리는 또 그곳에서 나필족을 보았다. 아낙의 자손들은 바로 이 나필족에서 나온 것이다. 우리 눈에도 우리 자신이 메뚜기 같았지만, 그들의 눈에도 그랬을 것이다"(민수 13,33).

이들에게는 거인족 앞에 선 자신들의 모습이 마치 '메뚜기'처럼 작게 느껴져 왔던 것이다.

반면, 나머지 두 명인 여호수아와 칼렙은 이들과 정반대의 보고를 하였다.

"그곳은 젖과 꿀이 흐르는 땅입니다. 다만 여러분은 주님을 거역하지만 마십시오. 그리고 여러분은 저 땅의 백성을 두려워하지 마십시오.

그들은 이제 우리의 밥입니다. 그들을 덮어 주던 그늘은 이미 걷혀 버렸습니다. 주님께서 우리와 함께 계십니다. 그들을 두려워하지 마십시오"(민수 14,8-9).

이 얼마나 놀라운 대조인가! 자신들을 '메뚜기'로 보았던 저들에 비할 때, 오히려 적을 '밥'으로 보았던 이들의 자신감은 얼마나 당당한가. 한참 후의 이야기지만, 그 결과는 자신들의 생각과 말대로 갈렸다. 자신들을 메뚜기로 여겼던 이들은 이후 40년 세월이 흐르면서 자연 도태되었다. 반면에 적을 밥으로 보았던 두 청년 여호수아와 칼렙은 40년 후 자신들의 선언대로 승리를 쟁취하였다.

두고두고 음미할 메시지를 담고 있는 역사의 교훈이다.

오늘 우리들 생각 속에도 메뚜기 자아상이 둥지를 틀고 매사를 그르치게 할 수 있다. 익숙한 안전지대를 벗어나 발전지대로 나아가기 위해 그 경계선을 넘으려 할 때마다 내 마음 한편에서 귀에 익은 목소리가 이렇게 속삭인다. "너무 힘들다", "넌 못해", "경쟁자들이 너무 강해" 이런 속삭임이 바로 나의 도전에 발목을 잡는 메뚜기 자아상이다.

메뚜기 자아상과 거의 흡사한 것으로 톨스토이의 '하얀 토끼'가 있다. 톨스토이의 단편소설 중 "행복의 비밀을 찾는 동안 절대로 하얀 토끼를 생각하지 말라"는 대목이 있다. 이것은 행복의 비밀이 집 뜰에 묻혀 있다는 말을 들었지만 자꾸 하얀 토끼가 생각이 나서 실패하고 마는 아이들의 이야기다.

우리도 누구나 하얀 토끼를 갖고 있다. 하얀 토끼는 자신 안에서 행복과 성공을 누리지 못하도록 발목을 잡는 부정적인 생각들을 말한다. 『성취심리』의 저자 브라이언 트레이시는 "나는 늦었어", "시간이 없어", "나는 나이가 너무 많아", "나는 ㅇㅇ때문에 아무것도 할 수 없어"와 같이 자신을 억제하는 핑계들이 바로 '하얀 토끼'의 대표적인 예라고 지적한다.

결국, '메뚜기' 자아상은 위축된 생각을 상징하고 '하얀 토끼'는 못하는 핑계거리를 상징한다. 둘 다 부정적인 '생각의 길'로 이어지는 징검다리들이다. 그러므로 부정적인 사고를 극복하려면 이런 징검다리를 치워버려야 한다. 방법은 간단하다. 반대 개념을 끌어들여 반복적으로 잠재의식과 무의식에 말해 주는 것이다. 곧 긍정적인 생각의 길을 더 굵고 찐하게 내는 것이다. 이렇게.

그들이 '거인족'이냐, 나는 '작은 고추'다!
그들이 바위냐, 나는 차돌이다.
갈 길이 만리냐, 우보만리(牛步萬里: 우직한 소처럼 천천히 걸어서 만리를 간다는 뜻)라더라.

긍정으로 부정을 몰아낸다

부정을 몰아내는 것은 긍정이다. 부정적 사고를 극복하는 최고의 방법은 바로 긍정적 사고를 익히는 것이다. 이는 후천적인 노력으로도 얼마든지 가능하다.

미국의 여성 교육자 마르바 콜린스는 인종차별이 심한 시대에 흑인으로 태어났으나, 늘 긍정적인 마음을 지닌 아버지의 영향으로 그녀 역시 같은 사고를 지니며 자랄 수 있었다.

학교 졸업 후, 그녀는 당시 흑인들이 가장 열망하던 직업인 비서로 일했었다. 하지만 2년 뒤, 그 일이 자신의 사명이 아니라는 것을 깨달고 그만둔다. 이후 그녀는 소위 문제아라고 낙인찍힌 아이들을 위한 학교를 세워 가르쳤고, 그녀가 지도했던 아이들은 대학교까지 졸업하게 된다. 당시 흑인이 대학을 나온다는 것은 대단한 일이었다. 그런 그녀의 제자 중에는 기업의 사장이나 유능한 정치인으로 성장한 이들도 있었다.

레이건 대통령과 부시 대통령은 교육자로서 뛰어난 자질을 보여준 그녀를 교육부 장관으로 임명하려 했지만 그녀는 높은 지위를 한사코 거절했다 한다.

그렇다면 마르바 콜린스가 택한 교육 비법은 무엇이었을까? 바로 긍정의 힘으로 아이들 안에 있는 잠재력을 키우는 것이었다. 만약 아이들이 마약을 복용하는 등 좋지 않은 행동을 하면, 그녀는 이런 벌을 주었다.

아이들에게 ㄱ(기역)에서 ㅎ(히읗)까지 자신을 긍정적으로 표현하는 문장들을 쓰게 한 것이다. 예를 들면, "나는 건강한 사람이니까 마약 따위는 손대지 않는다", "나는 노력하는 사람이니까 마약을 끊을 수 있다" 등이다. 무조건 "잘못했습니다"만 반복하게 한 것이 아니라 자신에 대한 긍정적인 정체성을 키우게 한 것이다.

미래에 대한 희망으로 똘똘 뭉친 이 선생은 자신의 성장 경험을 참고하여 '긍정적으로 자기를 계발하는 것'이 무엇보다 중요함을 알고 아이들에게 적용시켰던 것이다.

나 역시 이 이치를 진즉 터득하였다.

박사학위를 막 취득하고 귀국했을 때 나는 냉철한 비판정신으로 무장되어 있었다. 그랬기에 나는 국내활동 초창기에 예리하게 문제점들을 찾아내고 가차 없이 비판하는 글들을 주로 썼다. 그러면 바뀔 줄 알았다. 당사자들이 반성하고 개선할 줄 알았다. 돌아온 것은 반발과 역비판뿐이었다.

어느 순간 나는 생각을 바꿔 봤다. 대안을 제시하고, 앞장서서 실행하거나 도전해 보기로 한 것이다. 그랬더니 조금씩 통했다. 즉시 깨달았다. 나의 몫은 대안운동임을. 그렇다고 내가 다른 몫을 선택한 이들을 그르다고 보는 건 아니다. 그것은 그들의 몫일 뿐이다.

차제에 내가 택한 몫에 대하여 과장 없는 증언을 해 둔다.

'어둡다!'라는 탄원 대신에 초 한 자루 밝혔더니, 환해지더라.
꿀밤을 먹일 녀석에게 찐빵을 사줬더니, 어쩔 줄 몰라 하더라.
절망이 손짓할 때 희망을 바라봤더니, 그놈 슬그머니 사라지더라.

흙탕을 보지 않고 별을 본다

우리가 처한 상황이 요지부동의 현실일 때가 있다. 상황을 바꿀 수 없을 때는 바라보는 관점을 바꾸는 것이 상책이다. 관점을 바꾸면 긍정적인 변수들이 보이기 시작한다.

제2차 세계대전 중에 델마 톰슨이라는 부인은 남편을 따라 캘리포니아 주 모하비 사막에 있는 육군 훈련소로 오게 되었다. 그녀는 남편이 훈련에 나가면 통나무집에 달랑 혼자 남았다. 그곳은 섭씨 46도를 오르내리는 지독한 무더위에, 바람에 날리는 모래가 음식에 섞이기 일쑤였다. 주변 사람들이라고는 멕시코인과 인디언뿐 영어가 전혀 통하지 않았다. 그녀의 마음은 상심 그 자체였다. 그녀는 이곳에서 '도저히 살 수 없다'며, '차라리 형무소가 낫겠다'고 친정아버지께 편지를 써 보냈다.

그러나 친정아버지의 답장에는 다음과 같이 달랑 두 줄만 적혀 있었다.

"감옥 문창살 사이로 내다보는 두 사람, 하나는 흙탕을 보고 하나는 별을 본다."

이 편지에 톰슨 부인은 충격을 받았다. 그리고 이 두 줄의 글이 그녀의 인생을 바꾸어 놓았다. 그녀는 곧 그곳의 낯선 이웃들과 친구가 됨은 물론 대자연을 깊이 관찰·연구한 끝에 『빛나는 성벽』이라는 책을 출판하기까지 했다. 생각을 바꿈으로써 불행의 포로에서 일약 베스트셀러 작가로 변신할 수 있었던 것이다.

흙탕을 보고 절망하며 살 것인가, 아니면 별을 바라보며 희망 속에서 살 것인가? 이것은 선택의 문제다.

나아가 우리는 일상의 하찮아 보이는 것들 속에서 보이지 않는 가치를 볼 줄도 알아야 한다. 행복과 성공은 진흙 속에 숨겨진 진주를 찾아낼 줄 아는 안목에 달려 있다.

지혜를 얻기 위해 책을 읽으려면 클래식이 딱이다. 그 메시지의 깊이와 여운이 다르기 때문이다. 긍정의 지혜 역시 다르지 않다.

다니엘 디포의 소설 『로빈슨 크루소』를 보면, 주인공 크루소가 무인도에 표류된다. 아버지의 만류를 뿌리치고 모험 항해에 나섰다가 바다에서 난파된 것이다. 무인도에 표류된 크루소는 당시 자신의 상황을 '나쁜 점'과 '좋은 점'으로 정리한다.

'나쁜 점'은 이렇다.

"나는 지금 어느 누구에게도 발견될 희망이 없는 무인도에 표류되었다. 나 혼자만이 비참하게 온 세계로부터 떨어져 있다. 사회에서 추방당한 것이나 마찬가지다. 몸을 보호할 옷이 없다. 야수이건 사람이건 나를 공격하면 막아낼 무기도 없다. 함께 대화라도 나누면서 나를 안심시켜 줄 사람도 없다."

반면, '좋은 점'은 이렇게 적어나간다.

"어쨌거나 살아남았고, 함께 항해하던 사람들처럼 물에 빠져 죽어버린 것은 아니다. 나만 떨어져 있으니 배에 탔던 사람들의 죽음에서도 떨어져 나온 셈이다. 나를 살려 준 행운이 이 악운에서도 나를 구해 줄 수 있겠지. 적어도 이 황량한 섬에서 굶어 죽은 것은 아니다. 열대 기후인 섬이라, 옷이 있어도 입을 일은 별로 없을 것이다. 아프리카 바닷가에서 본 것처럼 나를 해칠 만한 야생동물들은 눈에 띄지 않으니 다행이다. 여기가 아프리카였다면 더 큰일 날 뻔했다. 난파된 우리 배가 바닷가 가까이에 있으니, 필요한 물건은 꽤 많이 갖다 쓸 수 있다. 살아 있는 한 그것들을 잘 사용할 수 있을 것이다."

크루소는 긍정의 인물이었다. 그랬기 때문에 그의 눈에는 모든 것으로부터 격리된 무인도에서 '나쁜 점'보다 '좋은 점'을 더 많이 찾아낼 수 있었다. 그리고 이 긍정의 정신은 결국 그로 하여금 무인도 생활을 창의적으로 설계하도록 했다.

단 한 번에 우리 안에 모든 부정적 사고를 극복하기란 쉽지 않다. 그러니 하루 하나씩이라도 '관점을 바꾸어 생각해 보기'를 시작해 보자. 아니 최소한 무심코 흘려보낸 오늘 나의 부정적 사고를 반성하는 노력부터 시작해 보자. '무지개 원리'의 가장 밑바탕을 이루는 긍정적인 사고가 우리 안에 잘 자리 잡히기만 해도 이미 반 이상은 해낸 것이나 다름없기 까닭이다.

도전 정신

0을 100으로 바꾸는 연금술

 남미순회강연 중, 칠레에 머무르고 있을 때의 일이다. 나의 왼쪽 넷째 손가락에 껴있던 5돈짜리 금반지가 온데간데 없어졌다. 중앙에 굵은 십자가가 선명히 새겨져 있는 묵주반지였다. 순간 '아깝다!'라는 생각이 들었다. 그런데 3초도 되지 않아 마음이 수습되었다.

 "와, 주은 사람은 진짜 땡잡았구나!"

 이 속말과 함께 뜻하지 않은 횡재에 기뻐하는 새 주인의 모습이 눈앞에 아른거렸다. 비록 소중한 것을 잃어버린 아쉬움은 분명 있었지만, 그로 인해 누군가가 기뻐할 수 있다면 '그것쯤이야!' 하고 상쇄해버릴 수 있다는 위안이 생겼다. 이내 심정은 아무 일도 일어나지 않은 듯이 진정되었다. 정말이다. 조금도 과장 없는 그 당시의 속내였다.

 싱겁게도 이 일은 해프닝으로 끝났다. 한참 뒤에야 반지의 행방은 내 점퍼 안주머니 속으로 밝혀졌던 것이다.

 그건 그렇고 왜 나는 이러한 생각을 했을까. 이는 내가 '무지개 원리'를 글자 그대로 살고 있기 때문이었다. 방금의 마음씀씀이는 그 첫 번째인 '긍정적으로 생각하라'를 충실히 연습하여 얻은 결과다. 매사에 긍정적인 발상을 적용하는 것은 인생의 지혜며 자산이다.

우리가 긍정의 사고를 가지면 새로이 보이는 것이 있고 신나는 일도 많이 생긴다. 누군가가 물었다.

"눈이 녹으면 뭐가 되지요?"

일반적인 대답은 이럴 것이다.

"당연히 물이 되지요."

그러나 긍정적인 사고가 춤을 추는 사람은 이렇게 대답할 것이다.

"곧 봄이 될 겁니다."

세상에 일어나는 일을 곧이곧대로 딱딱하게 바라보면 재미없다. 관점을 바꾸는 순간, 세상이 온통 낭만 천지가 될 수 있다.

긍정적인 사고는 경영 분야 전반에도 필요하다. 부정적인 사고에 익숙한 사업가에게는 세상이 전부 피 튀기는 경쟁의 장 '레드 오션'이지만, 긍정적인 사고에 능한 사업가에게는 오히려 무한 가능성의 지대 '블루 오션'이 된다.

신발을 생산하는 회사에 몸담은 두 사람의 세일즈맨이 아프리카로 출장을 갔다. 이유는 신시장 개척지로서 아프리카의 가능성을 살펴보기 위함이었다. 그런데 정작 아프리카에 도착했을 때 그들 세일즈맨은 기가 막힐 수밖에 없는 상황에 맞닥뜨렸다. 아프리카인들 모두가 신발을 신지 않고 그냥 맨발로 다니는 것이 아닌가! 한동안 그곳을 답사한 두 사람은 후에 본사로 각각 다음과 같은 텔렉스를 보냈다.

한 사람의 텔렉스 내용은 다음과 같았다.

"신발 수출 불가능. 가능성 0%, 전원 맨발임."

그리고 또 한 사람의 텔렉스 내용은 다음과 같았다.

"황금 시장. 가능성 100%, 전원 맨발임."[2]

보는 눈에 따라 부정적인 시각을 가진 사람은 그곳의 상황이 가능성 0%로 보였을 것이다. 그러나 긍정적인 시각을 가진 사람은 같은 그 상황이 가능성 100%로 보이게 되어 있다. 이것은 모순이 아니다. 누가 맞고 누가 틀리고가 아니다. 보는 사람에 따라서 이것은 진실이다. 자, 그럼 우리는 어떻게 볼 것인가.

0을 100으로 바꾸는 연금술. 이것이 긍정적 사고의 신명나는 묘미다. 그러기에 긍정적인 사고를 하는 사람은 어떤 환경에서도 도전할 줄 안다. '긍정적인 생각'은 결국 '도전 정신'과 같은 말인 셈이다.

할 수 있다

'긍정적인 생각'은 또한 자신감을 불러일으킨다. '할 수 없다'는 무력감 내지 무능감을 '할 수 있다'는 성취의욕으로 둔갑시켜주는 것이 바로 긍정적인 생각이다.

몇 년 전 TV에서 참으로 감명 깊은 성공스토리를 본 적이 있다. 라이트 하우스와 모닝 플라넷, 데이터 스토어X, 엔젤힐링 등을 거느린 TYK 그룹의 총수 김태연 회장의 이야기였다. 그녀의 이름은 그녀의 트레이드마크가 되어버린 신비한 주문을 떠올리게 한다.

"He can do it, she can do it, why not me?"(그도 할 수 있고, 그녀도 할 수 있는데 왜 나라고 못하겠습니까?)

과거 김태연 회장은 고향에서 제대로 기 한번 못 펴고 지내다가 23세 때 가족들과 함께 이민길에 올라 유색인종으로서 갖은 어려움은 다 겪었다. 어린 시절 배운 태권도로 도장을 운영할 때나 자신의 사업을 꾸려 나갈 때도 혼자 넘어야 할 산들이 수없이 많았다. 하지만 그때마다 자신을 다잡으며 그녀는 속으로 되뇌었다.

"He can do it, she can do it, why not me?"

마침내 그녀는 해냈다. 현재 그녀가 운영하는 라이트 하우스는 연 매출 1천5백억 원을 기록하는 우량기업이며 환경, 컴퓨터, 인터넷, 피부미용에 이르기까지 사업을 확장시켰다. 사업뿐만 아니라 태권도 도장인 정수원 아카데미의 그랜드 마스터로, 또 자신의 이름을 내건 프로그램인 '태연 김 쇼'의 진행자로 미국 내 저명인사들의 반열에 올라 있다.

그런 그녀는 이렇게 말하고 있다.

"사람의 마음가짐이 인생을 결정짓는 중대한 역할을 한다는 사실을 잊어서는 안 됩니다. 안 된다는 생각 때문에 조바심을 내고 자학을 하는 것처럼 자신을 망치는 지름길은 없습니다. 그런 마음이 자신의 발전을 방해하는 가장 큰 적임을 알아야 합니다. 다른 사람들이 다 할 수 있는 일을 왜 자신은 못한다고 생각을 합니까? 모든 일은 할 수 있다는 자신감에서 출발을 합니다. 자신의 마음속에 꿈을 가지고 그것을 실현시킬 수 있다는 생각을 하면 그것이 바로 성공의 출발이 되는 것입니다.

'He can do it, she can do it, why not me?'"

그녀는 이 자신감 충전 구호를 자신이 경영하는 태권도 도장 수련생들에게도 외우게 한다. 그러면 동작 하나하나가 훨씬 이완되면서 절도 있게 향상된다고 한다.

혹시 어떤 일을 앞두고 자신감이 위축되는 경우가 생길 때, 이 구호로 생각과 마음을 다스려봄이 어떨까.

"He can do it, she can do it, why not me?"

절대 긍정, 절대 희망

'절대 긍정, 절대 희망'

이 말은 내가 처음으로 만들어낸 나의 오리지널 버전이다. 내가 KBS TV '여성공감' 및 '아침마당'에 '무지개 원리' 특강으로 10회 이상 출연하면서 이 표현을 구호처럼 외쳤더니, 곧바로 여기저기서 퍼져 나갔다. 좋은 일이다.

긍정적 사고의 절정은 '절대 긍정, 절대 희망'이다. 이는 너무도 중요한 정신이기에 어느 매체와의 인터뷰에서는 '절대 긍정, 절대 희망'의 광신도로 자임한 적도 있다. 그 결실 또한 고무적이다.

광주에 사는 25세 된 개신교 젊은이가 나에게 전화로 상담 요청을 해왔다. 인생 비관에다 '미칠 것 같다', '자살하고 싶다'는 극도의 심리상태를 보인 터라, 당시 전화를 받았던 연구원이 해결하지 못하고 결국 나에게까지 연결했다. 절박한 심정으로 자신을 붙들어 줄 누군가를 찾던 중 우연히 평화방송 TV에서 '하는 일마다 잘되리라—무지개 원리' 강의를 보고 '이 분에게 상담하면 되겠다' 싶어서 연락을 한 것이었다.

그리하여 30분 이상 전화를 붙들고 그 젊은 친구의 이야기를 들어보니 사정은 다음과 같았다.

"신부님, 저는 플루트를 전공해서 플루티스트를 꿈꾸던 음악도였어요. 그러나 서울권 대학 입학시험에서 벌써 다섯 번이나 떨어진 경험이 있습니다. 이제 여섯 번째 도전인데 그동안도 좌절과 고통으로 힘든 나날이었지만 시험이 다가올수록 그 무게가 더 심해져 견딜 수가 없어요. 만약 이번에도 실패하면 전 정말 살고 싶지 않아요. 제가 허비한 5년이란 시간이 너무도 아깝다는 생각만 들고……, 불안한 나날들의 연속입니다. 전 정말 어떻하면 좋지요?"

나는 이 친구야말로 '무지개 원리'의 첫째에 해당하는 '긍정적으로 생각하라'의 처방이 필요하다 느꼈다. 그래서 두 가지의 조언을 해 주었다.

"첫째, 인생을 길게 봐라. 5년이란 시간은 인생에서 결코 긴 시간이 아니다. 둘째, 절망하지 말고 '절대 긍정! 절대 희망!'을 가지고 있어라. 반드시 때가 온다."

　이러한 긍정적인 희망의 메시지를 건네며, 힘껏 응원해 주었다. 놀랍게도 2주 만에, 그 젊은 친구에게 다시 연락이 왔다. 바로 대학 입학시험에 당당히 합격했다는 소식을 전하기 위함이었다. 기쁨과 흥분을 감추지 못하며 감사의 인사를 전하는 젊은이의 목소리에서 나는 또 하나의 무지개를 발견할 수 있었다.

　음악도를 꿈꾸던 젊은이가 합격할 수 있었던 것은 전적으로 그가 자신의 것으로 믿은 '절대 긍정, 절대 희망' 때문이었으리라. 이 긍정적인 사고가 그로 하여금 시험에서 자신감 있는 태도를 갖게 하고, 연속 불합격이라는 시험 공포증에서 해소시켜 주었으며, 자신의 간절한 기도와 믿음이 반드시 응답받을 수 있다는 확신을 갖게 하였던 것이 아닐까. 분명 그러했다.

　누구에게나 마찬가지다. 우리는 어떤 상황에서도 '절대 긍정, 절대 희망'을 선언할 줄 알아야 한다. 절대 긍정, 절대 희망!

아직도 당신이에요

슈퍼맨을 기억하는가? 1980년대 어린이들의 영웅 '슈퍼맨' 역을 맡았던 크리스토퍼 리브!

그런데 어느 날, 그는 낙마 사고로 경추가 상하여 전신마비 장애인이 되었다. 너무나 고통스러운 나머지 그는 다음과 같이 생각했다.

"차라리 죽는 것이 나을 것이다. 이 험한 꼴로 어떻게 처자식을 만나 보겠는가? 이럴 줄 알았으면 유언장에 어떤 경우에도 나에게는 산소 호흡기를 사용하지 말아 달라고 써둘 것을……."

병실에 들어선 어머니에게 리브는 "이렇게 생명을 유지하느니 차라리 산소 호흡기를 빼고 죽는 것이 낫겠다"는 의사 표시를 했다. 다음으로 그의 아내 데이나가 입원실에 도착했다.

리브는 아내에게도 자신의 뜻을 전하자 그녀는 뜻밖의 말을 해 주었다.

"아직도 당신이에요."

그녀는 전신이 마비되어 숨조차 혼자 못 쉬는 남편의 뺨을 두 손으로 만지면서 이렇게 말하였다.

"두뇌가 살아 있는 한 당신은 아직도 그대로 당신이니, 제발 살아만 주세요."

데이나의 이 한마디는 슈퍼맨을 다시 살렸다. 이후 그는 사람들에게 희망과 용기를 주는 상징이 되었다. 그는 죽기 전까지 매년 유엔본부의 '루스벨트 국제장애인 시상식'에서 단골손님으로 연설을 했다. 쟁쟁한 여러 연사들 가운데 단연 가장 큰 감동을 자아내는 연설을 할 수 있었던 것은 불가능을 극복하고 미래를 창조하는 비전을 제시해 주었기 때문이다.

무엇이 위대한 인간 크리스토퍼 리브를 만들었는가. 그것은 아내의 말대로 '나는 여전히 살 가치가 있구나'라는 생각이었다. 이렇듯이 긍정적인 생각은 어떤 상황에서도 희망을 갖게 한다.

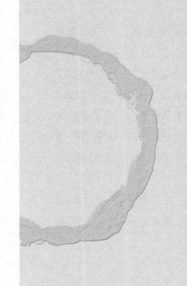

무지개 원리 **2**

지혜의
씨앗을 뿌리라

[지성계발] 둘_지혜의 씨앗 뿌리기

인천가톨릭 대학에서 교수직을 맡고 있는 나에게, 학기마다 적게는 한두 명에서부터 많게는 서너 명까지, 학생들이 논문지도를 청해온다. 나의 논문지도 스타일은 산파식 교육이랄까, 비교적 열려있는 편이다. 되도록이면 학생들의 자유의지에 많이 맡긴다. 가르치는 사람의 욕심을 내세우기보다 그들이 스스로 터득하고 깨치는 만큼씩 인정해 주며 그 틀에서 방향만 빗나가지 않게 잡아 주는 정도다.

그럼에도 첫 미팅 때 한 가지만은 꼭 당부한다.

"지나치게 욕심내서 정보의 늪에 빠져죽지 말고 부디 생환해서 돌아와라."

하나의 연구주제를 탐구하며 관련된 자료를 수집하다 보면 이것도 중요해 보이고, 저것도 중요해 보이고, 자고 나면 또 새롭고, 무언가 '내 자료'는 턱없이 부족해 보이기 마련이다. 경험자들이라면 아마 충분히 공감하리라.

나중에 보면, 결국 꼭 필요한 만큼만 자료 수집을 하고 이를 토대로 주제에 대한 자기 사유가 충분히 된 학생이 논문을 성공적으로 완성한다. 반면 너무 욕심을 내어 자료 수집을 많이 한 학생은 정보의 늪에 빠져 정리도 못하고 사유도 놓쳐 뒤죽박죽이 되고 만다.

비단 학생들에게뿐이랴. 나는 이런 현상이 이른바 '정보혁명'의 시대를 살고 있는 현대인의 딜레마와 닮은꼴이라고 생각한다. 단편지식은 충분하다. 하지만 많은 사람들이 그 지식을 주체하지 못하여 지식의 노예로 살고 있지 않나 저어된다. 정말 비극이다. 정보를 장악하고 부리려면 지혜가 있어야 한다.

[지성계발] 두 번째는 지혜의 씨앗 뿌리기다. [지성계발] 첫 번째가 인간의 사유력에 초점을 두고 있다고 한다면, 그 두 번째는 그 사유력의 결실을 발효시켜 저장해 두고 적용하는 능력을 가리키는 지혜를 핵심으로 하고 있다.

여기서 잠깐 '무지개 원리' 일곱 가지의 상관관계를 짚어 보기로 하자. '무지개 원리'의 정점은 세 번째 '꿈을 품으라'와 네 번째 '성취를 믿으라'다. 이 정점을 중심으로 앞의 두 가지 원리와 뒤의 세 가지 원리가

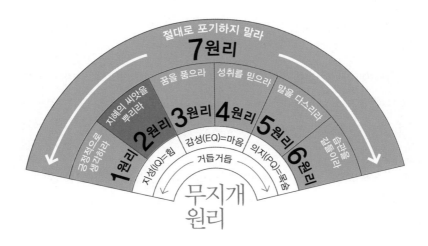

연동하여 꿈의 실현을 이루어낸다. 이 점이 여느 자기계발 이론들과의 차별성이다. '무지개 원리'는 무작정 꿈을 부풀리며, 꿈 하나의 힘만 과신하지 않는다.

그렇다면 '지혜의 씨앗을 뿌리라'는 왜 '꿈을 품으라' 바로 앞에 있는 것일까? 바로 지혜가 직관적으로 자신이 품어야 할 꿈의 크기와 길이를 선택해 주기 때문이다.

정확하고 폭넓은 정보 그리고 이의 발효물인 '지혜', 이것이야말로 꿈을 조절해 주는 '조정자'다. 그러므로 나에게 꼭 필요한 정보를 선별하고 그 정보를 온전히 소화해내어 지혜로 법제해 놓을 일이다. 그것이 씨앗을 내리면 거기서 꿈나무가 자라나기 마련이다.

지식과 지혜의 차이

금쪽같은 지식(정보)

지식은 무엇인가? 정보를 아는 것을 말한다. 지식은 곧 정보를 의미한다. 정보혁명의 시대에 정보의 가치는 말 그대로 금값이다. 나는 지식(정보)의 효용을 다음과 같이 풀어 말하기를 좋아한다.

첫째, 정보는 그 사람의 세상이다.

"눈을 감은 사람은 손이 미치는 곳까지가 그의 세계요, 무지한 사람은 그가 아는 것까지가 그의 세계요, 위대한 사람은 그의 비전이 미치는 곳까지가 그의 세계다."

이는 폴 하비의 말이다. 이 말처럼 한 인간이 바라보는 세상에 중요한 작용을 하는 것 중 하나는 그가 가진 '정보'다. 즉, '한 사람의 세상은 그가 가지고 있는 정보의 크기 만큼이다'라고 할 수 있다. 정보가 부족하면 그의 세계는 작을 수밖에 없다.

따라서 중요한 것은 '우물 안 개구리'가 되어서는 안 된다는 점이다. 가만히 서서 그 어떤 변화도 없이 멈추어 있기를 고집하지 말자. 생각의 지평을 넓히는 작업은 우리를 더 넓은 세상으로 인도할 것이다.

옛날 사람들은 배를 타고 바다 멀리까지 가지 못하도록 했다. 천동설의 입장에서 생활해 나가던 인류는 지구가 평평하다고 여겼기 때문에 땅 끝이나 바다 끝에까지 가면, 그 뒤에는 낭떠러지가 있어서 떨어져 죽는다고 생각했다. 그러나 코페르니쿠스, 갈릴레오를 비롯한 자연과학자들이 새롭게 밝혀놓은 지동설에 의해 인류는 새로운 전기를 맞이했다. 그들은 의식과 생활을 재정비했으며, 심지어 성경에 대한 해석도 새롭게 해나갔다. 그러므로 우리는 보다 넓은 정보를 갖추기 위하여 부단히 노력해야 한다.

둘째, 정보는 재산이다.

1950년대 이후 미국의 성공한 기업가 가운데 65%는 교육 수준이 높았고 30%는 고등교육은 받은 적이 없으나 일하면서도 항상 배움에 힘써 독학으로 성공했다고 한다. 이것으로 보아 평생학습은 성공하는 사람들의 가장 큰 특징이라는 것을 알 수 있다.

마이크로소프트(MS)사의 창립자 빌 게이츠는 어릴 적부터 지식의 습득이 재산임을 여실히 보여준 예라 할 수 있다. 그는 어려서부터 책을 즐겨 읽었으며 학교 수업 시간 이외에는 집안 서재에 틀어박혀 아버지의 책을 이것저것 들여다 보았다고 한다. 일곱 살 때 빌이 제일 즐겨 보았던 책은 『세계대백과사전』이었다. 또래 중에서 빌 게이츠처럼 많은 분량의 책을 끝까지 다 읽은 아이는 없었다. 커서도 마찬가지다. 휴가를 떠날 때도 그의 평생학습 원칙은 그대로 적용됐다. 그는 항상 테마가 있는 휴가를 갖는다고 한다. 가령 수년 전 브라질로 휴가를 떠날 때 휴가의 주제는 '물리'였고 그는 휴가 내내 물리에 관한 서적을 탐독했다. 뿐만 아니라 첨단과학이 눈부신 속도로 발전하고 있는 시대의 흐름에 발맞추기 위해서 걸출한 과학 전문가를 초청하여 관련 기술 발전에 대한 상세한 설명을 듣기도 한다고 한다.

빌 게이츠처럼 사회적으로 큰 성공을 거둔 이들의 비법은 결코 다른 곳에 있지 않다. 지속적인 학습은 이처럼 시대의 요구일 뿐 아니라 성공의 필수조건이기도 하다.

셋째, 정보는 건강이다.

나는 정보 덕에 건강을 유지하며 살고 있다. 어느 식품, 어느 약이 잘 들으며, 어느 병원, 어느 의사가 용한지를 아는 것이 바로 건강 정보인 것이다.

나는 B형 간염을 앓고 있지만 건강 관련 서적 수백 권을 읽고 내게 맞는 섭생법을 찾아내어, 그것을 꾸준히 실행하며 건강한 사람도 감당해내기 어려운 일정을 매일 소화하고 있다. 우리 주변에는 다 죽어 가던 사람이 건강 정보를 잘 만나서 극적으로 살아난 경우도 많이 있다. 반면에 안타깝게도 내 주변에 나와 건강 정보를 주고받던 많은 환자들이 건강섭생법을 무시하다가 저세상으로 가기도 했다. 이들을 보면서 나는 결론을 내렸다.

"정보가 건강이다."

하지만 잘못된 정보는 오히려 우리의 건강을 해친다. 자신의 건강에 맞는 정확한 정보를 선택하여 건강관리를 해야 하는데 그러지 못하고, 주변 사람들의 여러 가지 잘못된 건강 상식을 듣고 그것을 따라하다가 오히려 건강이 악화된 경우도 많이 볼 수 있다. 타인에게 의존하는 것은 한계가 있다. 자신이 정확히 파악해야 자신의 건강을 지킬 수 있다. 정보가 곧 건강유지 방법의 한 요소인 것이다.

지혜는 곰삭은 지식이다

그렇다면 지식과 지혜의 차이는 무엇일까? 몇 해 전 연말 나는 모 방송 프로그램에 출연하면서 이를 쉽게 풀어 설명해야 할 상황에 처하게 되었다. 사전 미팅을 할 때 작가들의 주문이 그랬기 때문이다.

"신부님, '클래식'으로 강의하지 마시고 '트로트'로 해 주셔야 해요. 시청자들의 학력을 중졸 정도로 맞춰 주셔야 전 국민의 공감대를 이끌어 낼 수 있거든요. 이건 방송계 불문율이에요."

그렇다고 '이거, 시청자를 무시하는 개념 아냐?' 하는 곱지 않은 의혹은 금물. 조금이라도 더 공감하고, 조금이라도 더 친근하게 다가가고픈 제작진의 순수한 의도로 봐 주면 좋겠다.

어쨌든, 그래서 묘안을 궁리하던 중 내 머릿속을 스치는 발상 하나를 붙잡았다. 강의 현장에서 그대로 설명해 봤다.

"여러분, 지식과 지혜의 차이는 이겁니다. 길을 가다 우연히 만 원짜리 지폐 한 장을 발견했다 치죠. 여기서 '엇! 웬 돈 만 원이냐' 하고 그 종이가 '만 원'임을 알아보는 것이 지식이라면, '야, 오늘 운 좋은데! 이 돈으로 무얼 하지?'와 같이 그 '만 원의 가치'를 알아보는 것이 지혜입니다."

방청객의 고개가 절로 끄덕여지는 순간, 느낌이 왔다. '통했구나.'

이론을 실생활과 접목하니 딱딱함이 부드러움으로 변했다. 요것 또한 지혜를 발휘한 것이렷다!

지식과 지혜는 엄연히 다른 것이다. 정보의 홍수 속에서 보다 많은 지식을 얻기 위해 열심히 뛰고 있는 현대인들에게 일침을 놓는 얘기 하나가 있다.

한 선비가 강을 건너게 해 주고 있는 사공에게 으스대며 물었다.

"자네 글을 지을 줄 아는가?"

"모릅니다."

"그럼 세상사는 맛을 모르는구먼. 그러면 공맹(孔孟)의 가르침은 아는가?"

"모릅니다."

"저런 인간의 도리를 모르고 사는구먼. 그럼 글을 읽을 줄 아는가?"

"아닙니다. 까막눈입니다."

"원 세상에! 그럼 자넨 왜 사는가?"

이때 배가 암초에 부딪혀 가라앉게 되었다. 이번엔 반대로 사공이 선비에게 물었다.

"선비님, 헤엄치실 줄 아십니까?"

"아니, 난 헤엄칠 줄 모르네."

"그럼 선비님은 죽은 목숨이나 마찬가지입니다!"

이 이야기에서 선비의 모습은 어쩌면 많은 지식을 자랑하며 살지만 정작 '살아남는 법'은 모르고 있는 우리의 모습이 아닐까? 이 세상에는 여러 가지 사는 재미도 많고 보람도 많은데 우리가 덜컹 인생의 '암초'에 부딪히게 될 때 자기 목숨 하나 건지지 못한다면 그게 다 무슨 소용이 있을까? 설령 세상의 지식은 모자라더라도 살아남는 법을 아는 사공이 오히려 더 큰 지혜를 가진 자가 아닐까?

정보를 아무리 많이 가지고 있어 봐야 소용이 없다. 헷갈릴 뿐이다. 정보가 우리 안에서 사유를 통해 곰삭을 때 그것은 비로소 지혜가 된다. 우리가 배우는 까닭은 바로 이 지혜를 얻기 위함이다.

위기 때 빛나는 지혜

지식과 지혜의 차이는 고난이나 시련이 왔을 때 현격하게 드러난다. 지혜가 있는 사람은 어떤 역경에서도 절망하지 않지만, 지식만 있는 사람은 쉽게 좌절해버리고 마는 것이다. 지혜는 위기 때 더욱 빛난다.

첫째, 난관을 뚫는 예지를 발휘한다.

소설가 서머셋 모옴은 무명 시절, 어렵게 한 권의 책을 출판하게 되었다. 그러나 출판사에서는 이 무명작가의 소설을 위해 많은 돈을 지불하여 광고까지 해 줄 의사는 없는 듯했다.

"어떻게 하면 많은 사람에게 내 작품을 알릴 수 있을까?"

몇 날 며칠을 생각하던 끝에 모옴은 기발한 아이디어 하나를 떠올렸다. 그는 곧장 신문사로 달려가 광고담당 기자에게 다음과 같은 광고 카피를 건네주었다.

"마음씨 착하고 아름다운 여성을 찾습니다! 저는 스포츠와 음악을 좋아하고, 성격이 온화한 청년입니다. 제가 바라는 여성은 모든 점에서 최근 '서머셋 모옴'이 쓴 소설의 주인공과 닮은 사람입니다. 착한 마음, 지혜와 아름다움을 지닌 바로 그런 여성이지요. 자신이 그 책의 주인공과 닮았다고 생각한다면 제게 즉시 연락해 주십시오. 꼭 그러한 여성과 결혼하고 싶습니다."

이 광고가 신문에 나오자마자 모옴의 소설은 날개 돋친 듯 팔려 나갔다. 광고가 실린 지 채 일주일도 안 되어 그의 책은 어느 서점에 가도 구할 수 없을 정도가 되었다.[3] 위대한 작가의 무명 탈출은 바로 그의 재치 어린 지혜에서 비롯되었다.

둘째, 단점을 장점으로 바뀌게 한다.

보석상을 운영하는 한 부호가 유럽 여행 중, 진귀한 보석을 발견하였다. 거액의 돈을 주고 보석을 산 그는 자신의 나라로 돌아가 그 이상의 돈을 받고 팔 생각으로 설레었다. 그러다 살 때는 미처 보지 못한 작은 흠집이 있는 것을 발견했다.

"아! 이런 흠이 있었다니……."

그는 어찌할 줄을 몰랐다. 감정가들도 그 흠집 때문에 보석의 가치가 떨어진다고 입을 모았다. 제값을 받기는커녕 가격은 한없이 내려갔다. 보석상 주인은 여러 가지 생각에 잠겼다.

"어떻게 하면 이 보석을 원래의 가치로 되돌릴 수 있을까?"

그는 오랜 고민과 생각 끝에 한 가지 묘안을 떠올렸다. 바로 보석의 작은 흠에 장미꽃을 조각하는 것이었다. 결과는 어떠했을까? 장미꽃 조각 하나로 그 보석의 가치는 몇 배 이상으로 올라갔으며, 모든 사람들이 사고 싶어 하는 예술품이 되었다.

숨기려고 감추려고만 했던 작은 흠을 새로운 장점으로 부각시키는 것, 지혜란 바로 이런 것이다.

셋째, 마음을 다스리게 한다.

어느 날 다윗 왕이 궁중의 보석 세공인을 불러 이렇게 지시했다.

"나를 위해 반지를 하나 만들어라. 그 반지에는 내가 큰 승리를 거둬 그 기쁨을 억제하지 못할 때, 그것을 조절할 수 있는 글귀를 새겨 넣어라. 또한 그 글귀는 내가 절망에 빠져 있을 때도 나를 구해낼 수 있는 것이어야 한다."

왕의 명령을 받은 보석 세공인은 곧 아름다운 반지 하나를 만들었지만, 왕이 지시한 적당한 글귀가 생각나지 않아 곤욕을 치르고 있었다.

그러던 어느 날, 보석 세공인은 솔로몬 왕자를 찾아가 도움을 구했다. 이에 왕자는 다음과 같은 글귀를 새겨 넣으라고 조언하였다.

"이것 역시 곧 지나가리라!"

그러면서 솔로몬 왕자는 다음과 같이 이유를 말했다.

"왕께서 승리의 순간에 이 글귀를 보면 곧 자만심이 가라앉을 것이고, 절망에 빠져 있을 때 이 글귀를 보면 이내 표정이 밝아질 것입니다."

삶에서 우연히 만나는 촌철살인과도 같은 지혜의 한 마디가 그 사람의 인생을 결정짓기도 한다.

이렇듯이 극한 위기에서도 지혜를 가진 자는 살아남는 법을 안다. 그러기에 나는 지혜를 '위기 관리 능력'이라고 줄여 말하기도 한다. 유다인의 지혜 묶음인 잠언은 말한다.

"지혜는 산호보다 값진 것 네 모든 귀중품도 그것에 비길 수 없다. 지혜의 오른손에는 장수가, 그 왼손에는 부와 영광이 들려 있다. 지혜의 길은 감미로운 길이고 그 모든 앞길에는 평화가 깃들어 있다"(잠언 3,15-17).

지혜의 씨앗 모으기

배움

　자신이 지혜를 가지고 있지 못하다면, 차라리 현자들의 지혜를 빌려 쓸 줄 아는 것이 상책이 아닐까. 고대 그리스의 서사시인 헤시오도스는 이렇게 말한다.

　"모든 것을 스스로 깨닫는 사람은 더할 나위 없이 훌륭한 사람이요, 좋은 말을 하는 사람에게 귀를 기울이는 사람 역시 고귀한 사람이지만, 스스로 깨닫지도 못하고 다른 사람에게서 들은 말을 가슴속에 받아들이지 않는 사람은 아무 쓸모없는 사람이니라."[4]

　이 말의 속뜻은 이것이다. 스스로 못 깨달으면 잘 듣고 배우기라도 하라!

　지혜의 씨앗을 모으는 가장 좋은 방법은 배움이다. 배움에서 결정적으로 중요한 것은 배우려는 자세다. 스승의 권위를 업수이 여기는 사람은 지혜를 얻지 못하게 마련이다.

　어느 날 플라톤은 아테네의 한 젊은 철학도에게 '참된 시작이 무엇인가'를 설명했다. 그 젊은 철학도는 지금껏 자기가 진정으로 배울 만한 철학자나 시인을 만나보지 못했는데 드디어 플라톤을 만났다며 기뻐하었다.

플라톤이 젊은 철학도에게 물었다.

"이제까지 당신이 섬겨왔던 그 모든 스승을 진정으로 사랑했습니까?"

젊은 철학도가 대답하였다.

"그들에게는 배울 만한 것이 많지 않다고 여겨 진정으로 사랑하지 않았습니다."

그의 말에 플라톤은 이렇게 대답하였다.

"사랑하는 마음이 없이는 참된 지식을 얻을 수 없습니다. 지식은 참된 사랑의 관계를 통해서만 얻어질 수 있는 것입니다."[5]

스승을 사랑하지 않는 학생은 지식은 배울지 몰라도 지혜는 배우지 못하는 법이다.

배움의 자세를 지닌 사람은 누구에게나 배울 수 있다. 미국 사상가 겸 시인인 랠프 에머슨이 하루는 아들과 함께 송아지를 외양간에 넣으려고 이리저리 시도했는데, 송아지는 꿈쩍도 하지 않았다. 아들이 앞에서 당기고 에머슨이 뒤에서 밀어 보았지만 역시 허사였다. 끝내 부자는 지쳐 자리에 털썩 주저앉았다.

그때 그 광경을 지켜보던 늙은 하인이 다가와 자기 손가락 하나를 송아지 입에 물려 주었다. 그러자 송아지는 젖을 빨듯이 손가락을 빨기 시작했다. 그런 채로 하인이 몇 걸음 옮기자, 송아지는 순순히 따라갔다. 남자 둘이 힘을 합해도 할 수 없었던 일을 늙은 하인은 아무 어려움 없이 해낸 것이다.[6]

그 순간 에머슨은 속으로 이렇게 생각했다고 한다.

'저런 방법이 있었구나! 오늘 나는 참으로 소중한 두 가지를 배웠다.

어떤 문제에도 그 해결책은 하나가 아니라는 것과 가정부도 나의 스승이 된다는 사실을.'

이후 에머슨은 언제나 겸손한 태도를 잃지 않았다고 한다.

이스라엘의 명언에는 이런 말이 있다고 한다.

"이 세상에서 가장 현명한 사람은 모든 사람에게서 배우는 사람이다."

독서

독서의 중요성에 대해서는 두말할 필요도 없다. 우리는 왜 자꾸 책을 읽는가? 책을 읽고 점점 더 높은 지식과 지혜가 쌓일수록 우리는 자유로워진다. 만약 그렇지 않으면 우리는 점점 더 좁은 구석에서 갑갑함을 느끼며 한계에 부딪히고 문제에 짓눌려서 살 수밖에 없다. 그렇다. 우리는 지혜를 만나면 자유로워진다.

몇 해 전 8월에 미국 순회 강연을 돌면서 나는 비행기를 거의 매일 탔다. 매일 한번 꼴로 잡혔던 일정을 소화하느라 잦은 장소 이동을 해야 했던 것이다. 그 덕에 공항과 비행기 안에서 많은 시간을 보내야 했다. 그런데 비행기 안에서 펼쳐진 장면에 나는 눈이 휘둥그레졌다.

거의 모든 사람이 일단 비행기에 착석하면 책을 펼쳐들고 읽는 것이었다. 그리고 보니 대합실에서도 대다수 승객의 손에 책이 들려있었다. 나는 감탄했다.

"아, 이래서 선진국이구나!"

사실, 이와 비슷한 장면을 나는 일본의 전철 안에서도 목격한 적이 있다. 일단 자리에 앉으면 어디서 나왔는지 손에 책이 한 권씩 들려져 있었다.

국내에서도 강의를 많이 다니는 나는 비행기나 열차를 많이 타는 편이다. 하지만 책 읽는 승객은 훨씬 드물게 만나는 편이다. 안타까운 현상이지만 젊은이들에게 이런 현상은 더욱 심하다. 핸드폰으로 문자 날리는 모습은 많이 봤어도 책 읽는 모습은 가뭄에 콩 나듯하다. 인정하고 싶지 않은 현실이다.

그러면 어떻게 책을 읽는 것이 좋을까. 나는 일단 첫 단계로 무차별 잡독을 권한다.

대학 시절 나는 참 책을 많이 읽었다. 과외공부 선생을 하여 목돈이 생기면 으레 광화문과 종로를 들러 '한 보따리'씩 책을 사들고 세상에서 가장 부자가 된 심정으로 귀가하곤 했다. 물론, 한 달이 가기 전에 금세 해치웠다.

해군 장교로 복무했던 군 시절에는 주머니 사정이 더욱 두둑해져서 책 읽는 재미가 한층 더 쏠쏠하였다. 2년 차가 되면서부터는 집에서 출퇴근할 수 있게 되어 단골로 들르던 앞의 두 곳에 더하여 명동 근처의 서점가를 즐겨 다녔다.

그야말로 책을 엄청 읽었다. 장르는 폭넓었다. 문학, 철학, 자기계발, 그리고 종교 등 관심을 끄는 주제에 따라서 경계를 넘나들며 책을 읽었다.

그때는 특별한 목적 없이 그저 좋아서 책을 읽었지만, 이렇게 읽어둔 책들은 훗날 내가 오스트리아 빈으로 유학을 가서 신학을 전공할 때 탄력 있는 사유에 도움이 되었다. 물론, 이 시기 나는 이미 그 이전에 읽어둔 책들의 도움을 받기도 했지만, 또 나아가 영성, 심리학, 사회학 등의 분야 책들을 폭넓게 읽으며 책 읽는 낙을 즐겼다.

박사학위를 받고 귀국한 지 1년도 안 되어 나는 B형 간염으로 1년 6

개월간 모든 것을 놓고 쉬어야 했다. 이 시기 나는 건강과 의학 관련 서적을 또 마구잡이로 읽었다.

이렇게 나는 여러 분야의 책들을 무차별로 읽었다. 한 마디로 잡독이었다.

그 효과는 『무지개 원리』를 저술할 때 유감없이 발휘되었다. 약 30년에 걸친 잡독의 집적물들이 내 의식 안에서 곰삭아 기막히게 발효 엑기스로 추출되었다. 일곱 가지 무지개 원리로 말이다.

결론은 짧다.

"무조건 책을 읽으라."

세계를 호령하는 탄탄한 내공의 비결은 두말할 것 없이 정보다. 독서로 마음의 항아리 속에 담은 지식은 시간이 흐르면 곰삭는다. 그리하여 거기서 지혜의 국물이 우러난다. 그 지혜가 바로 꿈의 성취와 행복을 위한 명약이다.

일단 좋아하는 장르부터 집어 들자. 세상에 좋은 책과 나쁜 책이 어디 있겠는가.

씨앗 뿌리기

사유하라

나는 학교 다닐 때 리포트를 과제로 제출하는 과목을 좋아했다. 특히 책을 읽고 독후감 쓰는 것이 좋았다. 좋아하는 만큼 점수도 잘 나왔다. 교수님들은 항시 나의 리포트에 주목해 주셨고 칭찬해 주셨다. 거기에는 내 나름의 노하우가 있었다.

비결은 이것이다. 책을 읽고 나서 책을 덮은 그 순간, 책에서 빠져 나오는 것이다. 책 속 논리를 충분히 즐긴 다음 그에 빠지지 않고 책의 표지를 딱 덮고 나자마자 내 마음의 세계에서 책을 멀리 보내버리는 것이다. 그러면 그 자리에 대신 나의 생각이 자리한다. '이 사람이 왜 이런 글을 썼을까?', '나는 무엇을 느꼈는가?' …….

한마디로 틀을 벗어난 사유놀이가 시작되는 것이다. 그렇지만 처음부터 밖을 보진 않는다. 안에서부터 성실하게 음미한 다음에 나와 버린다. 그러면 자유를 얻게 된다. 결과적으로 저자의 논리를 충분히 이해하면서도 저자 논리 세계의 밖을 동시에 보게 되는 것이다.

저절로 터득한 이 학습법을 통해 나는 박사학위 논문을 특급으로 패스할 수 있었다.

틀을 벗어나 사유하는 즐거움을 맛들이면 훨씬 자유로워지고, 그만큼 창조적이 된다.

지식을 많이 소유하는 것보다 더 중요한 것은 지식을 충분히 사유하는 것이다. 전자는 단지 기술인(技術人)을 만들어내지만, 후자는 창조인(創造人)을 만들어내기 때문이다. 전자는 단지 지식을 응용하는 수준에 머물지만, 후자는 지식을 부리는 차원이 된다.

이와 관련하여 나는 '전자책'의 유행을 우려스럽게 바라보는 입장이다. 전자책이 엄청난 속도와 편리는 제공하겠지만, 사유의 기회는 앗아갈 것으로 염려되기 때문이다. 어떤 형태로든 보다 진전된 서비스가 제공되겠지만 나는 당분간 여전히 '활자책'을 읽는 세대로 남을 것이다. 깊은 사유를 하면서 책을 읽고 싶기 때문이다.

책 읽는 재미는 밑줄을 그으며 읽을 때가 가장 크지 않나 싶다. 나는 밑줄을 긋고 싶어서 꼭 사서 책을 읽는다. 행간에 머물다가, 여백에서 노닐다가, 떠오르는 생각을 메모로 남기고 페이지를 넘기는 즐거움이란!

동서고금의 위대한 왕들이 국정을 이끈 비밀 중 하나는 '독서 휴가'다. 조선의 세종은 국가의 인재를 양성하기 위해서 젊고 재주 있는 선비들에게 '사가독서'(賜暇讀書)라는 이름의 휴가를 주어 글을 읽게 했다. 세종 말년에 성삼문, 신숙주 등이 기회를 얻어 조용한 절에서 독서에 전념했다고 한다.

영국 군주의 패턴을 정립한 빅토리아 여왕도 고위 신하들에게 3년에 한 번 꼴로 한 달 남짓의 유급 독서 휴가를 주었다. 셰익스피어 작품 중 5편을 읽고 독후감을 제출토록 했는데 여기에서 '셰익스피어 휴가'(Shakespeare Vacation)란 말이 비롯되었다.[7]

'독서'와 '휴가'를 연결시킨 저 지혜로운 통치자들의 깊은 뜻은 무엇이었을까? 바로 책을 읽으며 충분히 사유하라는 권고요 배려 아닐까.

외우라

중학교 다닐 때, 공부 잘했던 한 아이가 딴 친구들이 하지 않는 것을 하는 걸 하는 모습을 보았다. "무엇을 하는 걸까?" 봤더니 천자문을 외우고 있었다. 이유인즉슨, 자기 부모가 "천자문을 외우면 너는 모든 게 잘된다"라고 했다는 것이다. 후에 그 친구는 서울대학교 법대를 갔다.

남들 뒤꽁무니 따라다니는 공부는 백날 해 봐야 소용없다. 남들이 영어, 수학 배울 때 그 친구는 천자문을 외웠다. 그러더니 결국 앞서갔다. 여기에는 교육의 원리가 있기 때문이다.

알다시피 천자문은 사자시문(四字詩文)이다. 그러기에 천자문을 외우다 보면 단순히 한자만 익히는 것이 아니라 자연의 이치와 천륜을 배우게 된다. 한마디로 외우고 음미하는 과정을 통해 지혜를 깨닫게 되는 것이다.

"글을 백 번 읽으면 그 뜻이 절로 드러난다"(讀書百遍 義自見)는 말이 있다. 우리 조상들은 특히 옛 성현들의 심오한 가르침을 이런 방식으로 깨우쳐 알아들었다.

이는 탁월한 독서법이며 수행법이다. 똑같은 문장을 백 번 소리 내어 읽는 것은 단지 머리만이 아니고 마음과 몸으로 읽는 것이나 다름없다. 이 과정을 통해서 온몸이 그 말뜻을 알아듣게 된다. 아니 그 말뜻이 이미 몸에 배게 된다. 그래서 우리 조상들에게 공부를 한다는 것은 인격을 도야하는 것과 똑같은 것을 의미했다.

아메리카 인디언들은 어떤 말을 '만 번' 이상 되풀이하면 그 일은 반드시 이뤄진다고 믿는다고 한다. 이는 우리가 지혜의 말씀을 외우면 좋은 일이 생긴다는 사실과 일맥상통한다.

프랑스의 약사이자 심리치료사인 에밀 쿠에 박사는 반복적인 말의 효과를 이용해 '자기 혁신' 분야에서 큰 진전을 이루었다. 그가 한 것이라고는 단지 환자들에게 다음과 같은 말을 매일 아침 15분씩 외우도록 지시한 것뿐이었다.

"나는 매일 어떤 방식으로든 점점 더 기분이 좋아진다."

(Everyday in every way, I'm feeling better and better.)

지극히 단순한 이 방법은 각종 질병을 치료하는 데 놀라운 효과를 거두었다고 한다. 우리가 지혜의 경구를 반복해서 외우면 그것이 우리 안에서 열매를 맺게 되어 있다.

써먹어라

2008년 수원에서 개인택시기사 모임 초청으로 강의를 하였다. 강의를 마친 후 전·현직 회장단이 마련한 저녁식사 자리에 함께 하였다. 황토오리구이를 시켜놓고 기다리는 동안 내 앞자리에 앉은 전직 회장에게 말을 건넸다.

"요즘 기름 값이 올라 얼마나 힘드세요?"

연일 유가(油價) 급등 뉴스가 터지던 때라 나는 걱정스레 물었다. 그의 대답은 뜻밖이었다.

"저한테 불경기는 없어요."

'에? 이 말이 무슨 뜻이지?' 하고 나의 고개가 갸우뚱해지는 찰나 그는 말을 이었다.

"저는 욕심이 참 많은 사람이었어요. 뭘 해도 욕심을 부렸죠. 근데 그런 마음으로 하고자 하니 내 뜻대로 되는 게 하나도 없더라구요."

나는 그의 진지한 표정과 말투에서 잠시나마 그간의 고생을 짐작할 수 있었다.

"그래서 생각을 확 바꿔 살기로 결심했죠. '수입이 적으면 적은 대로 많으면 많은 대로 거기에 맞춰 살자' 하고 말이에요. 그랬더니, 속이 편해지더라구요."

"와— 놀랍습니다. 오늘 제가 강의를 한 게 아니고, 오히려 한 수 배워갑니다."

"아, 아니에요. 사실은 이렇게 생각하게 된 것도 다 신부님께서 쓰신 책『무지개 원리』덕분이에요. 그 책 읽고 제 인생이 바뀐 겁니다. 책에서도 말씀하셨잖아요. 절대 긍정! 절대 희망! 이라구요. 맨날 TV에서만 봬서 언젠가는 꼭 한번 직접 만나고 싶었었는데……. 이렇게 강의도 듣고 식사 대접까지 하게 되다니 이게 다 삶이 주는 작은 행복 아니겠습니까? 하하."

덩달아 내 얼굴에도 미소가 번졌다. 그러고는 속으로 생각했다. "이분이야말로 내가 늘 전파하는 '무지개 원리' 정신을 지닌 선봉적인 인물이군."

그가 신이 나서 말을 이었다.

"근데 말이죠. 참 희한한 일이 다 있습니다. 안 그래도 요즘 손님들이 자주 '기름 값이 올라서 얼마나 걱정이 많으냐'고들 하세요. 그러면 전 또 아까처럼 얘기합니다. 저는 불경기를 모른다고……. 아, 그런데 그럴수록 오히려 손님들이 내릴 때 팁을 많이 주고 가시지 뭡니까. 저 때문에 오히려 기운이 난다나요? 하하하."

그의 비밀은 '무지개 원리'를 아는 것으로 그치지 않고 기회 있을 때마다 '써먹었다'는 데 있다. 지혜도 써먹어야 열매를 맺는 법이다.

그렇다. 긍정적인 에너지를 저변에 풍기고 사는 이들은 이렇듯 주변에까지 그 좋은 기운을 전이시키는 법이다. 모르긴 해도 서비스업 종사자들은 나의 이 말에 백번 공감할 것이다. 손님이 있거나 없거나 내 기분이 즐겁고, 때론 손님이 까다롭거나 무리한 요구, 혹은 불평을 해도 친절하게 받아들여 줄 수 있는 마음의 여유……. 그에 따라 변화되는 상대방의 태도…….

이는 결코 의식적인 노력만으로는 부족하다. 언젠가는 지쳐 버리기 마련이다. '긍정'의 정신으로 무장하여 '진실된' 마음을 담아내지 못하면 결코 상대방에게 기쁨이나 감동을 줄 수 없다. 이는 우리 삶에도 그대로 적용되는 법칙이다.

그날의 저녁식사는 나에게 더 없이 영광된 자리였음이 분명하다. 그는 내가 만난 최고의 독자였던 것이다.

헨리 키신저 외교력의 원천

미국 국무장관을 지냈던 헨리 키신저는 정치가로서 외교관으로서 세계를 움직여 나갔던 인물이다. '대통령은 닉슨이었지만 세계를 움직인 사람은 헨리 키신저다'라고 말할 만큼 주도적인 역할을 했던 사람이다.

그가 이런 말을 한 적이 있다.

"어려서부터 아버지에게 배웠던 그 성경의 지식이 지금도 내 삶을 지배한다. 성경에 정치적인 원리가 전부 다 들어 있더라."

사실 헨리 키신저는 독일에서 미국으로 이민 갔던 유다인이었다. 그는 한평생 영어 발음이 어눌했다. 그럼에도 불구하고 어릴 때 배우고 읽었던 성경의 지혜가 그의 생애를 지배하고 그를 세계 정치 무대에서 주도적인 역할을 할 수 있게 만들었던 것이다.

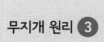

무지개 원리 **3**

꿈을 품으라

[감성계발] 하나_꿈 품기

『신곡』의 저자 단테는 지옥의 입구에 어떤 간판이 걸려 있을까 하고 상상했다. 그는 이런 글이 적혀 있을 것이라고 기발하게 착상했다.

"일체의 희망을 버려라."

이 말은 지옥의 정확한 정의이면서, 동시에 희망이 없는 현실을 극적으로 표현해 주는 경종이다. 더 이상 희망이 없는 곳이 바로 지옥인 것이다.

여기서 나는 희망을 꿈으로 바꿔서 이렇게 선언하고 싶다.

"일체의 꿈을 버린 것, 그것이 종말이다."

나는 어려운 집안에서 자랐다.

이북에서 혈혈단신 서울로 내려와서 독학으로 대학까지 마친 아버지는 해방 직후 합동통신사 기자생활을 하며 청운의 꿈을 펼치고 계셨다. 그러다가 6·25가 터지자 피난을 못 떠나고 서울에 잔류하다가 공산당에게 잡혀서 이른바 '부역'이라는 것을 하셨다. 공산당의 일에 협조했던 것이다. 9·28 수복 이후 부역자들은 색출되어 즉결심판을 거쳐 모두 총살형을 당했다. 그런데 아버지는 어느 국군장교의 도움으로 구제되었다고 한다. 대신 곧바로 국군에 입대하여 군복무에 임했다. 군복무를 마치고 아버지는 어머니의 고향인 경기도 남양만 어귀 '서신'이라는 곳으로 낙향하여 면사무소 공무원이 되었다. 이후 부역에 대한 죄책감이 아버지를 괴롭혔다. 거기에 이북에 살고 있는 가족들과의 이산의 아픔이 가중되었다. 자연히 술을 많이 마시게 되었고 돈 버는 일에는 무관심하셨다.

우리 집은 내가 초등학교 4학년 때 서울로 이사했다. 처음 이사 온 곳이 관악산 밑 철거민촌 '난곡'이라는 동네였다. 그때부터 집에서 쌀과 연탄을 취급하게 되어 그것들을 배달하며 집안일을 도왔다. 그러다가 학비 부담 때문에 전액 장학금을 주는 유한 공고에 들어갔다. 그러나 대학을 들어가겠다고 실습 시간에 영어 공부를 하다가 담당 선생님에게 걸려서 줄 빰을 맞기도 했다. 그런 고생 끝에 서울대학교 공과 대학에 합격하게 되자 나를 높이 평가한 담임선생님은 졸업식 날 "너는 틀림없이 박사가 될 수 있어"라며 격려의 말을 해 주었다.

그런데 대학 진학 후, 줄곧 진로를 놓고 고심하였다. 학업에는 곧잘

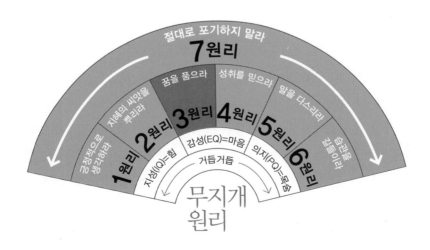

적응하였으나, 아무래도 적성이나 취미가 기계보다는 사람을 상대하는 직업이 어울릴 것 같았다. 의사 아니면, 변호사가 되고 싶었다. 그러나 이미 때는 늦었다. 먹고 살기에 바빠서, 그리고 경제 논리에 밀려서 '진정 나는 무엇이 되고 싶은가'를 너무 늦게 묻게 되었던 것이다.

학년은 올라갔다. 그리고 군에 입대를 해야 했다. 해군 학사장교로 임관된 후 얼마 안 되어 조카가 생겼다. 조카의 탄생 소식에 나는 조카에게 '시' 하나를 선물로 주고 싶었다. 물론, 나중에 글을 읽을 줄 알 때 읽으라고 지은 것이었다. 시를 지어 액자에 담아 보냈다. 그 시 전문은 다음과 같다.

소년이여,
보석처럼 빛나는 까만 하늘을 담은 그대 눈은
아득히 무엇을 바라보는가 바라보는가.
진리의 불씨 하나 얻기 위하여
그런 꿈에 가득히 가슴 설레이는가.
저 높은 하늘 뜬 구름 흰 구름에
그 마음 띄워
우러러 그대 꿈은 험한 세상의 다리이어라.
광야에 외치는 소리도 좋기는 하지마는
애오라지 그대 꿈은 역사의 말없는 받침돌이어라.
바다는 강에서 트여나가고 강은 샘에서 비롯하듯이
사람은 뜻에서 근원하는 것.
용약하는 희망이라야
우리는 산다.

그 액자를 아직도 보관하고 있는 조카는 지금 청운의 뜻을 품고 미국 유학 중에 있다. 결혼하여 1녀 1남을 두고 있는 가운데, 훌륭한 교수 아래 지도를 받으며 꿈을 향한 행보를 착실히 진행하고 있다.

[감성계발] 첫 번째는 꿈 품기다. [감성계발]은 우뇌에 숨겨진 무한 가능성을 궁극으로 발휘토록 하는 것이다. 그런데 우뇌는 상상력과 창조력의 처소다. 인간이 상상력과 창조력을 스스로에게 적용하여 발휘할 때 태동하는 것이 바로 꿈이다. 이제 꿈의 마력에 빨려 들어가 보자.

꿈은 창조력이 있다

상상력이 세계를 지배한다

철학자 에른스트 블로흐는 소망을 '모든 인간의 행위 속에 들어있는 신적인 힘'이라고 정의했다. 이는 우리의 꿈속에 신적인 창조력이 깃들어 있다는 말과 다르지 않다. 잊지 말아야 할 진실이다. 기억해 두자.

"내 꿈속에는 신적인 창조력이 깃들어 있다. 그러기에 꿈꾸는 자가 미래를 창조한다."

꿈은 논리적으로 꾸는 것이 아니라, 뜬금없이 상상력으로 꾸는 것이다. 그런데 상상력은 감성을 관장하는 우뇌가 지니고 있는 가장 중요한 능력이다. 인생에서 상상력은 우리가 알고 있는 것보다 훨씬 더 중요한 역할을 한다. 성공한 사람들은 하나같이 상상력이 뛰어나다. 나폴레옹은 다음과 같이 말했다.

"상상력이 세계를 지배한다."

그의 공로와 잘못은 논외로 하고, 나폴레옹이 이 말을 한 것은 그가 꿈의 사람이었기 때문이다.

상상력은 첨단 기업에도 생명과 같은 것이다. 스타벅스 커피의 놀라운 성장에서 상상력이 차지한 비중을 생각해 보자.『스타벅스, 커피 한 잔에 담긴 성공 신화』라는 자서전에서 하워드 슐츠 회장은 한 이탈리아 도시의 거리를 거니는 장면을 떠올리면서, 온갖 상상력을 동원하여 열 정과 낭만적인 분위기와 행복한 사람들로 가득 찬 가로변의 작은 카페 를 머릿속에 그렸다고 한다. 일상적인 상품인 커피를 새롭게 재창조하 는 기회를 포착했던 것이다. 그는 저서에서 이렇게 말했다.

"우리가 만일 상상력을 사로잡을 수 있다면 다른 사람도 사로잡을 수 있을 것이다."

오늘날 우리가 자주 찾는 스타벅스 커피점은 이탈리아에서의 낭만적 이고 행복한 경험과 도심 속의 에스프레소 커피 가게, 그리고 쇼핑센터 를 복제해 놓은 듯한 슐츠 회장의 상상적 노력의 결과물인 것이다.

미래는 한마디로 디자인 경쟁의 시대다. 상상력이 미래의 최대 관건 이라는 말이다.

꿈은 스스로 이룬다

하버드 대학에는 목표, 곧 꿈이 사람의 인생에 끼치는 영향에 대해 조사한 유명한 자료가 있다. IQ와 학력, 자라온 환경 등이 서로 비슷한 사람들을 대상으로 실험을 한 결과, 놀라운 사실을 발견할 수 있었다.

그들 가운데 27%의 사람은 목표가 없고, 60%는 목표가 희미하며, 10%는 목표가 있지만 비교적 단기적이라고 응답하였다. 단지 3%의 사 람만이 명확하면서도 장기적인 목표를 갖고 있었다. 그리고 이들을 25 년 동안 끈질기게 연구한 결과 재미있는 사실이 발견되었다.

명확하고 장기적인 목표가 있던 3%의 사람은 25년 후에 사회 각계 의 최고 인사가 되었다. 그들 중에는 자수성가한 사람도 있으며, 대부분 사회의 주도적인 위치에서 영향력을 행사하고 있었다.

10%의 단기적인 목표를 지녔던 사람들은 대부분 사회의 중상위 층에 머물러 있었다. 그들은 단기적인 목표를 여러 번에 나누어 달성함으로써 안정된 생활의 기반을 구축하였으며, 사회 전반에 없어서는 안 될 전문가로 활동하고 있었다. 예를 들어 의사, 변호사, 건축가, 기업가 등이다.

그중 목표가 희미했던 60%는 대부분 사회의 중하위 층에 머물러 있었다. 그들은 모두 안정된 생활환경에서 일하고는 있지만, 10%의 사람들에 비해 뚜렷한 성과는 없었다.

우리가 주목해야 할 것은 바로 27%의 목표가 없던 사람들이다. 그들은 모두 최하위 수준의 생활을 하고 있었고, 취업과 실직을 반복하며 사회가 나서서 구제해 주기만을 기다렸다. 때로는 남을 원망하고, 사회를 원망하면서 말이다.

나는 어디에 속한 사람인가? 3%, 10%, 아니면 60%? 자신이 내리는 답에 자신의 미래가 달려 있다. 이 법칙은 냉엄하다. 적어도 10%, 할 수 있다면 3%의 범주에 속하려는 결단을 내려야 할 것이다.

바로 여기 한국인으로서 세계적인 꿈의 멘토가 있다. 바로 2012년 2월 아름다운 죽음을 맞이해서 뉴스를 장식한 강영우 박사다.

그는 미국 백악관 종교 · 사회 · 봉사 부문 자문위원과 국가장애위원회 정책차관보를 지냈으며, 2006년 7월, 미국 루스벨트 재단이 선정한 '127인의 공로자' 가운데 한 명으로 선정됐다. 이 127인에는 록펠러, 맥아더 장군, 헨리 키신저 전 미국 국무장관과 빌 클린턴, 로널드 레이건 전 대통령, 코피 아난 유엔 사무총장 등이 포함되어 있다. 그는 한국인으로는 유일하게 127인에 포함됐다.

더욱 놀라운 것은 그가 시각장애인이라는 사실이다. 그는 중학교 재학 중 외상에 의한 망막 박리로 실명한 후, 온갖 시련과 사회의 편견과 차별을 굳은 신앙과 의지로 극복, 세계적인 재활의 귀감이 되고 있다.

그는 1972년 2월 결혼을 하고 그해 8월 한국 장애인 최초 정규 유학생으로 아내와 함께 미국으로 건너갔으며, 3년 8개월 만에 피츠버그 대에서 교육학 석사, 심리학 석사, 교육 전공 철학박사 학위를 취득, 1976년 4월 한국 최초의 맹인 박사가 되었다.

그의 영문판 자서전인 『빛은 내 가슴에』는 미국 의회 도서관 녹음 도서로 제작 보급되고 있다. 또한 그는 2000년, 2001년 미국 저명인사 인명사전, 2001년 세계 저명인사 인명사전에도 수록되었다.

이제는 고인이 된 강영우 박사, 그는 꿈의 사람이었고 이제는 꿈의 효력을 전하는 위대한 증인이 되었다.

나는 『무지개 원리』에 그를 소개한 것이 인연이 되어 그와 직접 만나 깊은 대화를 나눌 기회가 있었다. 나는 그 대화를 통해서 그가 미국에서 정재계 인사들과 두터운 인맥을 형성하면서 한국 정부와 미국 정부 사이에 가교 역할을 톡톡히 하고 있음을 알게 되었다. 그는 내가 미국을 방문할 때 공동 강연 기회를 주선해 보겠다는 제안을 하면서 기꺼이 나를 초대하기도 했다. 이후 한국에 강연 차 들를 때마다 꼬박꼬박 전화 안부를 여쭤주셨다.

내가 그를 특별히 세계적인 꿈의 멘토로 여기는 것은 그가 자신의 꿈은 물론 자녀들의 꿈까지도 정성껏 품어 부화시켰기 때문이다. 그의 자녀들 역시 현재 미국사회에서 맹활약을 하고 있다. 그중 하버드대를 나와 안과 의사를 하고 있는 큰 아들이 『어둠을 비추는 한 쌍의 촛불』에 쓴 에세이의 일부를 소개한다.

"교육학자인 아버지는 내가 영재라고 믿었지만 초등학교 선생님들은 물론 나도 나 자신이 영재라고 생각하지 않았었다.

초등학교 3학년 때와 4학년 때 영재 판별에서 거듭 탈락했으나 포기하실 줄 모르시는 아버지는 나를 영재라고 하시며 계속 격려해 주셨다. 그 결과 나는 노스웨스턴대와 퍼듀대학에서 여름 방학이면 영재 교육을 받게 된 것이다. 이로 인해 나의 성적이 향상됨은 물론 내 능력에 대해 자신감도 가지게 되었다. 〔……〕 9학년이 되었을 때, 나 자신을 포함한 많은 사람들이 깜짝 놀랄 일이 있었다. 전 학년에서 일등을 한 것이다. 이 소식을 전해들은 아버지는 미소를 지으며 "내가 할 수 있다고 하지 않았니" 하시는 것이었다. 이것을 계기로 더 큰 성취를 해야지 하는 생각이 들었다. 〔……〕 오늘날 내가 성공적인 삶을 영위할 수 있는 것은 전적으로 우리 아버지 덕분이다."

고 강영우 박사와 그의 자녀들이 직접 보여준 메시지는 분명하다. 꿈을 품어라. 이루어진다. 왜? 꿈은 스스로 이루니까.

바라봄의 법칙

어째서 꿈(목표)을 장기적으로 품으면 그것이 현실이 될까. 이를 성경은 '바라봄의 법칙'으로 설명한다.

내가 알고 있는 한 바라봄의 법칙의 원조는 유다인의 조상 아브라함이다. 하느님께서는 아브라함에게 자손과 땅을 약속해 주시고 줄곧 그것이 이루어질 것을 바라보게 하셨다. 하느님께서는 그에게 무수한 별과 모래알을 '보여 주시고' 그 숫자만큼 자손에 대한 꿈을 꾸게 하셨다.

"'하늘을 쳐다보아라. 네가 셀 수 있거든 저 별들을 세어 보아라.' 그에게 또 말씀하셨다. '너의 후손이 저렇게 많아질 것이다'"(창세 15,5).

땅을 주실 때에도 꼭 가나안 땅과 동서남북을 '보게 하신' 후 그 약속을 실현해 주셨다. 하느님께서는 '바라봄'의 힘을 이용하셨던 것이다. 아브라함은 하느님께서 약속하신 축복을 믿음으로 바라보았기에 축복의 주인공이 될 수 있었던 것이다.

바라봄의 법칙을 스포츠에 응용한 것이 이미지 트레이닝이다.

미국 일리노이 대학에서 재미있는 실험을 한 적이 있다. 이 대학 농구팀 선수를 A, B, C 세 그룹으로 나누어 A그룹 선수에게는 한 달 동안 슈팅 연습을 시키고, B그룹 선수에게는 한 달 동안 슈팅 연습을 시키지 않았다. C그룹 선수들에게는 매일 30분 동안 마음속에서 자신이 직접 공을 던져 득점하는 장면을 그려보고, 또 기량도 점점 향상되는 자신들의 모습을 상상하는 소위 '이미지 트레이닝'만을 시켰다고 한다.

한 달이 지난 후, 놀라운 결과가 나왔다. 전혀 훈련을 하지 않은 B그룹이 아무런 진전이 없었던 것은 예상대로였다. 하지만 매일 체육관에서 실제 연습을 한 A그룹과 시각화로 마음의 훈련을 한 C그룹 선수들이 똑같이 슈팅 득점률에서 25%의 향상을 보였다.

'바라봄'은 어떤 이유로 효력을 발휘하는 것일까? 두 가지 때문이다.

첫째, 우리의 뇌는 실제로 일어난 일과 머릿속에 그린 이미지를 잘 구별하지 못하기 때문이다. 즉, 실제는 없는데도 '상상으로' 뇌가 있다고 느끼면 그 사람한테는 있는 것이 되는 것이다. 따라서 원하는 모습을 머릿속에 강하게 각인할수록 어느새 그 모습은 자신의 것이 되고 만다.

둘째, 인간의 감각 구조가 그렇게 생겨먹었기 때문이다. 교육심리학 통계에 따르면, 인간의 학습은 시각이 87%, 청각이 7%, 그리고 미각·후각·촉각을 합하여 약 6%로 이루어진다고 한다. 또한 인간의 기억력도 들은 것은 10%, 본 것은 50%로서 듣고 보고 한 것이 80%를 기억한다고 한다. 그러니 바라봄의 효력은 가히 지배적이라 해도 과언이 아닐 것이다.

'바라봄'은 우리 가정에서도 매우 중요하다. 아이들에게 백날 잔소리해 봤자, 한 번 보여준 것만 못하다.

이는 보는 것이 우뇌의 영역이고, 듣는 것이 좌뇌의 영역이기에 그렇다. 빙산이 하나 있다 치면, 좌뇌는 수면 위에 떠 있는 빙산의 일부분에 해당하고, 우뇌는 수면 밑에 가라앉은 빙산의 대부분에 해당한다. 즉, 우뇌의 잠재의식, 무의식이 좌뇌의 의식보다 더 강력한 영향력을 가진다. 그러기에 부모가 보여주는 인풋대로 자녀들은 아웃풋이 나오게 되어 있다.

나는 가끔 부모들을 대상으로 한 강의에서 이 과정을 이렇게 빗대어 설명해 준다. 그러니 특히 부모들이라면 명절 때 잘해야 한다. 명절만 되면 신나서 해외여행 가는 이들, 나중에 자녀들이 커서 명절 때 인사 오리라 절대 기대해서는 안 된다. 자녀들은 이미 보고 배웠기 때문에, 명절이 되면 '아! 보따리 싸들고 해외여행 가는 날!'이라고 생각한다. 그러니 나중에 자녀들에게 대접받고 싶으면 지금부터 미리 보여주는 것이 지혜다. 명절이 되면, "애들아, 할아버지 할머니 뵈러 가자" 하며 부모님 집 찾아가고, 꼭 애들 보는 앞에서 용돈도 드릴 일이다.

"공부 좀 해라" 하고 매일 잔소리할 필요도 없다. 부모가 먼저 열심히 책 읽으면 애들도 가서 책 읽고, 공부한다.

그래야 우리 아이들이 보고 배운다. 이것이 바로 바라봄의 법칙, 희망의 법칙이다.

어떤 꿈을 품어야 할까

도구 가치를 넘어 목적 가치까지 품는다

대한민국의 젊은이들이 고교 학력평가에서는 세계에서 1, 2위를 다투다가, 미국의 대학 성취도에서는 상대적으로 뒤처지는 것으로 나타났다. 왜 그럴까? 꿈을 너무 짧게 잡기 때문이라는 것이 지배적인 의견이다. 즉, 명문대학교 들어가는 것까지만 목표로 정해놓고 공부를 하다가, 일단 합격하고 나면 더 이상의 동기부여가 없기에 그만 중도에서 탈락하고 만다는 것이다.

학교에서도 '꿈이 뭐냐?'고만 묻지, 그 꿈의 질에 대해서는 더 이상 관심이 없다. 하지만 미국에서는 에세이 쓰기 시간에 꿈에 대하여 그리고 그 꿈을 품는 궁극적인 이유에 대하여 쓰게 한다고 한다. 이는 우리네 학교 교육에서 필히 도입해야 할 교육 지혜라고 본다.

가치에는 '목적 가치'와 '도구 가치'가 있다. '목적 가치'란 평등, 사회 정의, 평화처럼 그 자체가 목적이 되는 가치를 말한다. '도구 가치'란 이런 목적을 추구하는 데 도구가 되는 가치로서 예를 들면 정직, 책임, 용서 같은 것들이 있다. 그리고 종교나 돈처럼 목적으로 삼을 수도 있고 수단으로 삼을 수도 있는 가치가 있다.

그런데, 도구 가치를 단지 도구로 여기지 않고 목적으로 착각할 때 불행한 결과가 따라온다. 가령, 돈을 크게 버는 것을 목적으로 삼았다고 하자. 그러면 그 목적이 달성되었을 때, 우리는 그 이상의 즐거움을 발견하지 못한다. 하지만 돈을 크게 버는 것을 자선 사업에 선용하는 목적 가치를 달성하기 위한 도구 가치로 삼을 때, 우리는 진정한 삶의 보람을 발견하게 된다.

시중에는 인생의 목적을 발견하게 해 준다는 자기계발서와 같은 책들이 무수히 나와 있다. 이러한 책들의 공통점은 모두 도구 가치를 크게 부각시킨다는 사실이다.

물론 이러한 권고 덕분에 성공을 이루는 경우도 종종 있다. 목적을 이루기 위해 전심으로 노력하면 일반적으로 그 목적에 성공적으로 도달할 수는 있기 때문이다. 하지만 자신이 세운 목적을 성취한다는 것과 삶의 목적을 충족시키는 것은 절대 같지 않다. 우리에게는 자기 계발서들이 제안하는 것 이상의 것이 필요하다.

큰 꿈을 품는다

내가 중학교 다닐 때 영어 참고서에는 다음과 같은 명구가 있었다.

"Boys, be ambitious!"(소년이여, 야망을 가져라!)

나이를 먹을수록 나는 이 말에 수긍하게 된다. 우리는 이 야망을 긍정적인 의미로 이해해야 한다. 어려서 품은 꿈의 크기가 인생의 규모를 결정짓는다.

'한계'라는 말은 실패를 무마시키고자 하는 변명에 불과하다. 한계는 언제나 사람으로 하여금 '경험'에 지나치게 의존하도록 하며, 마치 그림자처럼 졸졸 따라다니며 암살자처럼 우리의 의지를 죽인다.

많은 사람이 자신의 능력을 과소평가하여 목표를 낮추고, 작은 성공에 안주하고 있다. 큰 야심은 큰 성공을 낳는다. 야심이 없다면 아무런 목적도 달성할 수 없게 된다.

일본인들이 많이 기르는 관상어 중에 '고이'가 있다. 고이는 다름 아닌 우리가 알고 있는 '잉어'의 일종이다. 이 잉어를 작은 어항에 넣어 두면 5~8cm밖에 자라지 않는다. 그러나 아주 커다란 수족관이나 연못에 넣어 두면 15~25cm까지 자란다. 그리고 강물에 방류하면 90~120cm까지 큰다. 고이는 자기가 숨 쉬고 활동하는 세계의 크기에 따라 난쟁이 물고기가 될 수도 있고, 대형 잉어가 되기도 한다.

우리의 '생각'이 고이가 처한 환경과도 같다면, 우리가 더 큰 생각을 품고 더 큰 꿈을 꾸면 더 크게 자랄 수 있다는 것을 알 수 있다. 이렇듯 생각의 크기는 제한을 받지 않는다.

자신만의 소원성취를 넘어 사회, 국가, 인류를 위한 봉사에로 자신의 꿈을 확장할 때, 우리는 그 꿈을 사명이라 부를 수 있다. 꿈과 사명이 일치하는 사람은 행운아다. 20세기 사상가 가운데 하나인 카알 힐티는 "자신의 사명을 깨닫는 날, 그날이 인생 최고의 날이다!"라고 했다. 그렇다고 이 사명이 반드시 거창할 필요는 없다.

어느 날 영국의 대문호 셰익스피어가 레스토랑에 갔다. 그를 알아본 종업원들이 모두 그에게 허리를 숙이고 경의를 표했다. 그때 구석에서 청소를 하던 한 종업원이 갑자기 자기 빗자루를 내던졌다. 모든 사람들이 의아해 할 때 셰익스피어가 나서서 그 종업원에게 "왜 그러느냐?"고 물어 보았다. 그러자 그는 다음과 같이 대답했다.

"선생님은 같은 인생을 살면서 이토록 유명한데 저는 이곳에서 선생님의 발자국을 청소나 하는 처지라, 그게 화가 났습니다."

이에 셰익스피어가 말했다.

"젊은이, 그렇게 생각하지 말게. 내가 하는 일은 펜을 들고 이 우주의 일부분을 아름답게 묘사하는 것이지만, 자네가 하는 일은 빗자루를 들고 이 우주의 일부분을 아름답게 보전하는 것일세."[8]

결코 말장난이 아닌 이 위로에 이 젊은이의 어깨가 으쓱했을 것으로 미루어 짐작된다. 그의 보잘것없는 직업이 천직(天職)으로 인정받는 순간이었기 때문이다.

천직개념은 유럽에서 발달되었다. 직업을 나타내는 영어 'vocation'은 '부르다'는 의미의 라틴어 동사 'vocare'에서 파생되었다. 곧 이 단어는 직업을 하늘의 부르심이라 여기는 천직 개념을 반영하고 있는 것이다.

꿈을 크게 품는 이, 나아가 사명과 천직을 발견한 이에게는 그만큼 큰 기쁨과 보람이 뒤따르게 마련이다.

선한 꿈을 품는다

청년 시절, 미래의 꿈을 나눈 친구가 한 명 있다.

그 친구는 사회에서 돈을 많이 벌기를 꿈꾸었고, 나는 사회에 좋은 일을 많이 하기를 꿈꾸었다. 우리는 서로 약속을 했다. 친구가 돈을 많이 벌게 되면 내가 그 돈을 좋은 일에 사용할 수 있도록 도와주겠다는 약속이었다.

그 이후, 둘은 서로 소식도 모른 채, 약 20년간 떨어져 살았다. 그러던 어느 날, 그 친구와 극적으로 다시 연락이 되어 만났다. 알고 보니 그는 나를 계속 찾고 있었다고 했다. 그는 어느새 성장하는 중소기업의 사장이 되어 있었다.

그리고 그 친구는 그 옛날 우리가 했던 약속을 상기하면서 나에게 거금의 돈을 희사했다. 우리는 그 돈으로 땅을 사고 그곳에 지금의 연구소를 신축했다.

사실, 그는 어려운 시절을 보냈다. 나중에 그의 이야기를 들어보니 사업에서도 여러 번 실패했다고 한다. 그러나 그는 꿈을 품었다. 반드시 부자가 되어 좋은 일에 돈을 쓰겠다는 꿈이었다. 물론 그 속에는 나와의 약속도 들어 있었다.

아직도 그는 꿈을 꾼다. 좋은 일에 더 큰 도움을 줄 수 있는 사람이 되기를 말이다. 그의 꿈이 이루어진 것은 그 꿈이 선하였기 때문이리라.

내가 하도 '꿈은 반드시 이루어진다'며 큰소리를 치고 다니니까, 간혹 도전적으로 물어오는 이들이 있다.

"정말로 '반드시' 이루어집니까?"

안타깝게도 내 답변은 "아니올시다"이다. '반드시' 이루어지려면 조건이 있다. 바로 무지개 원리 일곱 가지를 꼬박 챙겨서 실행해야 한다는 것이다. 자타 공히 '무지개 원리'는 가장 안타 칠 확률이 높은 안타제조기이지만, 항상 만사형통이 아니다.

거기다가 확률을 높이려면 그 꿈이 선해야 한다. 선한 꿈을 품으면 자신의 노력이 한계에 달했을 때, 하늘이 돕는다. 지성감천이라 하지 않던가!

꿈이 이루어지도록 하려면

역할 모델을 찾는다

교육 현장에서 '인물이 되려면 인물을 만나야 한다'는 말을 자주 듣게 된다. 그 말은 '인물은 길러진다'는 의미를 내포하고 있을 뿐만 아니라 '인물이 되는 데는 역할 모델이 필요하다'는 뜻도 담겨 있다.

그런데 본받을 만한 실제 인물을 만나 역할 모델로 삼는다는 것이 그리 쉬운 일은 아니다. 그럴 때는 책, 특히 고전이나 위인전을 읽어 역할 모델을 찾을 수 있다.

시카고 대학을 노벨상 왕국이라 한다. 그것은 동문 교수 중 노벨상 수상자가 70명이나 되기 때문이다. 과거 시카고 대학은 동부 명문 대학에 비해 역사도 훨씬 짧고 시카고에 위치해 있어서 우수한 학생들을 동부 명문 대학에 빼앗겨야만 했다. 그럼에도 시카고 대학이 노벨상 왕국이 된 데는 항존주의 교육 철학의 시조인 로버트 허친스 총장의 공적이 컸다.

총장이 된 로버트 허친스 박사는 교양 교육의 일환으로 고전 백 권을 각 분야에서 읽도록 했다. 무엇보다도 백 권의 고전을 읽으면서 시간과 공간을 초월해서 영원불변하는 진리를 발견하고 그러한 진리 탐구에 필요한 역할 모델을 발견하도록 했다. 위대한 인물을 고전 속에서 만나

위대한 인간이 되라는 의미였다. 그러한 교양 교육의 성과로 시카고 대학 동문 교수 중에서 엄청나게 많은 노벨상 수상자가 나오게 되었다.[9]

나는 역할 모델의 중요성을 깊이 인식하고 이를 교육문화로 정착시키는 데 성공한 나라가 미국이라고 본다. 이른바 '스타' 문화, '영웅' 문화다.

미국은 아이들이 어려서부터 보는 학습서 중에 역대 대통령 얼굴과 이름, 그의 업적 등이 나와 있는 책들이 많다고 한다. 미국 부모들은 아이들에게 그런 책을 보고 외우게 하면서 자연스레 자신의 역할 모델을 찾아준다. 뿐만 아니라 비교적 역사가 짧은 미국은 위대한 국가를 만들기 위하여 의도적으로 각 분야의 동시대적인 영웅을 만드는 데 인색하지 않다. 스포츠, 영화, 정치계를 막론하고 우리가 알고 있는 유명한 인물들의 이름은 이렇게 해서 전 세계적으로 홍보되었다고 해도 과언이 아니다.

나는 개인적으로 미국의 동시대 위인전을 읽으며 영어 실력을 향상시킨 기억이 뚜렷이 남아 있다. 그 이후 이것이 배울 점이라고 여겨져서 '동시대인'을 '영웅'으로 만드는 문화가 우리 자라나는 세대에게 건강한 꿈을 갖게 해줄 것이라고 역설해 왔다.

아직 우리나라는 동시대인을 영웅으로 만드는 데에 기껏 연예인이나 올림픽 금메달리스트 정도만을 띄우고 반짝 기억할 뿐, 다양한 분야의 영웅을 만들어내지 못하고 있는 형편이다. '영웅을 만드는 데 인색한 사회'라는 지적을 면치 못하는 것이다. 이에 공감하고 있던 차, 나는 반가운 기사 하나를 보았다.

"최근 서점가에서 초등학생에게 가장 인기 있는 인물은? 올림픽 피겨 금메달리스트 김연아와 반기문 유엔 사무총장, 버락 오바마 미국 대통령이다. 〔……〕 공통점은 살아있는 동시대인이라는 점이다. 요즘 부모와 아이들은 몇 백 년 전 죽은 국가영웅 대신 같은 시대를 살아가는 현대 인물에 더 쉽고 빠르게 공감한다."[10]

희망을 주는 기분 좋은 기사다. 앞으로도 뜻있는 출판인들의 노력과 국민의 지속적인 관심이 더해져 우리 시대 좋은 영웅, 좋은 역할 모델들이 더욱 많이 발굴되었으면 하는 바람을 가져본다. 그리하면 우리의 꿈은 더 높아지고, 꿈의 실현은 보다 현실적이 될 것이다.

시각화한다

시각화의 효력과 중요성에 대해서는 이미 앞에서 충분히 언급했다. 꿈을 현실화하는 데 가장 유용한 방법은 바로 그것을 이미지로 시각화하는 것이다. 자신과 자신이 원하는 모습에 대한 성공적이고 이상적인 목표를 세워 매일 그것을 생각하고 바라보면, 우리는 그것을 현실로 만들 수 있다.

브라이언 트레이시는 이러한 시각화 과정에 다음과 같이 네 가지 요소가 있다고 말한다. 이를 꿈의 성취와 관련하여 살펴보자.

첫째, 빈도(frequency)다. 미래의 목표, 행동 등을 얼마나 반복해서 시각화하느냐가 우리의 생각과 느낌과 행동에 강력한 영향을 끼친다는 것이다. 반복의 정도는 우리가 그것을 얼마나 이루고 싶어 하는가를 알려주고, 그만큼 욕구와 믿음을 강화하는 작용을 한다.

둘째, 선명도(vividness)다. 이것은 꿈을 얼마나 맑고 깨끗하게 또 구체적으로 상상하여 볼 수 있는가를 말한다. 성공한 사람들은 자신이 원하는 것을 분명히 그릴 수 있다. 반면 실패한 사람들은 이루고자 하는 것에 대해 불분명하고 확신이 없다.

셋째, 강도(intensity)다. 이것은 꿈의 시각화에 부여하는 감정의 양을 말한다. 어떤 것을 원하면 우리는 그것에 흥분하고 몰입하여 열정을 갖게 된다. 이렇게 목표가 달성될 것이라고 강하게 믿으면 훨씬 빨리 이루어진다.

마지막으로, 지속시간(duration)이다. 이것은 꿈을 마음속에 잡아두는 시간을 말한다. 상상하는 시간이 길수록, 반복해서 볼수록 실현될 가능성은 커진다. 이렇게 하면 잠재의식에 명령처럼 꿈이 수용되고 우리 자신은 그와 일치되도록 조정된다.[11]

기회가 있을 때마다 시각화를 통해 머릿속을 이상적인 그림으로 가득 채우자. 그리하면 잠재의식은 우리가 그린 성공 이미지에 맞도록 우리의 말과 행동, 감정을 조절하여 꿈의 성취를 향해 나아갈 것이다.

목표추적 메커니즘을 작동시킨다

목표를 기준으로 현재의 행동을 결정하는 능력을 '목표추적 메커니즘'이라 부른다. 이는 누구에게나 있다.

야구경기에서 중견수가 높이 뜬 공을 재빠르게 잡는 장면보다 더 멋진 광경이 있을까. 공이 어디에 떨어지고 교차 지점이 어디인지 계산하기 위해 중견수는 공의 속도와 하강 곡선, 방향, 바람, 초기 속도, 그리고 점진적인 속도의 감소율 등을 고려해야 한다. 또한 그는 얼마나 빨리 달려야 하는지, 공이 떨어지기 전이나 아니면 동시에 목표지점에 도달하기 위해 방향을 정해야 한다.

하지만 그는 자신의 행동에 대해서 생각조차 하지 않는다. 그의 목표추적 메커니즘은 눈과 귀를 통해 수집한 데이터로부터 그 거리를 계산한다. 두뇌 속의 컴퓨터는 이러한 정보를 받아들이고 그것이 저장된 데

이터 곧 공을 잡았을 때의 성공과 실패에 대한 기억과 비교한다. 필요한 모든 계산은 순식간에 이루어지고 다리에 명령을 내려서 그가 달릴 수 있도록 한다. 그리고 그는 마침내 정확한 낙하지점을 포착하여 공을 잡는다.[12]

목표를 달성하는 과정도 이와 마찬가지다. 우리가 목표를 정확히 인식하면 자동 성공 메커니즘이 작동되기 시작한다. 자기 자신 안에 있는 이 장치가 성공적으로 작동하도록 자신의 본성에 맡기라. 신뢰하라. 반드시 이루어질 것이다.

그런데 혹시 이런 경험은 없는가? 생각나는 대로 중구난방 일을 했다가 정작 중요한 일을 놓치고 만 경우, 또는 자신이 노력한 시간에 비해 성과가 턱없이 적다고 생각한 경우 등 말이다. 이것은 전적으로 일을 함에 있어서 우선순위와 계획을 세우지 않았기 때문이라고 할 수 있다.

진정으로 성공한 사람들은 작은 일들을 하나하나 이루어가면서 보다 새롭고 나은 방법을 찾기 위해 노력한다. 또한 자신의 성과에 대한 정기적인 점검을 한다. 계획 없는 목표는 단순하고 일차적인 소망과 다를 것이 없기 때문이다.

이제부터 우리도 단기, 중기, 장기의 목표들로 이루어진 알찬 인생 계획을 세우자. 단번에 최고가 되려는 욕심을 갖기보다는 작은 목표를 세워 나가자. 작은 일이라도 하나씩 이루어나가는 기쁨은 정신건강에 도움이 될 뿐만 아니라, 자신감을 되찾는 지름길이다.

한 마라톤 선수가 있었다. 그는 출전하는 경기에서 매번 우승을 차지했고, 사람들은 그를 보고 타고난 마라톤 선수라며 감탄했다.

여느 때와 다름없이 우승한 그에게 어느 기자가 물었다.

"마라톤은 장거리라서 지치기 쉽지 않습니까, 그런데도 매번 결승 테이프를 끊을 수 있었던 비결이 무엇입니까?"

그는 웃으며 대답했다.

"비결은 아주 간단해요. 바로 결승점까지의 거리를 몇 단계로 나누어 뛰는 겁니다. 처음 단계의 마지막에서 내 자신을 격려합니다. '첫 번째 단계는 성공했어! 이제 다음 단계로 가는 거야!' 이렇게요. 각 단계를 다 뛰었을 때마다 성공했다고 여기면 쉽게 지치지 않거든요. 이렇게 뛰다 보면 어느새 결승점이 눈앞에 있지요."

그러기에 우리에게는 원시안과 근시안이 함께 필요하다. 원시안으로 멀리 원대하게 바라보면서, 동시에 근시안으로 자신의 발걸음을 또박또박 살펴야 한다.

꿈을 향한 과정을 즐긴다

꿈을 이루려면 그 과정을 즐길 줄 알아야 한다. 단지 목표지향적이 되어서 그 과정을 지겹게 여기거나 의무로 여기면 중도에서 포기하기가 쉽다.

알버트 그레이는 '성공의 공통분모'라는 주제의 연설에서 자신이 관찰한 성공한 사람들의 모습을 다음과 같이 말했다.

"성공하는 사람은 성공하지 못한 사람이 하기 싫어하는 일을 하는 습관이 있다. 물론 그들도 그런 일을 하고 싶지 않기는 마찬가지이다. 그러나 그들은 목적의식이라는 힘으로 그것을 극복하고 하기 싫은 일을 하고 싶은 일로 만든다."

지당한 말이다. 꿈을 이루려면 '해야만 하는 일'을 '하고 싶은 놀이'로 만들어야 한다.

2002년 월드컵의 영웅 거스 히딩크 감독이 우리나라 대표팀을 맡고 나서 가장 먼저 지적한 것은 '축구를 즐기라'는 것이었다. 히딩크는 선수들에게 늘 다음과 같이 강조했다.

"애국심으로 축구를 한다고 16강에 들 수는 없다."

그렇다. 요즘은 덜 하지만 한국 축구를 보면 왠지 태권도를 보는 듯한 느낌이 들 때가 있었다. 투지는 좋으나 유연하지 못한 것이 아쉬움이다. 반면에 브라질 축구는 어떠한가? 부드럽기 그지없다. 누가 보아도 예술이다. 축구를 즐기지 않고는 결코 몸에 익힐 수 없는 몸동작들이다. 왜 세계인은 메시와 호나우두에게 열광했는가? 그들의 유연한 몸동작은 물론 절묘하기 짝이 없는 타이밍 때문이었다. 이러한 것들은 결코 전투적으로 연습해서 얻어지는 것들이 아니다.

진정으로 즐겨라. 그러면 프로가 된다. 열정적으로 즐겨라. 그러면 불세출의 스타가 된다. 공부를 재미있어 하고 배우기를 즐기는 학생이 공부를 잘 하게 되어 있다. 가르치기를 좋아하는 교수가 명강의를 한다.

반드시 밀물은 온다

　세계 제일의 경영자이자 엄청난 부호로 이름을 날린 철강 왕 카네기의 일화다.

　카네기의 사무실 한켠, 화장실 벽에는 어울리지 않게 볼품없는 그림 한 폭이 걸려 있었다. 그것은 유명한 화가의 그림도 아니고, 그렇다고 그림 솜씨가 뛰어난 작품도 아니었다. 그림에는 그저 커다란 나룻배에 노 하나가 아무렇게나 놓여 있을 뿐이었다. 그러나 카네기는 이 그림을 보물처럼 아꼈다고 한다. 그 이유는 무엇일까?

　카네기는 춥고 배고팠던 청년 시절에 그 그림을 만났다. 그리고 그림 속, 나룻배 밑에 화가가 적어 놓은 다음 글귀를 읽고 희망을 품었다고 한다.

　"반드시 밀물이 밀려오리라. 그날 나는 바다로 나아가리라."

　카네기는 이 글귀를 읽고 '밀물'이 밀려올 그날을 기다렸다. 비록 춥고 배고픈 나날의 연속이었지만 그 글귀는 카네기가 시련을 극복하는 데 원동력이 되어 주었다. 그리고 마침내 세계적인 부호가 된 카네기는 자신에게 용기를 심어 준 나룻배 그림을 고가에 구입해 화장실 벽에 걸어 놓은 것이었다.

　우리에게도 카네기처럼 반드시 밀물이 올 것이다. 마음속에 커다란 꿈을 품고 확신을 갖자. 바다로 나아갈 준비를 하자. 바로 지금부터 말이다.

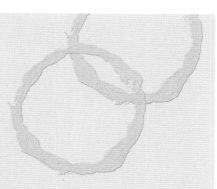

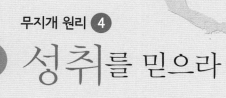

무지개 원리 ④

성취를 믿으라

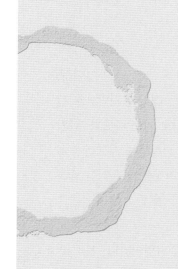

[감성계발] 둘_성취를 믿기

오스트리아 빈 유학시절 인스부르크라는 도시를 여럿이서 승용차로 다녀올 일이 있었다. 차주인 엄마와 아들, 유학생 하나와 나, 이렇게 넷이서 동승하였다. 귀가 중 고속도로에서 갑자기 차가 중심을 잃고 가드레일을 받은 후 공중으로 높이 솟구치더니 세 바퀴를 굴러 멈추어 섰다. 영화에서나 볼 수 있는 스릴 만점의 곡예였다. 차가 공중에서 돌고 있는 찰나, 나의 뇌리에 생각 하나가 섬광처럼 스쳤다.

"어, 난 할 일이 있는데."

그리고 차는 거꾸로 뒤집힌 채 섰다. 타이어가 펑크가 났던 것이다. 우리 모두는 무사했다. 하나둘 생존이 확인되었고, 내가 마지막으로 간신히 안전벨트를 풀고 산산이 깨진 유리조각 사이로 기어 나왔다. 나가서 보니 차의 크랭크 축이 부러져 있었고 차체는 심각하게 찌그러져 있었다. 주변을 둘러보니 차 트렁크에 실려 있던 연장통이 유리를 뚫고 멀리 날아가 내동댕이쳐져 있었다.

"만일 저것이 차 안에서 돌아 머리를 쳤다면?"

또 하나 기적은 내가 운전석 옆자리에 앉게 된 사연이었다. 본래 인스부르크를 향할 때만 해도 나의 자리는 줄곧 안전벨트가 없는 뒷자리였다. 동행한 유학생이 운전석 옆에 앉아 교대 운전을 했기 때문이었다. 나는 돌아올 때도 당연히 뒷자리에 앉으려 했다. 그랬더니 그 유학생이 잠깐만 쉬고 싶다며 자리를 바꾸자고 했다. "그러면 다음 휴게소까지 그러자" 하고 자리를 바꾸어 앉았다. 그 유학생은 팔씨름으로 져본 적이 없고 타이슨처럼 목이 굵은 근육질의 체구였다. 사고 직후 서로 생존을 확인할 때 그가 말했다.

"차가 구를 때 그냥 앞자리를 두 손으로 꽉 잡았어요."

그의 그 굵은 목은 약간 금이 가서 깁스를 해야 했다. 만일 자리를 바꾸지 않았다면 필경 나는 그 자리에서 즉사하였으리라.

그 다음날 지방 신문에 사고 난 차체의 사진이 크게 실렸다. 그 밑에 이렇게 적혀 있었다.

'기적을 통과한 네 사람.'

나는 그 사진을 지금도 가지고 있다. 그리고 그 사진은 나에게 무엇을 추구하며 살아야 할지를 상기시켜 준다. 지금도 확신한다. 나를 살려 준 것은 그때 머리를 스쳤던 바로 그 생각이었다.

"어, 난 할 일이 있는데. 아직은 때가 아닌데."

그렇다. 나에게는 할 일이 있다. 그것이 내가 하루하루 살아가는 이유다.

[감성계발] 두 번째는 꿈의 성취를 믿는 것을 핵심으로 한다. 성취를 믿는 믿음, 곧 신념은 우뇌의 직관력의 발로다. 지나치게 논리적인 사람은 꿈의 성취를 잘 믿지 않는다. 장담도 하지 못하고 허풍도 못 떤다. 반면에, 우뇌가 발달된 직관의 사람들은 근거 없이 단박에 믿고, 감으로 확신한다.

꿈이 이루어지는 데 반드시 필요한 것이 믿음 곧 신념이다. 꿈이 방향타라면 신념은 추동력이라 말할 수 있다.

일단 꿈을 품었으면 그 다음 수순은 가능한 한 모든 에너지를 꿈의 성취에 집중하는 것이다. 그러기 위해서는 그 꿈이 이루어질지 안 이루어질지에 대하여 회의를 한다거나 염려한다거나 망설이는 태도를 지양해야 한다. 이를 한꺼번에 이루어내는 것이 바로 믿음 곧 신념이다.

신념은 무엇인가? 오직 이루어진다는 일념으로 일체의 분심을 떨치고 곧바로 행동에 옮기는 일사불란한 실천력이다.

영국의 사상가 존 스튜어트 밀은 이렇게 말했다.

"신념을 갖고 있는 사람 한 명의 힘은 관심만 가지고 있는 사람 아흔아홉 명의 힘과 같다."

신념을 갖고 있는 한 사람, 바로 이 사람이 가정을 바꾸고, 직장을 바꾸고, 사회를 바꾼다.

미국 '디즈니랜드'에는 이런 글이 새겨져 있다고 한다.

"If you can dream it, you can do it."(당신이 꿈꿀 수 있다면, 당신은 그 꿈

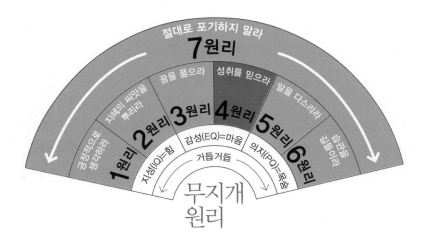

을 이룰 수 있다.)

이 문장은 꿈을 선언한 것이 아니라 꿈의 성취에 대한 신념을 선언한 것이다.

꿈을 품는 것까지는 누구나 할 수 있다. 하지만 신념을 갖는 것은 연습과 훈련을 필요로 한다.

신념(=믿음)의 심리학

스스로 믿는 대로 된다

촉망받는 한 여성 피아노 연주자가 있었다. 한창 기량을 키워 가던 어느 날, 그녀는 평소 존경하던 세계적인 피아니스트가 제자를 구한다는 소식을 접하게 되었다. 떨리는 마음으로 오디션에 임한 그녀는 만족스런 연주였다고 자부했지만 돌아온 답변은 싸늘했다.

"당신의 연주에서는 뭐랄까, 별다른 재능이 느껴지지 않는군요. 좋은 피아니스트로 성공하긴 글렀어요. 그만 돌아가세요."

엄청난 충격에 휩싸인 그녀는 그 후에 다시는 피아노를 연주하지 않았다.

세월이 흘러 평범한 중년 여성으로 살아가던 어느 날, 그녀가 사는 마을에 예전의 그 피아니스트가 찾아와 공연을 한다는 소식을 듣게 되었다. 문득 수년 전의 수모가 생각난 그녀는 피아니스트를 찾아가 따져 물었다.

"당신이 내 인생을 망쳐 놓았어요! 당신만 아니었다면 난 지금처럼 이렇게 평범하게 살진 않았을 거라고요!"

놀랍게도 피아니스트는 그녀를 똑똑히 기억하고 있었다.

"오 세상에, 당신이군요. 그날 당신의 연주가 아주 훌륭해 정확히 기억하고 있지요."

"그런데 그때 제게 왜 그런 모진 말을 했죠?"

"난 모든 기대주들에게 똑같은 말을 합니다. 이유는 간단해요. 세계적인 연주자가 되기 위해선 남이 뭐라 하건 자신을 믿는 믿음이 필요하니까요. 당신이 내 말 때문에 피아니스트의 길을 포기했다면, 분명 그 뒤에도 연주자에게 따르는 비난과 혹평을 견디지 못했을 거예요. 당신의 인생을 망친 건 내가 아닙니다. 바로 나약한 당신이지요."[13]

장밋빛 미래를 꿈꾸던 어린 피아니스트가 대가로부터 들은 따끔한 일침 한방에 와르르 무너진 것은 그 누구도 아닌 바로 그 나약한 자신 탓이었다. 자신에 대한 믿음, 이것이 없으면, 우리는 시련이 왔을 때 금세 굴복하고 만다.

아쉽게도 우리는 자신의 가치와 능력을 점수로 계량화하고, 다른 사람에게 일률적으로 평가받는 문화를 여전히 청산하지 못하였다. 그리하여 IQ, 등수, 학벌 등으로 자신의 능력에 일종의 선고를 내리고 사는 이들이 적지 않다.

스스로 믿는 대로 되는 법이다. 그러므로 꿈을 이루기 위해 필요한 것은 자신의 존재와 능력을 믿어주는 신념이다. 자신에게 말해 주자.

"나는 내 IQ보다 훨씬 능력 있는 존재다.

나는 내 등수나 학벌보다 훨씬 큰 존재다.

나는 내 능력보다 훨씬 가치 있는 존재다.

나에게는 이런 신념이 있기에 어떤 한계도 더 이상 넘지 못할 산이 아니다."

스스로 그리는 대로 된다

앞에서 언급한 바 있지만 신념과 관련하여 거듭 확인해 둘 것이 자아이미지다. 우뇌에 새겨진 자아상의 영향력은 실로 대단히 크다.

미국의 어느 초등학교에서 실시한 흥미로운 실험을 예로 들어보자. 실험에 협조한 교사가 학생들에게 이렇게 말했다.

"최근의 연구에 의하면, '눈동자가 파란 아이들이 갈색인 아이들보다 학습능력이 뛰어나다'고 발표했단다."

그런 뒤 교사는 아이들에게 자신의 눈동자 색을 작은 카드에 적어서 수업 중에 목에 걸게 하고, 일주일 동안 아이들의 모습을 관찰했다. 그 결과는 다음과 같다.

'갈색 눈'의 카드를 단 아이들은 학습의욕이 저하됐으며, '파란 눈'의 아이들은 성적이 눈에 띄게 향상됐다. 그런 후, 교사는 아이들에게 다시 말했다.

"저번에 발표된 연구결과는 잘못되었다는 주장이 나왔단다. '갈색 눈의 아이들이 파란 눈의 아이들보다 훨씬 뛰어나다'는 것이 옳다고 한다."

결과는 어떠했을까? 예상한 대로 이번에는 갈색 눈을 가진 아이들의 성적이 좋아지고, 파란 눈의 아이들은 학습의욕이 저하되었다.

이와 같이 자신이 어떤 이미지를 갖느냐에 따라, 같은 사람이라도 달라질 수 있다. 기존의 잠재의식에 새겨진 이미지는 오히려 자신의 한계로 작용한다. 그것을 바꾸지 않는다면, 더 나은 미래로의 도약은 불가능하다.

스포츠 세계에서도 우뇌의 능력은 확실하게 나타난다. 아무리 재능이 많아도 '우뇌 능력'을 발휘하지 못하는 선수는 승자가 되기 어렵다.

다른 사람을 이기기보다 자신이 최고가 되기 위해 잠재능력을 발휘하는 편이 훨씬 도전적이며 의욕을 증대해 주기 때문이다.

그러기에 유능한 선수들은 이렇게 말한다.

"세계적인 기록에 도전하고자 한다면, 우선 자신부터 최고로 만들어야 한다."

바로 이런 이유로 가풍, 학풍, 기업 문화 등이 중요한 변수가 된다. 긍정적인 발상과 격려로 자존감과 자긍심을 고취시키는 분위기를 조성하는 교육 풍토 내지 기업 문화야말로 '긍정적인 자아상' 형성에 결정적인 영향을 끼치기 때문이다.

스스로 말하는 대로 된다: 자성예언

앞서 '긍정적으로 생각하라'에서 노시보 효과에 대해 언급한 적이 있다. 부정적 예견을 갖고 행동하는 것을 뜻하며, 이는 긍정적 예견을 갖고 행동하는 것보다 훨씬 더 크고 나쁜 효과를 가져온다는 것 말이다. 그 생생한 증거가 여기 있다.

영국과 남아프리카의 네덜란드 이주민들 사이에 벌어진 보어전쟁이 한창일 때의 일이다. 남아프리카의 한 병사가 기소되었는데, 죄명은 바로 '낙심 죄'였다.

영국이 남아프리카의 작은 마을 '레이디스미스'를 침공하자, 그 병사는 마치 기다렸다는 듯 마을을 방어하던 동료 병사들에게 온갖 부정적인 정보와 불평을 늘어놓았다. 적들의 힘이 얼마나 대단한지, 적들의 공격을 막는다는 것이 얼마나 어려운지, 영국 군대가 얼마나 많은 국가를 점령했는지에 대해 말하면서 마을이 함락될 수밖에 없는 이유들을 떠들어 댔다.

병사는 총 하나 사용하지 않고 자기 마을을 공격한 꼴이었다. 그의 말은 총보다 더 강력한 위력을 가진 무기였다. 사람을 낙심시키는 것보다 더 좋은 무기가 또 어디 있으랴.[14]

이처럼 부정적인 것이든 긍정적인 것이든 신념은 그 자체로 힘을 지니고 있다. 그래서 신념이 지니고 있는 힘을 일컬어 염력(念力)이라 한다. 사회학자 로버트 머튼은 사람들의 신념이 현실로 이루어지는 것을 '자성예언'(自成豫言: self—fulfilling prophecy)이라고 명명했다.

오래전 미국이 불경기로 허덕일 때의 일이다. 사람들 사이에 한 은행이 망해 예금을 인출할 수 없을 것이라는 소문이 돌았다. 소문을 들은 많은 사람이 은행으로 달려가 예금을 인출해갔다. 그 결과 은행의 잔고는 금방 바닥이 나서 파산하고 말았다. 사람들이 믿었던 것이 현실이 된 것이다.

국가 경제나 국방에 위기가 왔을 때, 언론의 역할은 매우 중요하다. 말하는 대로 이루어지기 십상이기 때문이다. '망할 판이다', '파탄이다', '경기가 점점 안 좋아진다'는 말은 사실이 그렇다 하더라도 신중하게 써야 한다. 오히려 '희망적이다', '미래가 보인다', '극복할 수 있다'는 표현을 자주 쓰는 것이 좋다.

어폐가 있어 보이지만, 나는 사람들에게 자신의 미래에 대하여 가급적이면 장담도 하고 허풍도 치라고 권한다.

"두고 보세요. 내가 장차 얼마나 잘 될지!"

"우리 아이 대기만성입니다. 반드시 잘 풀릴 거예요."

이런 식으로 말이다.

신념은 꿈의 추동력이다

신념은 간절히 원한다

어느 날 한 제자가 스승에게 지혜를 얻는 방법을 물었다. 그러자 스승은 아무런 대답도 없이 제자를 강으로 데려가 얼굴을 강물 속으로 집어넣었다. 제자는 죽을 것만 같아서 스승의 손에서 빠져 나오려고 버둥거렸다. 그러나 스승은 두 손에 더욱 힘을 주었고 제자는 더욱 심하게 발버둥쳤다. 마침내 스승은 손에 힘을 풀고 제자를 물속에서 건져 주며 물었다.

"얼굴이 물속에 있을 때, 네가 가장 간절히 원했던 것은 무엇이었느냐?"

"숨을 쉬는 것이었습니다."

"그랬겠지. 지혜라는 것도 바로 그렇게 간절히 원해야 얻을 수 있는 것이다."

이 이야기가 우리에게 가르쳐 주는 것은 무엇일까. 바로 '삶은 우리가 진정으로 원하는 것만을 우리에게 준다'는 것이다.

꿈을 품어도 간절함이 없으면 쉽게 변경하거나 포기하고 만다. 하지만 신념이 있는 사람은 뚜렷한 목표를 끝까지 고수한다. 영국의 문인

벤자민 디즈레일리는 이렇게 말했다.

"성취의 비결은 목적의 불변에 있다. 하나의 목표를 가지고 꾸준히 나아간다면 성취한다. 그러나 사람들이 성취하지 못하는 것은 처음부터 끝까지 한길로 나가지 않았기 때문이다. 최선을 다해서 뚫고 나아간다면 만물을 굴복시킬 수 있다."

세상에서 강한 신념과 의지로 이루어낼 수 없는 일은 없다. 다만 해보지도 않고 쉽사리 포기하기 때문에 불가능한 일처럼 보일 뿐이다.

그러므로 점검해 보라.

내 꿈은 간절한가? 아니라면 신념이 없는 것이다.

나는 꿈을 향한 열정을 지녔는가? 아니라면 신념이 없는 것이다.

신념은 몰입하게 한다

꿈에 '신념'이 더해지면 집중하는 삶을 살게 된다. 우리는 한정된 시간에 선택해야 할 일이 너무 많은 세상에 살고 있다. 확실한 목적이 있으면 가치 없는 일에 시간을 낭비하지 않는다. 내면 깊숙이 '이것을 하겠다'는 강렬한 욕구가 있을 때 '저것은 하지 않겠다'고 말하는 것은 어렵지 않다. 중요하고 필요한 것에만 집중하여 선택적으로 살게 되기 때문에 모든 것이 효율적으로 이루어지게 된다.

주변의 사물도 목표와 관련지어 새롭게 인식하게 되고, 필요한 정보들이 눈에 띄며, 새로운 아이디어가 떠오르게 된다. '개 눈에는 똥만 보인다'는 속담처럼 우리의 대뇌에는 흥미를 느끼는 정보에만 선택적으로 관심을 기울이게 하는 필터가 있기 때문이다. 심리학에서는 이를 '선택적 주의'(selective attention) 현상이라고 하며, 시쳇말로는 '몰입'이라 부른다.

몰입은 불가능해 보이는 것도 가능하게 만든다. 예를 들어보자.

『몰입』의 저자 황농문 교수는 중학생들에게 미분 문제를 풀게 하였다고 말한다. 그는 학생들에게 난이도가 높은 미분 문제를 제시하고 2박 3일의 시간을 주었다. 이 실험에서 미분 개념을 전혀 배우지 않은 중학생들이 문제 하나를 끝까지 물고 늘어진 결과, 빠르게는 2시간 30분 만에, 늦어도 3일 후에는 모든 학생이 미분 문제를 풀 수 있었다고 한다.

수학적인 재능이 있든 없든, 문제를 해결하고자 하는 의지만 있다면 누구든 풀 수 있다는 것을 보여주는 결과다.

신념은 노력하게 한다

신념이 있는지 없는지를 보려면, 노력하는지 하지 않는지를 보면 된다. 신념을 지닌 자만이 노력한다.

주변 사람 모두에게 호감을 풍기던 한 청년이 있었다. 그런데 하루는 그 청년이 자신의 차고에 있던 자동차를 분해하고 있는 게 아닌가. 이를 이상히 여긴 이웃 노인이 이유를 묻자, 청년이 대답했다.

"어제 시카고에서 열리고 있는 자동차 전시장에 다녀왔어요. 자동차가 어떤 원리로 움직이는지, 어떤 구조로 이뤄져 있는지 너무 궁금했는데 알 수 있는 방법은 이것뿐이더라고요."

노인은 그런 이유로 덜컥 비싼 차를 분해하는 청년이 못마땅했다. 하지만 청년은 아랑곳하지 않았다. 청년은 모든 부품을 하나하나 자세히 살펴보며, 다시 자동차를 조립했다.

소문은 동네에 금세 퍼졌고, 그가 갑자기 미쳤다고 생각하는 사람도 있었다. 하지만 청년의 행동은 거기서 멈추지 않았다. 아예 다니던 직장까지 그만두고 본격적으로 자동차를 분해하고 조립하기를 반복했다. 사람들은 그에게 손가락질하며 비웃었다.

몇 년이 지난 어느 날, 청년의 이웃 노인은 신문을 보다 깜짝 놀랄 만한 기사를 접했다.

"크라이슬러사의 설립자, 월터 크라이슬러를 만나다."

바로 사람들의 숱한 손가락질을 받던 그 청년이었다. 기사 중간에는 이런 말이 있었다.

"……그러니까 당시 주민들이 다 나를 이상하게 봤습니다. 하긴 이상하게 보이는 게 당연했겠지요. 하지만 내겐 분명한 이유와 목적이 있었습니다. 자동차에 내 운명 모두를 걸어 보고 싶었던 겁니다. 확실한 목표와 꿈이 있었기 때문에 아무것도 두렵지 않았고, 아무것도 창피하지 않았습니다."[15]

이렇듯 꿈은 성취를 믿고 그것을 이루려 부단히 노력하는 자의 몫이다.

신념의 실행

3P 문장으로 말한다

우리의 '확신'은 의식이 잠재의식에 보내는 강한 메시지자 명령이다. 확신에 찬 긍정적 언어는 우리의 잠재력을 억누르던 제약들을 제거하고, 우리가 추구하는 그대로를 향해갈 수 있도록 적극적으로 도와준다.

심리학자들은 자신의 꿈을 '3P' 문장으로 선언하기를 권한다.

첫째, 자신에게 주는 메시지는 '포지티브'(positive), 곧 긍정적이어야 한다. 모든 부정적인 표현은 내용이 좋아도 뇌가 거부반응을 일으키기 때문이다.

둘째, '프레즌트'(present) 곧 현재형이어야 한다. '어떠어떠한 존재가 될 것이다', '되겠다' 등의 미래형이 아니라 '나는 개그맨이다', '나는 교수다', '나는 금연가다'라는 식으로 현재형이 되어야 한다.

여기서 주의할 점이 있다. 가급적이면 '반드시 해내고야 말겠다', '기필코 이뤄내겠다'는 식의 강한 의지의 표명을 피해야 한다는 것이다. 이런 표현은 우리의 의식에는 영향을 끼치고 도움을 줄지 몰라도, 무의식과 잠재의식에는 오히려 거부감이나 부담감을 초래해서 역효과를 낼 우려가 있다.

그러니까 자신에게 주는 메시지는 마치 속삭이듯이, 달래듯이, 어느새 스며들듯이 들려주어야 한다.

셋째, '퍼스널'(personal) 곧 '내가' 주어가 되어야 한다. '그 일은 이루어진다'가 아니라 '나는 그 일을 이룬다'라는 식이어야 한다. 이유는 '나'의 자의식에 주는 메시지여야 하기 때문이다.

이런 식으로 부드럽게 자신의 꿈을 선언하면, 우리의 무의식이 저항하지 않고 받아들인다고 한다.

나는 3P 문장보다 한걸음 더 나아간 버전을 예수의 가르침에서 발견했다.

"너희가 청한 것을 이미 받았다고 믿으면, 그대로 될 것이다"(1요한 5,15 참조).

이 말씀의 요지는 바로 3P 가운데 '현재형' 대신에 '과거형'으로 문장을 만들어 선언하라는 것이다. 이는 하나의 혁명적인 도약이다. 미래형도 아니고 현재형도 아닌 과거형이라니.

"나는 이미 개그맨이다."

"나는 이미 금연가다."

"나는 이미 하버드 대학생이다."

얼토당토않은 이 선언을 자주 해 보자. 스스로도 놀랄 일이 '이미' 벌어진 셈이다.

배짱 있게 행동한다

신념이 있으면 배짱이 생긴다.

고 정주영 회장이 5백 원짜리 지폐에 그려진 거북선을 보여주면서 영국에서 처음 선박 수주를 받아냈다는 무용담은 바로 신념에서 비롯된 배짱의 좋은 예다.

프랑스에 갑옷을 제작하는 한 유명한 가게가 있었다. 그곳 주인은 갑옷을 만드는 자신의 일에 강한 신념을 가지고 있었다. 어느 날 나폴레옹이 그의 가게에 와서 강철로 된 갑옷을 한 벌 만들어 달라고 요청했다. 얼마 후 주인은 나폴레옹에게 가볍고 견고한 재료로 만든 갑옷을 가져왔다. 이에 너무 가벼운 것을 보고 실망한 나폴레옹이 언짢은 표정을 지으며 말했다.

"갑옷이 이렇게 가벼웠던가? 강철로 만들라고 했는데, 이건 갑옷이 아니지 않은가?"

이에 제작소 주인은 자신감 있는 목소리로 대답하였다.

"황제 폐하. 이 갑옷은 가볍지만 총알도 통과하지 못할 만큼 매우 튼튼합니다. 한번 시험해 보셔도 좋습니다. 제가 입어볼 테니 제 가슴에 총을 쏴 보십시오."

나폴레옹은 그 주인의 말에 깊은 신뢰를 느끼고 흔쾌히 갑옷을 받았다.[16]

자신을 일류 기술자라고 확신하고, 자신이 만든 갑옷이 최고라고 믿는 제작소 주인의 태도에 나폴레옹의 마음이 움직인 것이다.

우리가 큰소리를 못 치는 것은 아직 신념이 부족하거나 없기 때문이다.

나도 신념의 허풍을 많이 치고 다닌 사람 중에 하나다. 그렇게 큰소리 쳤던 것은 대부분 이루어졌다. 물론 이루어지지 않은 것도 있다. 하지만 누가 뒤따라 다니면서 이루어졌는지 이루어지지 않았는지 일일이 조사하지 않으니 그것도 사실 염려할 일이 아니다. 그러니 마음 놓고 사람들한테 큰소리치라.

마치 이루어진 것처럼 행동한다

아주 오래전 아리스토텔레스 역시 이렇게 설파했다.

"용감해지려면 용감한 것처럼 행동하면 된다."

이 말의 메시지는 강력하고 통쾌하다. 용감해지고 싶은 사람은 많다. 하지만 그 방법을 말해 준 사람은 없었다. 방법은 의외로 간단하다. 마치 용감한 것처럼 행동하는 것이다.

전설적인 영화감독 스티븐 스필버그는 어려서부터 영화감독이 되는 것이 꿈이었다. 그가 열일곱 살이 되었을 때 그는 영화감독 '행세'를 하기로 결심했다. 그는 자신이 진짜 프로 감독인 양 정장 차림에 서류가방을 들고 유니버설 스튜디오를 들락거렸다. 그랬더니 사람들이 그를 진짜 영화감독으로 착각하여 섭외가 들어오기 시작했다. 그는 이제 영화계에서는 내로라하는 인물이 되었다.

채플린은 자신을 믿고 성공한 사람처럼 생각하고 행동해야 성공할 수 있다면서 이렇게 말했다.

"나 자신을 믿어야 한다. 나는 고아원에 있을 때도, 음식을 구걸하러 거리에 나섰을 때도 '나는 이 세상에서 가장 위대한 배우다'라고 나 자신에게 말했다."

성공한 사람처럼 생각하고, 목표를 달성한 것처럼 행동하면 우리에게 놀랄 만한 일이 일어난다. 이런 이유로 나의 신념 철학이 성립한다.

"마치 이루어진 듯이 행동하라!"

어떤 종교가 되었든지 이런 신념이 신앙으로 연결되면, 그땐 하늘도 감동할 것이다.

미국 중서부 지방의 어느 작은 농촌 마을에서 일어난 일이다. 어느 해 오랫동안 가뭄이 계속되었다. 사람들은 어찌해야 할지를 모르고 있었다. 모든 농작물이 타들어가고 논바닥이 갈라지는 등 문제가 점점 심각해지자, 그 지역 교회들도 하나가 되어서 비가 오기를 바라는 기도 모임을 열기로 하였다.

그때 그 지역의 한 교회에서 있었던 일이다.

기도모임을 하기 위해 사람들이 모였다. 많은 신도가 교회를 가득 메웠다. 그 맨 앞줄에 어린 소녀가 앉아 있었다. 그 아이는 흥분으로 얼굴이 상기돼서 천사처럼 빛났고, 옆에는 빨간색 우산이 놓여 있었다. 다른 사람은 그저 기도를 하러 왔지만 그 소녀는 하느님의 응답을 보기 위해 왔던 것이다.

비를 달라고 기도할 때 '우산'을 가져오는 소녀의 행동, 이것이 바로 진정한 믿음이다. 이처럼 믿음에서 나오는 행동은 무의식적이고 비계획적인 일련의 행동들과는 전적으로 다르다.

과연 우리는 성취를 달성한 후의 자세를 준비하고 있는가? 구하는 것을 이미 받았다고 믿고 확신으로 행동하고 있는가?

신념은 바위도 뚫는다

　중국에 이광이라는 사람이 밤에 산길을 걷고 있는데 갑자기 큰 호랑이가 달려들었다. 그는 깜짝 놀라서 가지고 있던 활로 있는 힘을 다하여 호랑이를 쏘았다. 그러나 화살이 박힌 호랑이는 조금도 꿈틀하지 않았다. 이상하게 생각되어 가까이 다가가 살펴보니 그것은 다름 아닌 호랑이 모양을 한 커다란 바위였다.

　"아니, 내가 화살로 바위를 뚫었다니!"

　이광은 신기하게 여겨 한 번 더 바위를 향하여 화살을 쏘아 보았다. 그랬더니 이번에는 화살이 그만 튕겨져 나와 버렸다.[17]

　이처럼 신념은 그 자체로 힘을 지니고 있다. 바위를 뚫을 수 있을 만큼 강한 힘. 그것이 바로 '신념의 힘'이다.

무지개 원리 **5**

말을 다스리라

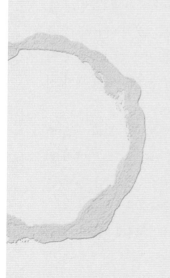

[의지계발] 하나_말 다스리기

여덟 살 때쯤이었던 걸로 기억한다. 한동네에 네 살 위 '부선'이라는 이름을 가진 형이 있었다. 하루는 동네 아이들 다 보는 앞에서 둘이 커다란 미루나무 높이 오르기 시합을 벌였다. '억 만 원 내기' 게임이었다.

내가 자신 있게 먼저 나무에 올랐다. 거의 나무 꼭대기 근처에 손을 탁치고 의기양양하게 내려왔다. 다음은 부선이형 차례. 그런데 형은 나보다 한 뼘 정도 더 위쪽을 터치하고 내려오는 것이 아닌가. 요즘 '룰'을 따르면 2차 시기 도전이라는 것이 의당 있어야 하겠지만 당시 순진했던 초등학교 아이들에게 그런 개념은 없었다. 영락없이 내가 진 것이었다!

나는 약속한 그 '억 만 원'을 갚아주느라 정말 한동안은 코피 터질 뻔하였다. 가지고 있던 구슬 다 주고, 매일 가방 들어다 주고, 집에서 떡 하는 날 떡 가져다주고 하는 등. 그 어린 꼬마가 어렵사리 '억 만 원'을 갚아줘야 했던 날들에 대한 기억은 여전히 새록새록하다.

그것이 더욱 새삼스러운 것은 '약속'의 엄중함을 호되게 배워야 했던 사건이었기 때문일 터다. 그 일 이후 나의 가슴에는 "말로 한 약속은 반드시 지켜야 하는 것"으로 각인되어 있다. 그래서인지 지금도 약속을 잘 안 지키는 사람은 좋게 보이지 않는다.

그렇게 보면, '억 만 원'어치 고생으로 돈으로는 살 수 없는 배움을 얻었으니 가히 손해 본 장사는 아니렷다.

말에 관한 유별난 기억은 역시 유년 시절과 닿아 있다.

초등학교 시절 내가 유난히 산수를 잘하는 것을 보고 친구들이 '수학박사'라는 별명을 붙여 주었다. 이 말은 나에게 독특한 취미를 갖게 해 주었다. 중학교 때에도 고등학교 때에도 잘 안 풀리는 수학문제 푸는 것이 취미였던 것이다.

내가 자주 들은 별명 가운데 '차돌'도 있다. 성이 차 씨라서 그런지 얼굴이 까무잡잡해서 그런지 사람들이 나를 보면 언뜻 차돌이 연상되는 모양이다. 이 별명은 줄곧 나의 의식구조에 뿌리를 내린 것 같다. 그래서 무슨 일에건 열성적이고 다부진 편이다.

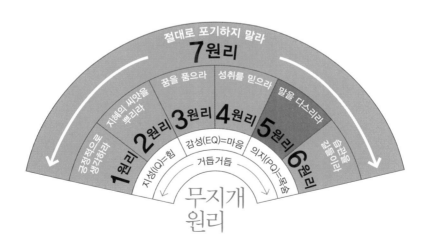

초등학교 졸업식 날 선생님의 마지막 말씀은 아직까지 귓전에 생생하다.

"여러분, 이 세상에는 있어서는 안 되는 사람, 있으나마나 한 사람, 꼭 있어야 하는 사람, 이렇게 세 종류의 사람들이 있습니다. 여러분은 여기 차동엽 어린이처럼 집에서도, 학교에서도 꼭 필요한 사람이 되기를 바랍니다."

나의 가정 사정을 잘 알고 계시던 선생님의 이 말씀은 지금도 나를 동행하고 있다. 의무감이 아닌 즐거움으로.

[의지계발] 첫 번째는 말 다스리기를 핵심으로 한다. 말은 의지의 표출이다. 인간이 자신의 의지를 밖으로 표현하는 방식은 두 가지다. 하나는 '말'이고 다른 하나가 '습관'이다. 그래서 '무지개 원리 5'가 '말을 다스리라'고 '무지개 원리 6'이 '습관을 길들이라'가 된다.

말은 우리가 상식적으로 알고 있는 것보다 훨씬 큰 영향력을 발휘한다. 그러기에 무지개 원리 일곱 가지 가운데 하나만 고르라고 한다면, 나는 서슴지 않고 '말 다스리기'를 고른다. 왜냐하면 '말'은 그 앞의 생각, 지혜, 꿈, 신념을 모두 담아낼 뿐 아니라, 결국 습관과도 상관되기 때문이다.

그러면 이제 말의 다이내믹에 관심을 기울여 보자.

말은 씨가 된다

인생을 바꾸는 말

　유다인의 지혜서 『탈무드』에 이런 이야기가 있다. 어떤 왕이 광대 두 명을 불러 한 사람에게는 이 세상에서 '가장 악한 것'을 찾아오라고, 또 한 사람에게는 '가장 선한 것'을 찾아오라고 명령했다. 얼마의 시간이 흐른 후 두 광대는 답을 찾아 왔다. 그런데 두 광대의 답은 같았다. 그들은 모두 '혀'라고 답했다.

　그렇다. 혀는 어떻게 사용하느냐에 따라 약이 될 수도 있고 독이 될 수도 있다.

　말은 한 방으로 사람을 죽이기도 한다.

　언젠가 지존파의 대부였던 청년이 법정에서 사형 선고를 받았다. 그가 죽을 때에 한 말이 의미심장하게 다가왔다.

　"17년 전, 저는 초등학교 다닐 때에 학교 선생님한테 미술 시간에 크레파스를 가지고 오지 않았다고 꾸지람을 호되게 받았습니다. 저는 그 당시 너무나 가난해서 가지고 올 수가 없었는데 그 말을 차마 할 수가 없었습니다. 그러자 선생님은 '너는 왜 말을 듣지 않느냐?'라고 화를 내시면서 매를 때렸습니다.

나중에는 '준비물을 가져오라면 훔쳐서라도 가져와야 될 것 아니냐?' 라고 했습니다. 그때부터 저는 빗나가기 시작했습니다. 초등학교 선생님의 그 한 마디가 내 일생을 바꿔 놓았습니다. 그때부터 저는 물건을 훔치기 시작했고 훔치는 것이 재미있었습니다. 도적질을 시작한 것이 내 운명을 이렇게 만들었습니다."

어린 자녀들을 향한 말 한마디 잘못이 이런 무서운 결과를 가져올 수 있다는 것을 우리는 알아야 한다. 특히 어린 자녀들에게 향한 말은 그대로 그들의 인생에 뿌리 박혀 깊은 영향을 끼친다. 말은 이처럼 힘이 있다.

반면, 격려의 말 한마디가 기업의 분위기를 확 바꿔버리기도 한다.

수년전 미국의 트럭 서비스 회사인 PIE에서 있었던 일이다. 그 회사는 운송계약의 60%가 배송이 잘못되는 바람에 매년 25만 달러에 달하는 손실을 감당하고 있다는 것을 알게 됐다. 이에 긴급 고용된 품질관리의 대가 W.에드워드 데밍 박사는 회사 작업 인부들이 컨테이너를 제대로 식별하지 않아서 발생된 문제임을 밝혀냈다.

회사의 고위간부들은 회사 전반에 걸쳐 대대적인 개선을 하기로 결정하고 데밍 박사의 조언에 따라, 인부들이 자기 자신에 대해 생각하는 방식을 바꾸는 데 도움을 줄 수 있도록 주력하였다. 즉 인부들의 호칭을 "트럭 운전사" 대신 "장인"(匠人)으로 부르게 하였다. 대다수 사람은 '과연 호칭을 바꾼다고 효과가 있겠는가?' 하고 의심했다. 그런데 정말 이렇게 부른 지 한 달 정도 만에 배송 관련 실수는 10%로 줄어들었다.[18]

결국 인부들을 부르는 '말'을 바꾸자 그들의 생각이 바뀌게 되었고, 자신에 대한 생각을 장인처럼 여기게 되면서 일을 완벽하게 처리할 수 있게 된 것이다.

말씨

평소 사람들이 말하는 모양새를 '말씨'라 부른다. 이는 말이 '씨'가 된다는 통찰이 반영된 표현이다.

말씨는 뜻 그대로 씨가 되어 그에 상응하는 열매를 맺는다. 그러기에 그 사람의 말씨를 보면 그 사람의 미래를 알 수 있다.

사회심리학자 에리히 프롬은 인간 사회에서 실패한 자, 이기주의자, 정신병자들을 연구한 결과 다음과 같은 공통점을 발견했다고 한다. 그것은 그들이 사용하는 말에 나타났다. 즉, 그들은 모든 것을 비난하고 비판한다는 것이다. 그러기에 다른 사람들의 인격에 대한 배려도 없고, 이해도 없으며, 교만했다. 요컨대, 말씨가 곱지 않은 사람들의 말로가 불행하게 나타난다는 것이다.

이와 비슷한 예가 있다. 1950년대 미국 위스콘신 대학 우수 문학 지망생들이 교내 정기 모임을 만들었다. 그 자리에서 각자 쓴 소설과 시를 발표하면 가차 없이 서로의 결점을 비평했다. 그것이야말로 그들의 창작에 도움이 되는 작업이라 여겼기 때문이다.

한편 여학생들끼리 중심이 된 또 하나의 모임이 있었다. 그 모임에서는 서로 혹평은 일절 피하고 좋은 부분만 찾아내 칭찬했다.

10년 후, 그 여학생들 중 대부분이 훌륭한 작가가 되었다. 그렇지만 그토록 유망하던 위스콘신 대학의 문학 지망생들 중에서는 단 한 명의 뛰어난 작가도 나오지 못했다고 한다.[19]

이렇듯이 가시 돋친 말, 비꼬는 대답, 비평의 이름으로 날리는 날선 평가, 이러한 말들은 결국 서로를 죽이는 결과를 초래한다.

나는 EBS의 모 프로에서 두 차례에 걸쳐 TV특강을 한 적이 있었다. 녹화 전 방송 팀에서는 짬짬이 나를 찾아와 평소 연구소에서의 모습이라든가 강의 현장에서의 모습 등을 카메라로 담아 갔다. 자연스러움을 살리기 위하여 모든 과정이 예고 없이 진행되었다. 그러는 가운데, 연구소 연구원들과 회의하는 장면을 찍고자 했다. 카메라가 대동된 갑작스러운 회의소집이었음에도 불구하고 우리끼리는 늘상 하던 회의라 가볍게 찍었다. 문제는 그 다음이었다. 카메라맨이 기습적으로 한 명 한 명에게 인터뷰를 시도했다.

"평소 신부님을 어떻게 생각하고 계셨습니까?"

긴장들은 했지만 그럭저럭 임기응변으로 좋게 대답을 해 주어서 마음속으로 '휴우' 하고 안도하고 있던 찰나, 최고참 연구원에게 카메라가 돌아갔다. 순간적으로 긴장감이 나를 덮쳤다. 평소 폭탄 발언(?)을 서슴지 않던 친구였기 때문이었다.

"신부님을 통해서 저는 '하면 된다'는 사고방식을 배웠습니다. 사실 저는 연구소에서 어떤 프로젝트를 추진할 때마다 '저건 안 돼'라고 생각했던 적이 많았지요. 그런데 모두가 불가능하다고 생각했던 것들도 신부님께서는 '된다', '할 수 있다'며 저희들을 격려하셨고 결국 목표달성을 해냈습니다. 저는 이 과정을 수없이 지켜보면서 이전에 부정적이었던 제 자신이 지금은 긍정적인 사람으로 변화되었음을 느끼고 있습니다."

예상치 못했던 '멋진 말'이었다. 나를 칭찬해서가 아니라 그의 바뀐 사고의 발로이기에 '멋지다'는 뜻이다. 나의 곁에 있는 사람이 나를 통해 변화되었다는 것보다 더 기쁜 소출이 또 무엇이랴.

그렇다. '안 된다'고 하지 마라. '안 된다'는 생각을 버리라.

거듭 밝히거니와 말씨는 힘이 있다. 우리가 별 의미 없이 툭툭 내뱉는 부정적인 말씨 역시 힘이 있다.

그러므로 기왕이면 긍정적인 말씨를 입술에 배게 할 일이다. 긍정적인 말씨를 '반복'하고 '연습'하면 우리의 미래 또한 그대로 펼쳐질 것이다.

아프리카 부족의 첨단 언어 문화

나는 사회병리현상에 대하여 '비판 운동'보다는 '대안 운동'을 더 선호한다. 말과 말씨의 효력에 대한 나름의 깨달음이 있었기 때문이다. 나는 확신한다.

"칭찬이 질책보다 훨씬 강한 힘을 발휘한다."

남아프리카의 바벰바 부족사회에서는 범죄행위가 거의 일어나지 않는다고 한다. 행여 그런 일이 발생할 경우, 그들은 우리와는 사뭇 다른 절차로써 죄를 지은 사람을 일깨워 준다고 한다.

내용은 이렇다. 규범에 어긋난 행위를 저지른 부족원을 마을 한가운데에 세우고 모든 부족원이 그를 에워싼다. 그 다음에는 차례로 돌아가면서 그가 그동안 베풀었던 선행, 본받을 만한 점 등을 하나씩 이야기한다. 반면, 그에 대한 불만이나 반사회적 행위에 대한 비판은 일절 말하지 않는다.

그렇게 부족원 전체가 잘못을 저지른 그 부족원의 칭찬거리를 다 찾아내 말해 주고 나면, 의식이 끝나게 되고 즐거운 축제가 벌어진다. 잘못을 저지른 부족원이 다시 부족 일원으로 환영받으며 되돌아오게 되는 것이다.

이 같은 심판은 잘못한 이의 자존심을 최대한 살려주면서 그로 하여금 부족의 기대에 어긋나지 않게 살도록 만드는 효과를 갖게 한다고 한다.[20]

우리가 흔히 미개하다고 깔보기 쉬운 원주민들이 오히려 긍정의 심리학을 능가하는 첨단 언어 문화를 가지고 있다는 사실에 경탄을 금치 못한다.

영국의 종교 시인 조지 허버트는 칭찬의 위력을 유머러스하게 말한다. "칭찬하는 데는 비용이 거의 들지 않는다. 그러나 그 효과는 대단하다."

말의 과학

말은 살아 있다

무심코 내뱉은 말은 살아서 움직인다. 누군가의 가슴에 박혀서 영향력을 행사하는 것이다. 이에 대하여 에밀리 디킨슨은 다음과 같이 읊었다.

어떤 이들은 말한다.
입 밖에 나오는 순간
말은 죽는다고
나는 말한다, 말은
바로 그 날
살기 시작한다고.

맞는 말이다. 말은 살아서 움직인다. 말은 누군가의 마음에 들어가서 자리를 잡고 좋은 쪽으로든 나쁜 쪽으로든 계속 영향을 끼친다. 그러므로 데일 카네기의 다음과 같은 말을 우리는 깊이 새겨둘 필요가 있다.

"이제 우리는 아주 쉽게 이 세상의 행복수치를 증가시킬 수 있다. 어떻게 그렇게 할 수 있냐고? 외롭거나 용기를 잃은 누군가에게 진심으로 존중하는 몇 마디의 말을 건네는 것, 그것으로 충분하다. 오늘 누군가에게 무심코 건넨 친절한 말을, 당신은 내일이면 잊어버릴지도 모른다. 하지만 그 말을 들은 사람은 일생 동안 그것을 소중하게 기억할 것이다."

이렇듯 말은 자신이 내뱉은 말이든, 타인으로부터 듣는 말이든 언제나 상호 호환적이며 동시에 영향을 끼친다.

'언령'(言靈)이라는 말이 있듯이 말은 마치 인격체처럼 움직인다. 말은 가장 먼저 자신을 움직이고 이웃을 움직이고 심지어 군중도 움직인다.
그러므로 현실을 토대로 진술적인 말을 하지 말고, 꿈을 토대로 희망 사항을 선언하라. 소박하게 선언하라. 굳이 힘주어 말하지 않아도 반복된 선언이 자신의 무의식에 이미 이루어진 사실로 각인될 것이다.

말 이론의 대가 사토 도미오 교수는 말한다.
"언어학의 분류에 의하면 언어에는 '내언어'(內言語)와 '외언어'(外言語)의 두 종류가 있다. '내언어'는 소리 내지 않고 자신의 마음속에서 사용하는 언어를 말하며 '외언어'는 다른 사람과의 의사소통 등에 사용되는 언어, 즉 소리 내서 말하는 언어를 뜻한다.
우리가 자신의 생각을 말로 표현하고자 할 때 먼저 주목해야 할 것은 '외언어'다. 당신이 소리 내서 말할 때 그 말은 눈앞에 있는 상대에게만 전달되는 것이 아니다. 오히려 자기 자신에게 더 많이 전해진다. [······]
당신이 쓰는 말에 주의를 기울이는 것도 중요하지만 소리 내는 말, 특히 평소의 '입버릇'에 신경 쓸 필요가 있다."[21]

고로 내가 내뱉는 말은 타인을 향하기 전, 내게 먼저 온다. 그러하니 얼마나 신중을 기해야 할 것인가.

말은 모든 신경계를 지배한다

최근 신경의학계에서는 뇌 속의 언어중추신경이 모든 신경계를 지배하고 있다는 것을 발견하고, 이것을 정설로 받아들이고 있다. 언어가 인간의 모든 몸(행동)의 신경을 지배할 수 있다는 것이다. 결국, 언어가 인간의 삶(행동)을 지배한다고 볼 수 있다.

이러한 원리를 치료에 적용한 것이 '언어치료법'(Word Therapy)이다. 이는 환자에게 하루 두세 차례 일정시간(10~15분) 언어치료법을 시행하는 것으로, 만약 당뇨병 환자라면 "나의 혈당치는 정상이 되고 있다"라고 10분 정도 반복해서 말하게 하면 탁월한 효과가 나타난다는 것이다.

또 수술환자가 회복할 때 가족이 병간호를 해 주는 때가 그렇지 않은 때보다 훨씬 적은 '진통제'를 필요로 한다고 한다. 곁에 있으면서 해 주는 격려의 말 때문이다. 이는 육체에서만 일어나는 현상이 아닐 것이다. 정신적인 고통을 겪을 때도, 사랑하는 사람이 해 주는 말 한마디가 강력한 진통효과를 발휘하는 것이다.

"걱정 마, 내가 곁에 있잖아."

"힘내!"

"사랑합니다."

"내 인생 최고의 행운은 당신을 만난 것이랍니다."

"나는 당신이 자랑스러워요."

"당신은 할 수 있어요."

이런 말들의 효력인 것이다.

말의 영향력은 이 이상이다. 미국의 한 병원에서의 일이다. 어느 환자가 수술을 받았는데 회복되기는커녕 자꾸만 증세가 악화되어 갔다. 주치의를 비롯한 의료진들이 연일 모여 환자의 상태를 체크하고 분석해 보았지만 도통 그 이유를 찾아낼 수 없었다. 의학적인 시술도 완벽했고 병 역시 그리 심각한 것이 아니었는데도 불구하고 환자가 소생할 기미를 보이지 않자, 다들 긴장하기 시작했다.

그날도 의료진들이 모여 회의를 하고 있었는데, 갑자기 한 의사가 자리를 뜨더니 환자를 찾아갔다. 의사는 환자에게 가서 이렇게 말했다.

"나는 당신의 수술 준비를 도왔던 의사입니다. 그런데 마취 상태에 있던 당신에게 그만 심한 농담을 했어요. 그게 자꾸만 마음에 걸려 사과를 하고 싶었지만 기회를 못 얻고 여기까지 왔습니다. 나를 용서해 주겠습니까?"

환자는 처음에 눈이 동그래졌으나 이내 입가에 미소가 번졌다.

"나도 모르는 것을 어떻게 용서하나요? 하지만 그렇게까지 자신에게 진실한 의사를 만날 수 있다는 것이 내게는 행복입니다."

놀랍게도 그날부터 환자의 병세는 눈에 띌 정도로 호전되기 시작했다 한다. 참으로 무서운 메시지를 담고 있는 이야기다. 굳이 귀담아 듣지 않아도 우리 귓가를 스쳐 지나가는 말들이 얼마나 우리 내면에 깊은 영향을 끼치는지를 여실히 드러내주는 사례기에.

언어 문화를 바꾸면 사회가 바뀐다

말은 그 사회의 문화를 반영한다.

예를 들어보자. 공영방송 TV의 성탄특집 편에 초대되어 강의를 했을 때의 일이다. 강의 후 직접들은 피드백 가운데 가장 재미있던 것은 경상도 진주에서 올라온 이야기였다. 나를 좋아하시는 분 중 한 분이 전해 준 사연이었는데, 그날 내 강의에서 '사랑해'라는 말의 '외국어론'을 듣고 동네에서 토론이 벌어졌다는 것이었다. 외국어론이 무엇일까? 이를 위해 그 강의 한 대목을 재현해 보자.

"(방청객을 향해) 여러분, 여기 경상도 분 계시죠. 그리고 안방에서 TV를 시청하고 계신 경상도 분들도 한번 생각해 보시기 바랍니다. 제가 보니까 경상도 분들 자기 배우자에게 '사랑해!'라는 말을 도무지 못 하더라구요. 아무리 외향적인 연예인이라도 그 말을 못하고 진땀을 흘리는 걸 봤어요. 여러분, 왜 경상도 분들은 '사랑해'라는 말을 못할까요? 그렇게 씩씩한 분들이 말이에요. 왜 그런 줄 아세요? 그것은 그들에게 '사랑해'라는 말이 '외국어'이기 때문이에요. 평생 한 번도 입술로 발음해 보지 못한 단어이기 때문에 입술에 길도 안 나 있고 발음도 안 돼서 그러는 거예요. 그러기에 상대를 위하여 '사랑해'라고 말하고 싶으면, 이 말을 마치 영어 단어 외우듯 반복해서 연습해야 합니다."

이 말에 방송국 스튜디오에서는 웃음이 터져 나왔다. 그러면서 모두 고개를 끄덕였다. 나중에 듣고 보니 많은 경상도 분들이 이 말에 공감을 하셨던 것 같다. 그리하여 진주의 한 동네에서는 함께 토론을 하며 이 말에 맞장구를 쳐 주고 자신들도 한번 '사랑해'라는 외국어 단어를 연습해 보자고 웃으며 헤어졌다는 것이다.

그렇다면 '사랑해'라는 말을 표현하는 것과 안 하는 것의 차이는 무엇일까? 그 차이는 이 말을 반복해서 자주 할수록 서로간의 사랑은 증폭된다는 데 있다. 표현되지 않은 말은 생각에 머물지만 표현된 말은 현실로 구현되는 속성을 지니고 있다.

'사랑해'를 마음속에만 품고 있으면 문화 자체가 서먹서먹해진다.

언어는 곧 문화다. 자주 사용되는 언어를 보면 그 사회의 문화가 가

늠된다. 부정적인 사례에 해당하지만, 콜로라도 대학교 심리학과 교수인 O. J. 하비는 언어와 폭력의 상관관계를 다음과 같이 연구하였다. 즉, 세계 여러 나라의 문학 작품을 무작위로 추출하여 작품 안에서 인간을 차별하고 비판하는 단어의 사용 빈도를 조사해 도표화 했다. 그 결과, 비판적인 어휘 사용 빈도가 높을수록 비례하여 그 사회의 폭력 사건도 많다는 것을 알 수 있었다.

거친 언어를 사용하는 민족일수록 폭력적이라는 얘기다. 차제에 나는 한국의 영화문화를 얘기하고 싶다. 명절 때 흔히 개봉되는 조폭 영화만 보면 알지도 못하는 욕이 많이 나온다. 욕이 일상에서 들리는 것보다 훨씬 과장되게 나오는 경우도 많아 보인다. 이것이 우리나라를 폭력적으로 만드는 주범 아닐까. 요즘 문제시되고 있는 학원폭력도 이런 언어 문화와 깊은 관계가 있는 것이 아닐까.

우리가 평화로운 세상에서 살고자 한다면, 평화를 사랑하는 말들을 주변에 많이 퍼뜨려야 한다. 내 이웃에게부터 말이다.

어떤 말을 할 것인가

말을 아끼라

박제된, 입이 큰 농어 아래 다음과 같은 글이 적혀 있었다.

"내가 입을 다물었다면, 난 여기에 있지 않을 것이다."

농어가 한 말치고는 명언(名言)이지 않은가. 입 때문에 생겨나는 고통을 자처하지 말라는 교훈이다. 물고기나 사람이나 입을 잘못 열어서 낭패를 당하는 일은 비일비재하다.

말할 때는 매우 신중하게 하라. 한 번 한 말은 주워 담을 수 없다. 우리가 일단 내뱉은 말은 살아서 움직이는 능력이 있다. 그러니 되도록 남을 축복하는 말을 하라.

한 젊은이가 대중 연설과 웅변술을 배우려고 소크라테스를 찾아갔다. 그는 이 위대한 철학자에게 자신의 소개를 유창하게 쏟아냈다. 그런데 그가 너무 오래 이야기하는 바람에, 소크라테스는 지혜의 핵심부는 말할 것도 없고 그 가장자리에서 흘러나온 말 한마디도 제대로 가르쳐줄 기회를 갖지 못했다.

마침내 소크라테스는 그 젊은이의 손을 젊은이의 입으로 가져가 막고는 이렇게 말했다.

"여보게! 자네에게는 수업료를 두 배로 받아야 할 것 같네."

"아니, 왜요?"

"자네를 훌륭한 지도자로 만들려면 자네에게 하나가 아닌, 두 가지 원리를 가르쳐야 하기 때문이네. 첫째는 혀를 자제하는 법이네. 그리고 나서야 혀를 올바르게 사용하는 법을 배울 수 있을 걸세."[22]

말을 잘 하는 기본은 말을 자제하는 것이다. 마치 음악에서 중간 중간의 쉼표가 있기에 소리가 빛을 발하듯이, 경청을 기본으로 하여 발설되는 한두 마디 말이 빛을 발하는 것이다.

뉴욕의 어느 모임에서 저명한 식물학자를 만났던 데일 카네기는 훗날 그 만남을 이렇게 기록해 두었다.

"그날 나는 그 식물학자로부터 '가장 말주변이 좋은 사람'이라는 말을 들었다. 사실은 그렇지 않았다. 나는 식물에 관해 알고 있는 것이 거의 없어서 한 말도 별로 없었으니까. 나는 단지 진심으로 흥미를 느꼈기 때문에 관심을 갖고 들었을 뿐이다."[23]

역설적인 진실이다.

"가장 말주변이 좋은 사람은 경청하는 사람이다!!!"

진정성으로 말하라

TV 토론을 보면 말 잘하는 사람이 있고 말로 감동을 주는 사람이 있다. 지혜로운 청중은 나중에 전자에게보다 후자에게 더 후한 박수를 쳐준다. 그 갈림의 기준은 무엇일까. 바로 '진정성'이다.

어느 날, 한 어머니가 아들을 데리고 간디를 찾아와 말했다.

"선생님, 제 아이가 사탕을 너무 많이 먹어 이가 다 썩었어요. 아무리 타일러도 말을 듣지 않아요. 그치만 선생님 말씀이라면 통할 테니 잘 좀 타일러 주세요."

그런데 뜻밖에도 간디는 "한 달 후에 데리고 오라"고 말했다. 예상 밖의 대답에 아이 어머니는 조금 당황했지만 꾹 참고 한 달 후에 찾아 갔다.

그제야 간디는 아이를 타일렀다.

"얘야, 지금부터는 사탕을 먹지 말렴. 무엇보다 네 나이 땐 이를 튼튼하게 관리해야 한다."

"예! 선생님. 앞으론 사탕을 먹지 않을래요."

그제야 소년의 어머니가 참았던 질문을 간디에게 던졌다.

"아이에게 그 말씀 한 마디 해 주시는 데 꼭 한 달씩이나 걸려야 했나요?"

간디가 웃으며 대답했다.

"실은 나도 사탕을 무척 좋아해서 사탕을 즐겨먹고 있었지요. 그런 내가 어찌 아이한테 사탕을 먹지 말라고 할 수 있었겠습니까. 내가 사탕을 끊는데 한 달이 걸렸으니 이제 아이에게 당당히 말해 줘도 되겠다 싶었던 겁니다."[24]

말 한마디에도 진심만을 담으려 노력한 간디의 정직함이 돋보인다.

정치인에게 진정성은 생명과 같다. 캐나다의 전 총리였던 장 크레디앙은 1993년 총리가 된 이래, 2003년 퇴임 시까지 총리직을 3회나 연임했다. 그는 무역자유화를 확대하고 '무차별 원칙'이라는 이민정책을 벌여, 연간 100억 캐나다 달러의 무역흑자를 이룬 전설적인 인물이다.

그럼에도 그는 '시골호박'이라는 별명을 얻을 만큼 수수했고, 밤에 부인과 함께 동네 피자가게에 나타날 정도로 소탈한 성격을 지녔다.

하지만 그에게는 큰 어려움이 하나 있었다. 가난한 집안의 열아홉 형제 가운데 열여덟째로 태어난 그는, 선천적으로 한쪽 귀가 들리지 않고 안면 근육 마비로 입이 비뚤어져 발음이 어눌했다. 그의 어눌한 발음은 정치 만화가의 풍자 대상이 되기 일쑤였고, 작은 일도 크게 부풀려져 늘 호기심의 대상이 되었다.

그런 그가 선거유세를 다닐 때의 일이다.

"여러분, 나는 언어장애 때문에 오랜 시간 고통을 당했습니다. 하지만 지금은 언어장애 때문에 내 생각과 의지를 전부 전하지 못할까 봐 고통스럽습니다. 인내심을 가지고 내 말에 귀 기울여 주십시오. 내 어눌한 발음이 아니라 그 속에 담긴 내 생각과 의지를 들어주셨으면 합니다."

열정을 다해 연설하는 그를 향해 누군가 소리쳤다.

"한 나라를 대표하는 총리에게 언어장애가 있다는 것은 치명적인 결점입니다!"

그때 크레티앙은 단호한 목소리로 이렇게 말했다고 한다.

"나는 말은 잘 못하지만 거짓말은 안 합니다."

1963년 스물아홉 살의 나이로 하원의원에 당선된 뒤 40여 년 동안 정치생활을 해오면서 자신의 신체장애로 인한 고통을 솔직히 시인한 그는 오히려 국민들의 지지를 받았다.

말에 있어서 진정성은 무적이며 최강이다. 천하의 말재간을 능가하는 것이 진실인 것이다.

격려의 언어로 말하라

우리는 말을 먹고 자란다. 어떤 말을 듣고 자랐는지에 따라 그 결실이 달라진다. 미국 어느 교도소의 재소자 90%가 성장하는 동안 부모로부터 "너 같은 녀석은 결국 교도소에 갈 거야" 하는 소리를 들었다고 한다. 괴테는 이렇게 말했다.

"인간은 보이는 대로 대접하면 결국 그보다 못한 사람을 만들지만, 잠재력대로 대접하면 그보다 큰 사람이 된다."

그러므로 우리는 늘 희망적인 말을 습관화 해야 한다. 특히 자녀에게는 격려의 말이 보약이 된다는 사실을 잊지 말아야 한다.

'쿠션 언어'라는 용어가 있다. 이는 폭신폭신한 쿠션처럼 말랑말랑한 언어를 뜻한다. 예를 들어 '죄송합니다만', '번거로우시겠지만', '실례합니다만', '덕분입니다', '신세 많이 졌습니다', '고맙습니다' 등과 같이 상대방에 대한 세심한 배려와 정성이 느껴지는 표현이 여기에 속한다. 이를 통해 듣는 사람은 은연중에 신뢰감과 존중받는 느낌을 받게 된다.[25]

말은 생각을 형성하고 생각은 행동을 결정하며 인생을 만들어간다. 이것은 대뇌의 지령을 받은 자율신경계가 작용한 결과다.

여기에서 중요한 것은 자율신경에는 자타의 구별이 없다는 점이다. 내가 아닌 누군가에게 "당신은 잘 할 수 있습니다", "○○씨는 훌륭합니다"라고 칭찬할 때도 자율신경계는 '할 수 있다', '훌륭하다'는 말만 받아들여 유쾌한 상태가 됨과 동시에 그 말에 어울리는 행동을 하게 한다. 주어가 '나'이든 '당신'이든 상관없다는 말이다. 따라서 상대를 칭찬하는 말은 곧 자신을 축복하는 말이다.

주의할 것은 나쁜 말 역시 이와 같은 원리로 자기에게 적용된다는 사실이다. 결국 누군가에게 '저래서 안 된다니까', '엉망이군'이라고 말하는 것은 자기에게 말하는 것과 같다.

그러기에 성경에는 이런 말씀이 있다.

"집에 들어가면 그 집에 평화를 빈다고 인사하여라. 그 집이 평화를 누리기에 마땅하면 너희의 평화가 그 집에 내리고, 마땅하지 않으면 그 평화가 너희에게 돌아올 것이다"(마태 10,12-13).

원리는 간단하다. 우리가 축복의 말을 하면 최소한 자기 자신에게는 복이 된다는 것이며, 만일 상대방이 그 축복을 누릴 자격이 있으면 그에게도 돌아간다는 뜻이다.

승리의 언어로 말하라

한 세기를 주름잡았던 권투선수 무하마드 알리는 경기에 앞서 항상 먼저 말로 경기를 했다고 전해진다. 조 프레이저와 긴장감 넘치는 세계 타이틀 방어전을 앞두고는 "지난번 나는 버그너와의 경기에서 진주만 기습처럼 행동했다면, 오늘은 나비처럼 날아서 벌처럼 쏠 것이다"라는 매우 적극적인 말을 남겼다. 그리고 그의 말처럼, 챔피언 벨트는 알리의 것이 되었다. 후에, 알리는 선수 생활을 은퇴하면서 다음과 같이 말했다고 한다.

"나의 승리의 절반은 주먹이었고, 절반은 승리를 확신한 나의 말이었습니다."

이렇듯 알리의 적극적인 말은 상대를 제압할 수 있는 과감한 메시지이자 승리의 날개를 달아 주는 힘이었다.

성공한 사람들의 공통점을 보면 하나같이 긍정적이고 적극적인 말을 한다는 것이다. 또한 당장은 눈에 보이지 않아도 나중에는 현실로 나타날 것을 굳게 믿는다. 만약 누군가와의 시합에 졌다면, 상황에 짓눌린다면 "내가 졌다"는 소극적인 말보다 "이번에는 졌지만, 다음번에는 꼭 이길 거야"라는 적극적인 승리의 말을 하자.

수년 전 세계적인 탐험대가 스위스 마테호른 북쪽 봉우리 등반을 준비할 때였다. 당시만 해도 그곳은 사람의 발길이 닿지 않던 미지의 땅이었다. 출정에 앞서 가진 기자회견에서 한 기자가 물었다.

"정말로 마테호른의 북쪽 봉우리를 정복할 계획입니까?"

한 대원이 대답했다.

"최선을 다할 겁니다."

또 다른 대원이 이렇게 말했다.

"죽을힘을 다할 겁니다."

그런데 한 대원이 다른 이들과는 조금 다른 대답을 했다.

"나는 마테호른 북쪽 봉우리 위에 서게 될 것입니다."

세계 각지에서 내로라하는 탐험가로 구성된 탐험대원 가운데 단 한 명만이 그곳을 정복하는 데 성공했다.

바로 "나는 북쪽 봉우리를 정복할 것이다"라고 말했던 그였다. 승리의 언어가 가져온 쾌거였다.

공감의 언어로 말하라

공감의 언어는 나 중심이 아니라 상대방 중심의 언어구사를 말한다. 역지사지(易地思之), 상대방의 입장에서 그 자신이 공감할 언어를 선택하여 말하라는 것이다.

하루는 대철학자 소크라테스에게 어떤 사람이 찾아와 물었다.

"어떻게 하면 대화를 잘 할 수 있습니까?"

소크라테스는 말하였다.

"대화를 잘하는 최고의 비결은 그 사람의 언어로 말하는 것이다."

가히 명불허전(名不虛傳), 명대답이다. '내 언어'로 말하면 대화가 잘 안 된다. 항상 상대방의 언어를 찾아서 '그 사람의 언어'로 말해야 호감을 얻고 소통이 잘 된다. 왜 그러한가? 우리 모두는 각자 자신이 쓰는 '내 언어'로 이해하고 받아들이기 때문이다. 이것이 어린아이에게 말할 때는 눈높이를 낮춰 어린아이의 낱말을 사용해야 하는 이치다.

공감은 단순한 격려 너머의 언어다. 공감은 상대방의 아픔과 속내를 이해할 때 가능한 것이기 때문이다.

말을 심하게 더듬는 한 소년이 있었다. 또래 친구들이 이야기꽃을 피울 때면 소년은 늘 한쪽 구석에 외로이 앉아 있었다. 그들 사이에 괜히 끼어들었다가는 '말더듬이'라고 놀림 당할게 뻔했기 때문이다.

그러던 어느 날, 좀처럼 밖에 나가려고 하지 않는 아들을 안타까이 여기던 엄마는 소년의 머리를 쓰다듬으며 이렇게 말했다.

"엄마는, 네가 왜 너의 장점을 부끄러워하는지 모르겠구나."

어리둥절해 하는 소년을 바라보면서 엄마가 말을 이었다.

"네가 왜 말을 할 때 더듬는 줄 아니? 그건 너의 말보다 생각의 속도가 빠르기 때문이야. 그만큼 너는 남보다 앞선 생각을 하고 있다는 증거란다. 그러니 앞으로는 절대로 말 더듬는 것 때문에 기죽지 말렴."

소년은 엄마의 칭찬을 곰곰이 생각하며 자신감을 회복했다. 여전히 어눌하고 더듬거렸지만 동화책도 최선을 다해 읽었고, 친구들을 만나도 더 이상 피하거나 숨지 않았다. 그러는 동안 소년의 말 더듬는 습관은 서서히 사라지기 시작했다.

시간이 흘러 어른이 된 소년은 전 세계를 돌며 비전을 제시하는 뛰어난 경영자이자 강연자가 되었다. 그가 바로 세계적인 기업 GE의 전 CEO를 지낸 잭 웰치다.[26]

나를 키우는 말

이해인 수녀의 시 '나를 키우는 말'은 우리가 평소 어떤 말을 해야 할지를 생각하게 해 준다.

행복하다고 말하는 동안은
나도 정말 행복한 사람이 되어
마음에 맑은 샘이 흐르고

고맙다고 말하는 동안은
고마운 마음 새로이 솟아올라
내 마음도 더욱 순해지고

아름답다고 말하는 동안은
나도 잠시 아름다운 사람이 되어
마음 한 자락 환해지고

좋은 말이 나를 키우는 걸
나는 말하면서 다시 알지.

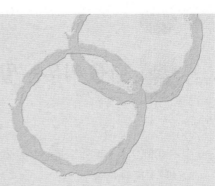

무지개 원리 6

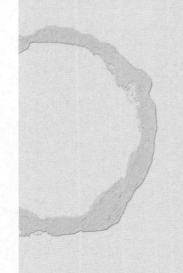

습관을 길들이라

[의지계발] 둘_습관 길들이기

　나의 하루 활동량을 잘 아는 이들은 간혹 묻는다.

　"언제 강의하시고, 언제 연구하시고, 또 언제 그 많은 글들을 쓰십니까?"

　도저히 짐작이 불가능한 그 답은 '새벽시간'이다. 새벽시간 서너 시간만 확보하면, 보통의 하루 몫을 대체한다. 이것이 나의 비밀이다.

　고백하건대, 새벽은 나에게 큰 짐이었다. 누구고 아침 타입이 있고 저녁 타입이 있다고 한다. 학교 다닐 때 공부 습관이 잘못 들어서인지 나는 늘 늦게 자고 늦게 일어나는 것이 훨씬 능률이 오르는 것 같았다. 또 책 한번 붙잡으면 끝까지 보아야 직성이 풀리는 성격이라 잠자는 시간이 들쭉날쭉했다. 그런데 영성에 관한 책들은 하나같이 저녁잠과 새벽의 소중함을 말하고 있었다. 공감은 갔지만 그래도 결단은 늘 못 내렸다.

　핑계거리는 언제나 많았다. 강의를 다니다 보면 밤 늦게 12시 되어서나 집에 돌아오는 때도 많았기 때문이다. 어느 날 불현듯 이래서는 안 되겠다는 생각이 들었다. 그래서 규칙을 정해 봤다. 일단 10시를 기준점으로 잡아봤다. 무조건 잠자리에 들어가 봤다. 그랬더니 조금씩 조금씩 나아졌다. 새벽 다섯 시, 여섯 시에 눈이 떠졌다. 그리고 경탄은 계속되었다. 이렇게 좋은 세상이 있었구나! 진작 알았더라면!

또 하나. 나이를 먹으면서 자꾸 아랫배가 나오기 시작했다. 팔다리 근육은 삐쩍 마르는 대신 허리 둘레가 늘어났다. 안되겠다 싶어, 근육운동을 해 보기로 했다. 집안 구석에 옛날에 사두고 쓰지 않던 역기와 아령을 아예 작은 서재 책상 옆에 대령해 놓았다. 몇 번 시도해 봤지만, 이런 저런 이유로 한두 번 거르게 되면 중단되기 일쑤였다.

그러다가 어느 날 샤워를 하다가 뼈만 앙상한 팔다리를 보고 충격을 받았다. 이번에는 독하게 마음먹었다. 아침이든 저녁이든 하루 한 번 이상 반드시 운동을 하기로 작정했다. 시작한 지 두 달째 되는 오늘까지 한 번도 거른 적이 없다. 그 사이에 한 20년 전쯤의 근육상태로 되돌아간 느낌이다.

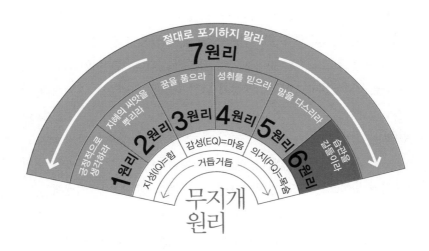

[의지계발] 두 번째의 핵심은 습관 길들이기다. 바로 앞장에서 언급했듯이 말과 습관은 모두 의지의 발로(發露)다.

여기서 다시 '무지개 원리' 전체를 조망해 볼 필요가 있다. 무지개 원리의 중심은 '꿈'과 '신념'이다. 이를 현실에서 이룩하기 위하여 그 앞의 '긍정적 생각'과 '지혜', 그리고 그 다음의 '말'과 '습관'이 연합하여 협력하게 함으로써 성취도를 높인다는 것이 '무지개 원리'의 작동 개념이다. 여기에 일곱 번째 성취 인자(因子)인 '절대로 포기하지 않기'가 가세하여 완성도를 높인다는 취지가 '무지개 원리'의 통합적 존재 기획이다.

이렇게 본다면 이제 '습관 길들이기'는 무지개 원리의 실질적인 마지막 인자인 셈이다. 마무리기에 그만큼 중요하다는 얘기다.

미국의 유력한 미래예측 전문지 「퓨처리스트」에서 한번은 이런 조사를 한 적이 있다고 한다.

"도대체 성공하기 위해서는 청춘에 무엇을 해야 하는가, 어떤 사람들이 성공했는가."

저명한 학자들로 하여금 조사를 실시한 결과, 그 첫 번째 열쇠가 바로 'Good habit' 곧 좋은 습관을 가져야 한다는 것으로 드러났다고 한다. 이 결과에 나는 백번 공감한다.

나는 고등학교 때부터 존경하는 인물로 도산 안창호 선생을 꼽았다. 당시 내가 좋아하는 저자 안병욱 교수가 그의 저술에서 입에 침이 마르도록 안창호 선생 예찬을 했기 때문이었다. 지금도 그분께 대한 첫사랑은 식지 않았다. 물론 이순신 장군의 '백의종군' 정신을 부동의 1순위로 꼽고는 있지만. 어쨌든 도산 선생의 어록에 이런 말이 있다.

"나 하나를 건전한 인격으로 만드는 것이 우리 민족을 건전하게 하는 유일한 길이다."

선생은 대한민국이 일제에 의하여 강점(强占)된 것은 그 원인이 국민이 안고 있는 악습과 병폐 때문이라고 보고 국민 개조가 급선무라고 생각했다. 그의 말을 마저 들어보자.

"그대는 나라를 사랑하는가. 그러면 먼저 그대가 건전한 인격이 돼라. 백성의 질고(疾苦)를 어여삐 여기거든 그대가 먼저 의사가 돼라. 의사까지는 못 되더라도 그대의 병부터 고쳐서 건전한 사람이 돼라."[27]

무엇을 하든지 근거가 되는 것은 인격혁명이라고 생각한 그의 선구자적 통찰은 21세기 대한민국에 여전히 유효하다. 그 때보다 더하면 더했지 결코 덜하지 않다.

이런 이유로 '습관 길들이기'는 무지개 뜨는 언덕에 이르는 피할 수 없는 길목이다.

습관이 인생이 된다

무서운 공식

'나'를 소개하는 다음과 같은 작자 미상의 글이 있다.

"나는 모든 위대한 사람들의 하인이고 또한 모든 실패한 사람들의 하인입니다.

위대한 사람들은 사실 내가 위대하게 만들어 준 것이지요. 실패한 사람들도 사실 내가 실패하게 만들어 버렸구요.

나를 택해 주세요. 나를 길들여 주세요. 엄격하게 대해 주세요. 그러면 세계를 재패하게 해 드리겠습니다. 나를 너무 쉽게 대하면, 당신을 파괴할지도 모릅니다."

여기서 말하는 '나'는 누구일까? 짐짓 눈치챘겠지만 바로 '습관'이다. 습관은 이토록 위력이 있다. 아리스토텔레스는 이런 말을 했다.

"사람은 반복적으로 행하는 것에 따라 판명된 존재다. 따라서 우수성이란 단일 행동이 아니라 습관에서 나온다."

'세 살 버릇 여든까지 간다', '제 버릇 개 주랴', '바늘도둑이 소도둑 된다'라는 말이 있다. 이런 말들은 괜히 나온 말이 아니다. 습관은 매일매일 우리의 삶을 드러내고, 개인의 성공 혹은 실패를 결정하는 데 적잖은 영향을 끼치기 때문이다. 습관은 반복을 통해 길러지고, 학습을 통해 떨쳐버릴 수도 있다.

그러나 분명한 것은 습관이란 짧은 시간에 형성되는 것이 아니라는 사실이다. 습관이 형성되는 것은 하나의 과정이고, 나아가 당사자의 무한한 결의와 몰입을 요구한다. 우리 몸 속 깊이 배인 습관은 그것이 좋은 습관이든 나쁜 습관이든 고치기 어렵다. 따라서 우리는 무엇보다 좋은 습관을 길들이기 위해 노력해야 한다. 아예 '세 살' 때부터 가르쳐야 한다.

"마땅히 걸어야 할 길을 아이에게 가르쳐라. 그러면 늙어서도 그 길에서 벗어나지 않는다"(잠언 22,6).

그런데, 우리는 무의식적으로 변화를 싫어한다. 그 이유는 그것이 긍정적이든 부정적이든 변화가 스트레스를 자아내기 때문이다. 이는 안정을 지향하는 무의식의 발로다. 변화를 싫어하는 이 무의식의 반응, 이를 우리는 '관성의 법칙'이라고 부른다.

그러나 과거의 상태로 남고자 하는 경향인 이 '관성의 법칙'은 우리가 앞으로 나아가야 할 길을 막는 최대 장애요소다.

많은 사람들이 이 관성의 법칙 영향 아래에서 과거에 했던 것을 또 다시 반복하면서 자신의 능력을 제대로 발휘하지 못한 채 살아간다. 그들은 늘 무언가 부족한 듯 느끼고 불만과 아쉬움을 쌓게 된다.

여기서 말하는 '관성'은 좀 부정적인 뉘앙스를 지닌다. 이에 반하여 '습관'은 부정적인 것과 긍정적인 것을 총칭한다. 나쁜 습관은 인생의 장애물이 되지만 가치 있는 습관은 삶을 향상시키고 풍요롭게 해 준다.

우리는 다음과 같은 다섯 단계 인생 공식에서 습관의 힘을 쉽게 확인할
수 있다.

"첫째, 생각을 조심하라. 그것이 너의 말이 된다.
둘째, 말을 조심하라. 그것이 너의 행동이 된다.
셋째, 행동을 조심하라. 그것이 너의 습관이 된다.
넷째, 습관을 조심하라. 그것이 너의 인격이 된다.
다섯째, 인격을 조심하라. 그것이 너의 운명이 되리라."

이 말은 우리의 작은 생각과 말과 행동이 '습관'으로 자리 잡으면 그
것이 마침내 인격이 되고 운명이 된다는 '무서운 공식'을 가리키고 있
다. 이 인생 공식에서 습관은 단지 세 번째 요소만이 아니고 생각이 말
로, 말이 행동으로, 인격이 운명으로 전이되도록 하는 매개임을 잊지
말아야 할 것이다.

언제 연아처럼 되지?

『무지개 원리』의 실천편으로, 일곱 명사들의 실전 멘토링을 담은 책
『명사들이 다시 쓴 무지개 원리』의 집필자 중 하나인 조성연 원장은 김
연아 선수에 대해 이렇게 회상한다.

"아직 피겨스케이팅이 거의 불모의 상태에 있을 때, 나는 고사리만
한 손의 가녀린 아홉 살 소녀 연아를 만났다. 그 당시에는 김연아가 세
계적인 스타가 되리라고는 기대하지 않았었다. 당시 상황으로 봤을 때
그것은 단지 희망사항으로만 보였기 때문이다. 하지만 연아는 끊임없
이 연습하였다. 그녀는 보기 드물게 의지가 강하다. 내가 연아에게 해
줄 수 있었던 것은 스포츠의학을 토대로 하여 연아의 체력, 점프력 그

리고 체형을 개선시켜주는 것뿐이었다. 〔……〕 이러한 나의 도움을 100% 보약으로 받아들여 자기 것으로 만든 것은 전적으로 연아의 불굴의 의지였다.

어느덧 세월이 흘러 이제 연아는 주치의인 나 자신도 자주 만나기 어려운 세계적인 스타가 되었다. TV에 나오는 연아를 볼 때마다 국민들은 황홀한 빙상연기에 빠져들겠지만 나는 그것보다 처절하게 인내하며 연습하는 모습만이 떠올려질 뿐이다."

김연아 선수의 어머니 박미희 씨는 자신의 저서 『아이의 재능에 꿈의 날개를 달아라』에서 이렇게 적고 있다.

"어릴 적부터 연아는 '미셸 콴 같은 선수가 되겠다'고 입버릇처럼 말했다.

그때만 해도 그것은 저 멀리 별처럼 손에 닿지 않는 곳에 있던 꿈이었다. 국제대회에서 한국 피겨 선수가 입상할 수 있으리라는 것조차 그야말로 '꿈' 같은 소리였던 시절이었기 때문이다. 〔……〕 가끔 어린 선수들의 엄마들이 내게 한숨을 쉬며 말한다.

'언제 연아처럼 되지? 까마득해요.'

그럴 때면 나는 미리 걱정하지 말라고 말해 준다. 그냥 바로 앞의 목표, 이번 시즌 대회, 지금 배우고 있는 점프, 그것 하나만 보고 가라고. 그 고개를 넘으면 또 다른 목표가 보이고, 그것을 넘어가고 넘어가다 보면 성큼 앞으로 나가 있을 거라고."

무엇이 오늘의 월드스타 김연아를 만들었는가. 연습이다.
김연아 키즈들이 언제 김연아처럼 될까? 연습량이 꽉 찼을 때다.

리더들의 습관

나는 성질이 급한 편에 속한다. 아니 자타가 공인하는 '불'이다. 오랜 시간 함께 해온 연구소 연구원들은 이에 이미 익숙해져 있는 터지만, 그럼에도 그들은 가끔씩 나의 벼락같은 지시에 당황하곤 한다. 나의 입에서 말이 나오기가 무섭게 당장 실행해야 하기 때문이다. 이는 나의 단점이면서 장점이다.

곧바로 실행하는 것도 능력이다. 기획이 완료된 일에는 더 이상 시간을 허비하지 말라. 뜸들이지 않고, 미루지 않고, 밍기적거리지 않고, 바로 실행하는 것이 다음의 게으름을 위하여 시간을 버는 최선의 방법일 수 있다.

많은 사람들을 상대하며 공통적으로 발견한 사실이 있다. 희한하게도 할 일이 많지 않아 시간이 많은 사람일수록 맡은 일의 추진과 결과보고가 늦은 반면, 제한된 시간 속에 하는 일이 많은 사람일수록 일의 추진 속도와 결과보고가 빠르다는 것이다.

모순 같지만 후자는 일처리가 빨라 그만큼 시간을 벌어 여유도 더 누리게 된다. 반면 전자는 시간만 붙잡고 늘어져 미루다가 결국 스트레스는 혼자 다 받고 일 진행도 훨씬 더디게 한다.

내가 만난 고수들은 한결같이 하나의 사안이 발생하면, 그 자리에서 즉시 일을 지시하고 확인하는 타입들이다. 즉석 처리의 달인들이라고나 할까. 이는 궁극적으로 여유 시간을 저축하는 최고의 방법이다.

거듭 말하지만, 신속 처리형의 사람이 궁극적으로 여유와 쉼을 한껏 누리게 된다.

나의 지인 가운데 금융업계에서 능력을 인정받아 비교적 요직에 줄

곧 발탁된 분이 있다. 이른바 명문 대학 출신이 아닌 그가 당시만 해도 명문 대학 출신이 아니고는 기회를 얻지 못하던 그런 행운을 누리게 된 이유를 그는 간단히 밝혔다.

"업무를 즉시 실행하는 원칙 때문이었습니다. 내가 중앙부서에서 일할 때 지점에서 어떤 요청이 오면 시행되기까지 통상 한 달이 넘게 걸렸습니다. 하나하나 짚어보니 합리적으로만 집행하면 일주일 안에 족히 해결될 일들이었습니다. 그래서 그대로 시정했습니다. 그랬더니 여기저기서 '그 사람 참 일 잘하네'라는 평이 올라왔습니다."

그는 자신의 업무 철학을 신이 나서 덧붙였다.

"첫째, 건강한 판단력! 모든 일을 다시 합리적으로 짚어보는 것입니다.

둘째, 즉각적인 실행! 그런 다음 결정된 바를 미루지 않고 바로바로 처리하는 것입니다.

셋째, 양심적인 기여정신! 자신이 받는 급여 이상으로 기여하겠다는 정신으로 근무에 임하는 것입니다."

그래서인가. 그에게는 시간평계가 없다. 할 일을 다 하고, 만날 사람 다 만나고, 여가는 널널하게 즐기고.

'곧바로 실행하라.' 가장 효율적인 시간 관리 습관이자 고수들의 무기다.

어떤 습관을 들일까

부지런함

벤자민 프랭클린은 말했다.

"부지런한 사람은 만물을 황금으로 만들고, 무형의 시간까지도 황금으로 변화시킨다."

이순신 장군은 아무리 추워도 해야 할 일이 있으면 반드시 하고 마는 성품이었다.

한번은 진지 보수 공사를 하던 도중, 날씨가 매우 춥고 눈까지 내려 병사들이 일손을 멈추었다. 이순신 장군만이 혼자서 진지를 보수했다. 병사들은 장군이 계속 혼자 보수 공사를 하자, 더는 구경하지 못하고 같이 보수 작업을 다시 시작했다. 그런데 몇몇 병사들은 끝까지 남아서 구경만 하다 결국 감기에 걸리게 되었다.

감기 걸린 병사들을 따로 부른 이순신 장군이 이렇게 훈계했다.

"자, 보거라. 우리 모두가 이 추운 날씨에 열심히 일을 했지만 병은 커녕 감기 하나 걸리지 않고 오히려 더 건강해지지 않았느냐? 앞으로 그대들도 게으름을 경계하고 항상 부지런함을 근본으로 삼아라."

걸출한 인물들 가운데 게으른 사람은 없었다. 예를 들어 작곡가 스트라빈스키는 오랜 세월 동안 하루에 적어도 열 시간을 일했다고 한다. 자신의 창조에 대해 스트라빈스키는 "나는 영감이라는 것이 따로 있다고 생각하지 않는다. 일을 하다보면 영감이 떠오르는 것이다. 물론 처음엔 잘 모를 수도 있다"고 말하기도 했다.

『황무지』의 작가로 유명한 T.S. 엘리엇 역시 하루에 열두 시간에서 열다섯 시간 정도를 일에 투자하였다. 아침 일찍부터 밤늦게까지 쉼 없이 읽고 썼다고 한다. 그는 평생 동안 남에게 뒤처질지도 모른다는 불안감에서 벗어나지 못했다.

피카소는 자신의 작업 세계에 대해서 이렇게 말했다.

"내가 나 자신을 반복해서 흉내 낼 것이라 기대하지 마라. 과거는 더 이상 내게 흥밋거리가 되지 못한다. 나 자신을 베낄 바에야 차라리 다른 사람을 모방하겠다. 그러면 적어도 새로운 면을 추가할 수는 있을 테니 말이다. 난 새로운 걸 발견하기를 좋아한다."

이 말 속에서 끊임없이 자신의 과거를 건설적으로 파괴하면서 새로운 것을 창조한 그의 일면이 엿보인다.

성공 습관

성공도 습관이다. 마치 광고 카피 같은 이 말이 새삼 신선하게 다가올 이들도 적지 않겠지만 현실이 증명한다. 축구에서 '골을 넣어본 사람이 결국 골을 넣는다'는 말이 있다.

맥스웰 몰츠가 들려주는 다음의 이야기는 우리가 어떻게 '성공의 패턴'을 머릿속에 심을 수 있는지를 잘 가르쳐 준다.

인쇄업계에서 일하는 최고의 세일즈맨이 있다. 그는 일과인 거래처

방문을 시작할 때 맨 처음 들르는 한두 군데는 항상 '아군 지역'이 되도록 스케줄을 조정한다. 그는 분명히 환영받을 것이라고 확신하는 고객을 맨 처음 방문한다. 그곳은 그가 반복해서 영업을 뛰는 곳이라 확률적으로 즉시 주문이 있을 수도 있고, 그렇지 않더라도 정중하고 예의 바른 대접은 받을 수 있다. 그런 후에 잠재적인 새 거래처나, 지나치게 가격에 민감해서 종종 싼 값에 주문을 받는 상대하기 힘든 거래처를 방문한다. 그는 인내심과 지구력을 시험받기 이전에 승리감을 얻길 원했다. 또한 그의 상사는 이렇게 말한다.

"작은 승리가 큰 승리를 불러온다."

일리가 있는 말이다. 이렇게 쌓은 성공 경험은 이 자체가 습관으로 형성된다. 한마디로 성공은 성공 위에 지어지는 것이다. 성공만큼 우리를 성공하게 해 주는 것은 없다.

매일 무엇인가를 성공하는 습관을 기르자. 우리가 더 많은 일을 하고 더 많이 시도하는 습관을 들일수록, 더 큰 에너지와 열정이 자라난다. 그리고 이것은 결과적으로 우리에게 더 많은 것을 성취할 수 있도록 도와준다. 성공 습관으로 성공 인생을 살자.

배려 습관

지난 2010년 7월, 캐슬린 스티븐스 주한 미국 대사가 안동의 한 고등학교를 방문하여 한국의 젊은이들에게 전한 메시지의 핵심은 '배려'였다. 그는 대한민국 국민에게 배려심이 있었으면 하는 애정 어린 충고를 하며 이렇게 자신의 말을 결론지었다.

"진정한 교육을 하려면 다섯 가지 자세가 가장 중요하다. 첫째 왕성한 호기심, 둘째 포기하지 않는 도전정신, 셋째 추진력과 끈기, 넷째 자기 절제, 다섯째 다른 사람을 배려하는 마음이 그것이다. 특히 다섯 번째 자세가 가장 중요한데, 타인에 대한 배려심이 없다면 나머지 네 가지 자세는 의미가 없어지기 때문이다. 이 다섯 가지 자세를 기억하고 갖추면 자신이 원하는 삶을 살 수 있고 성공적 미래를 보장 받을 수 있다."[28]

그는 뼈있는 충언을 한 셈이다. 그동안 우리는 자녀들에게 경쟁에서 이기는 법만 열심히 가르쳤지, 이웃을 배려하며 함께 사는 법을 가르치는 데는 소홀하였던 것이다. 그러니 특히 한국인에게 있어서 배려 습관을 들이는 것은 오늘날 무엇보다 필요하다 하겠다.

배려는 이런 것이다. 조안 C. 존스가 쓴 『인생의 지침(Guide-posts)』에 이런 글이 있다.

"간호학교에 입학하고 2년째인 어느 날, 갑자기 교수님이 예고도 없이 쪽지 시험을 치렀다. 나는 문제를 술술 풀어나갔지만 마지막 문제에서 그만 막히고 말았다.

'학교 청소부 아주머니의 이름은 무엇인가?'

나는 교수님이 장난으로 이 문제를 낸 것이라고 생각했다. 청소부 아주머니와 여러 번 마주친 적은 있었지만, 누가 그분의 이름까지 알고 있겠는가? 나는 마지막 문제의 답을 공란으로 비워두고 답안지를 제출했다.

수업을 마치는 종이 울리기 전에 한 학생이 마지막 문항도 점수에 반영이 되느냐고 물었다. '물론이지.' 교수님은 대답하셨다.

'여러분은 간호사로서 앞으로 수많은 사람들을 대하게 될 것입니다. 한 사람 한 사람 모두가 중요한 사람들입니다. 이들은 여러분의 각별한 주의와 배려를 받을 권리가 있습니다. 설사 여러분이 할 수 있는 일은

미소를 보내며 인사를 건네는 것이 전부라 하더라도 말입니다.'

지금도 난 그 수업을 절대 잊지 않고 있다. 청소부의 이름이 도로시였다는 것도."

배려도 습관이다. 배려가 몸에 익지 않은 사람은 하고 싶어도 잘 되지 않는다. 어색하고 겸연쩍다. 하지만 몸에 익히면 저절로 된다.

좋은 습관 들이기

21의 법칙

심리학에서는 보통 어떠한 것이 습관으로 자리 잡기 위해서는 21일 간의 연습이 필요하다고 한다. 그 기간이 21일인 이유는 생물학적으로 뇌에 새로운 습관을 만들려면 어른들은 보통 14일에서 21일 정도가 필요하기 때문이다.

이렇게 21일 동안 자신이 원하는 모습에 대해 크고 명확한 목표를 세우고 매일 그것을 실천하면, 자신을 원하는 사람으로 바꿀 수 있다.

브라이언 트레이시는 정신적 습관과 삶의 방향을 바꿀 수 있는 가장 강력한 방법 중의 하나로 21일 PMA(Positive Mental Attitude: 긍정적인 정신 태도) 프로그램을 권한다. 이것은 21일 동안 24시간 내내 생각과 말과 행동을 달성하고 싶은 목표와 되고자 하는 사람에게 일치시키는 것이다.

또 '21번의 법칙'이라는 것이 있다. 이는 무엇을 자신의 것으로 삼고자 하면 최소한 21번 연습해야 한다는 말이다. 이는 공군 조종사를 전쟁에 투입하기 전에 모의 훈련을 몇 번 하는 것이 가장 효과적인가를 알아내기 위해 조사해 본 결과 21번 이상 훈련 받은 사람들에게서 가장 높은 생존율이 나왔다는 통계에 근거한 얘기이다.

그러니까 무엇이건 최소한 21번의 반복 훈련이 필요하다는 말이다.

습관 들이기에도 이 21번의 법칙을 적용해 보자. 사람은 무엇을 하든 21번 이상 하여야 자기 것이 된다. 몸에 밴다.

할 수 있다면 이 책도 21번 읽기를 권장한다. 그러면 반드시 기적이 일어날 것이다.

100번의 법칙

혹시 주어진 여건상 늘 남보다 뒤떨어진다는 의식에 발목이 잡힌 사람이 있다면, '100번의 법칙'을 권한다. 아무리 안 되어도 100번 반복하면 되게 되어 있다. 이제 소개할 100번의 법칙 때문이다.

거머리를 가지고 다음과 같은 실험을 하였다. 거머리가 달라붙으면 전류가 흐르는 감전 장치를 설치한다. 기억력이 없는 거머리는 그 장치에 떨어지면 붙고, 떨어지면 붙고를 반복한다. 그러나 100번째에는 붙지 않는다. 그리고 그 실험을 한 거머리가 새끼를 낳았는데 그 새끼 거머리도 붙지 않는다. 이렇듯 기억력이 낮은 거머리도 100번이면 학습이 된다.

거머리가 100번에 통했다면, 사람이 100번 반복해서 안 될 것이 어디 있겠는가.

100번이라는 말은 상징적인 숫자다. 그 만큼 공을 들이라는 말이다. 100번은 '꾸준한 연습'을 가리킨다.

어느 날 한 할머니가 색 바랜 노트 한 권을 들고 프랑스 대문호 발자크의 집에 찾아왔다.

"이보게. 자네 같은 유명한 작가에게 묻고 싶은 게 있네. 여기 이 글을 쓴 아이가 작가로서 성공할 가능성이 있겠는가?"

발자크는 노트를 꼼꼼히 살펴보더니 이렇게 대답했다.

"죄송하지만 이 글만 봐서는 작가로서 특별한 재능이 보이지 않는데요."

발자크의 말에 할머니는 코웃음을 치며 말했다.

"이제 보니 자네도 엉터리로구먼, 30년 전에 자네가 썼던 글을 몰라보니 말이야."

할머니의 말에 발자크는 태연한 얼굴로 이렇게 응수했다.

"제 말이 틀린 것만은 아닙니다. 오늘의 저는 타고난 재능으로 이루어진 게 아니라 꾸준한 연습과 노력이라는 습관을 통해 만들어진 것이니까요."

발자크의 역설적인 가르침을 우리는 놓치지 말아야 할 것이다. 누구든지 '대문호'가 되려면 당연히 어려서부터 탁월한 재능이 있어야 한다고 생각할 터다. 하지만 발자크는 재능보다 더 중요한 것이 있음을 강조하고 있다. 그것은 바로 꾸준히 연습하고 노력하는 습관이다.

10년 법칙

두뇌 연구 분야에서 선구자적인 역할을 해온 스톡홀름 대학교의 앤더스 에릭슨 박사는 인간의 습관과 관련하여 '10년 법칙'(the 10—year rule)이라는 용어를 도입한다.

'10년 법칙'이란 "어떤 분야에서 최고수준의 성과와 성취에 도달하려면 최소 10년 정도는 집중적인 사전 준비를 해야 한다"는 것을 의미한다.

교육심리학자 하워드 가드너는 여러 분야에서 걸출한 업적을 남긴 일곱 명의 창조적 거장들을 연구한 결과 다음과 같은 결론을 내리고 있다.

"어느 분야의 전문 지식에 정통하려면 최소한 10년 정도는 꾸준히 노력해야 한다. 창조적인 도약을 이루려면 자기 분야에서 통용되는 지식에 통달해야 한다. 바로 이런 이유에서 10년 정도의 꾸준한 노력이 선행되지 않으면 의미 있는 도약을 할 수 없다. 흔히 모짜르트는 이 규칙이 적용되지 않는 예외라고 말하지만, 그 역시 10년간 수많은 곡을 쓴 다음에야 훌륭한 음악을 연거푸 내놓을 수 있었다. 우리가 다루는 일곱 명의 창조자 역시 혁신적인 업적을 이루기 전에 최소한 10년의 수련기를 거쳐야 했다. 물론 더 오랜 세월이 필요했던 인물도 있을 것이다. 그리고 대다수는 또 다른 10년 후에 다시 한 번 중대한 혁신을 이루었다."[29]

우리 주변 속 달인을 소개하는 TV프로그램만 보더라도 각계각층의 분야에서 비범한(?) 능력을 갖춘 이들이 참 많다. 그저 고개가 숙여지는 것은 그 기상천외한 재능이 적어도 10년 이상씩은 몸에 배어져 왔다는 것이다.

학문, 연구 등의 분야에서도 마찬가지다.

'조선 나비' 박사 석주명이 일본 가고시마 고등농림학교를 졸업할 즈음의 일이다. 하루는 박물과 교수가 그를 집으로 초대하였다. 일본인 노 교수는 그 자리에서 석주명에게 말했다.

"석 군, 자네는 한국 사람일세. 다른 일본인이 조선 나비에 손대기 전에 자네가 먼저 연구하는 것이 마땅한 일이라고 생각하네. 한 십 년만 이 분야를 파고들면 모르긴 몰라도 자넨 조선 나비에 관한 한 세계 최고의 학자가 될 거라고 생각하네!"

그날 밤 석주명은 다짐했다. '조선 나비에 목숨을 걸겠다!'라고.

이후 석주명은 귀국하여 모교인 송도고등보통학교 박물교사가 되어

이때부터 조선 나비 연구에 몰입했다. 그리고 전국방방곡곡으로 여행을 다니며 '조선 나비'를 채집, 분류, 표본을 만들고, 국내 학계는 물론 국제 곤충학계에 논문을 발표했다.

그러기를 꼭 10년 만인 1938년 그의 나이 30세 되던 해, 석주명은 영국왕립 아시아 학회로부터 조선 나비 총목록을 집필해 줄 것을 의뢰받는다. 그리고 1940년, 마침내 총 248종에 이르는 '조선 나비 총목록'을 만들어 출판한다. 그는 요즘 말로 정규 박사학위를 받은 것은 아니었지만 세계 생물학계가 알아주는 진짜 박사가 된 것이다.

그러므로, 10년을 투자할 각오 없이 '프로'가 될 꿈은 차라리 접을 일이다.

이제 와서 얘기지만 꿈도 그에 합당한 투자 없이는 한낱 신기루일 뿐이다.

요강을 잘 닦으라

평안북도 정주에 있던 오산학교에는 재미있는 이야기가 전해진다. 당시 그 동네에는 아주 똑똑한 청년이 살았는데 그는 남의 집 머슴살이를 하고 있었다. 비록 집안이 가난하여 머슴살이를 하고는 있었지만 그는 자신의 처지를 비관하거나 부끄러워하지 않고 오히려 열심히 일을 했다. 그 작은 시작이 매일같이 주인의 요강을 깨끗이 닦아놓는 것이었다. 모든 일을 성실하게 감당하는 이 머슴의 자세를 지켜 본 주인은 청년이 머슴살이를 하기에는 너무 아깝다고 생각해 학자금을 대주며 평양에 있는 숭실학교에 보내 공부를 시켰다. 마침내 청년은 숭실학교를 우수한 성적으로 졸업하고 고향으로 내려와 오산학교 선생님이 되었다. 이 청년이 바로 민족주의자요, 독립운동가로 유명한 조만식 선생이다.

그는 항상 제자들이 인생의 성공 비결을 물을 때마다 이렇게 일러주었다고 한다.

"여러분이 사회에 나가거든 요강을 잘 닦는 사람이 되십시오."

이 말씀은 곧 우리 인생의 성공비결과도 같다. 즉, "작은 일에 충실하라"라는 뜻이 아니겠는가.

"아주 작은 일에 성실한 사람은 큰일에도 성실하고, 아주 작은 일에 불의한 사람은 큰일에도 불의하다"(루카 16,10).

추리작가 코난 도일은 이렇게 말했다.

"가장 좋은 것은 조금씩 찾아온다. 작은 구멍으로도 햇빛을 볼 수 있다. 사람들은 커다란 바위에 걸려 넘어지지 않는다. 사람들을 넘어뜨리는 건 오히려 작은 조약돌 같은 것이다. 오랫동안 내 좌우명이 되어온 말은 '작은 일일수록 더없이 중요하다'라는 것이다."

그렇다. 행복은 흔히 사소한 일에서 발견되며 불행은 종종 사소한 일을 무시했을 때 생겨나는 법이다.

온 마음을 다하여, 정성껏!

몸에 밴 이 작은 습관 하나가 한 사람의 인생을 바꾼 비결이었다.

"요강을 잘 닦으라!"

요즘엔 닦을 요강이 없어졌지만 이 말의 여운은 여전히 강력하다.

역설적인 지도자의 십계명

1. 세상 사람들은 비논리적이고 비합리적으로 생각한다. 그러나 그들을 사랑하라.
2. 당신이 선행을 하면 생색낸다고 하여 비난을 받을지도 모른다. 그러나 선을 행하라.
3. 당신이 성공을 하면 그릇된 친구와 원수도 생길지 모른다. 그러나 성공하라.
4. 오늘 좋은 일을 해도 내일이면 허사가 될 수 있다. 그러나 좋은 일은 하라.
5. 정직하고 솔직하면 불이익을 당하거나 불리한 위치에 놓일 수도 있다. 그러나 정직하고 솔직하라.
6. 대의를 품은 이가 졸장부에 의해 넘어질 수도 있다. 그러나 생각을 크게 하라.
7. 세상 사람들은 약자 편을 들면서도 강자만을 따른다. 그러나 소수의 약자들을 위해 투쟁하라.
8. 오랫동안 공들여 쌓은 탑이 무너질 수도 있다. 그러나 탑을 계속 쌓아 올리라.
9. 필요한 사람들에게 도움을 주고도 공격을 받을 수 있다. 그러나 도움을 주라.
10. 당신이 가진 가장 좋은 것을 세상에 주고도 발로 차일 수 있다. 그러나 최선의 것을 세상에 주라.

– 켄트 케이스

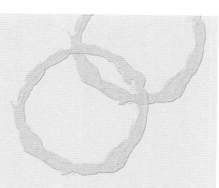

무지개 원리 **7**

절대로
포기하지 말라

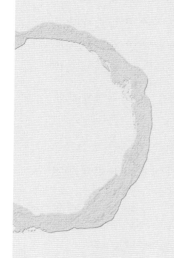

[거듭 거듭: 인격화] 포기 금지

유학 시절 알프스 산을 오른 적이 있었다. 산 정상에 도달했을 때 산장이 하나 있었는데, 산장에서 5m 떨어진 곳에 십자가가 있었다. 그 십자가에 얽힌 사연은 다음과 같다.

한 등산가가 알프스 산을 오르다가 심한 눈보라를 만났다. 그는 산 정상에 가면 산장이 있다는 것을 알았기 때문에 눈보라를 뚫고 정상에 오르려 하였다. 그런데 엎친 데 덮친 격으로 해가 져서 어둠까지 내렸다. 그는 점점 심해지는 눈보라를 맞으며 어둠 속을 걸었으나 가도 가도 산장이 나오지 않았다. 1m 앞도 보이지 않는 상황에서 헤매던 그는 자신이 길을 잘못 들었다고 절망하게 되었고, 결국 그 자리에서 모든 것을 포기하고 주저앉아 버렸다.

다음날 눈보라가 걷힌 다음, 사람들은 길가에서 얼어 죽은 등산가를 발견했다. 그런데 그가 얼어 죽은 장소는 바로 산장에서 5m밖에 떨어지지 않은 곳이었다.

만일 그가 눈보라와 어둠의 고난 속에서도 5m만 더 갔더라면 살아날 수 있었을 텐데 절망에 빠져 그 자리에 주저앉고 말았던 것이다.

이 이야기는 나에게 잊혀지지 않는 교훈이 되었다.

나도 한계에 부딪힐 때가 있다. 그것도 가끔이 아니라 자주. '무지개 원리'로 산다고 해서 문제가 사라지는 것은 아니다. 고통이나 시련을 면제받는 것도 아니다. 하지만 확실히 '무지개 원리'의 특혜가 있다. 바로 그것들을 감내하는 불굴의 내공이 생긴다는 사실이다.

그중 하나. 지치고 힘겨워 포기하고 싶어질 때 나로 하여금 주먹을 불끈 쥐게 만드는 것이 바로 알프스 산 정상에 묘비를 대신하여 서있는 십자가다. 그 슬픈 십자가를 떠올릴 때마다 내 입술에서는 저절로 비장한 소리가 튀어나온다.

"5m만 더 가자!"

유다인의 자녀교육 지혜에서 원용한 [거듭 거듭]의 원리는 지금까지의 '무지개 원리' 핵심인자 여섯 가지를 꿈과 희망이 이루어질 때까지 '절대로 포기하지 말고' 반복적으로 실행하여 인격화하라는 것이 요지다.

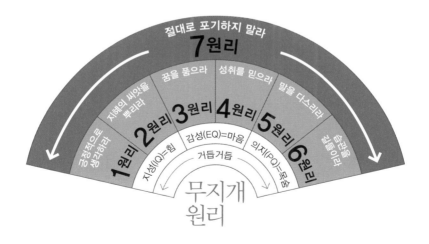

'거듭 거듭'의 원리는 자녀 교육의 탁월한 지혜인 동시에 자아실현의 필수불가결한 길이다. 즉, (자녀)교육에서 '거듭 거듭' 말해 주고 훈련시키는 것보다 더 좋은 방법은 없으며, 자아실현에서 '거듭 거듭' 익히고 시도하고 도전하는 것 외에 달리 길이 없다.

나는 '거듭 거듭'의 위대한 멘토를 최근 새삼 발견했다. 바로 앞에서 언급한 강영우 박사다. 그는 두 아들에게 남긴 유언장에 이렇게 적었다.

"해보기 전에는 '결코, 결코, 결코 포기하지 마라'는 나의 말을 가슴 속 깊이 새긴 채로 자라준 너희들이 고맙다. 어려움에도 포기하지 않고 각자의 꿈을 향해 항상 달려가는 너희들이 이제는 최고의 안과의사로, 최고의 법조인으로 더 좋은 세상, 그리고 공정한 사회를 만들기 위해 노력하는 모습을 보며 이 아버지는 뿌듯함을 넘어선 감동을 느낀단다."

그는 '거듭 거듭'의 원리를 자신에게 철저히 적용했을 뿐 아니라 두 아들에게도 엄격히 훈련시켜서 세계적인 명가(名家)를 이뤘던 것이다.

역경은 결론이 아니다

낙관론자는 위기에서 기회를 본다

1962년, 빅터와 밀드레드 고어츨 부부는 성공한 세계적 인물 413명을 선정해서 그들의 성장배경, 가정교육, 업적 등을 조사, 연구한 결과를 발표했다. 매우 흥미롭게도 연구 대상 중 392명이 역경을 극복한 사람들로 나타났다. 이를 통해 빅터와 밀드레드 고어츨은 "그들에게 고난은 장애물이 아니라 기회였다"라는 결론을 내렸다고 한다.

윈스턴 처칠은 자신의 인생을 담보로 이와 똑같은 통찰을 전한다.

"비관론자는 매번 기회가 찾아와도 고난을 본다. 낙관론자는 매번 고난이 찾아와도 기회를 본다."

사례는 얼마든지 있다. 가장 극적인 예가 세르반테스의 경우다.

당시 그의 나이는 53세였다. 그동안 그가 하는 일은 모두 실패로 끝났다. 급기야 그는 말단 공무원으로 취직을 했다가 곧 해고당했다. 이런 일들의 반복으로 자신감도 잃었다. 더욱이 전쟁 때 입은 왼손의 부상은 그를 항상 우울하게 만들었다.

그러던 어느 날 작은 실수로 감옥에 갇히는 신세가 되고 말았다. 이제 그의 인생은 비극적인 종말을 고하는 듯싶었다. 그러나 그는 감옥에서 뜨거운 창작의욕을 느꼈다. 그 열정으로 쓴 글이 한 권의 책으로 묶여 나왔을 때 세상 사람들은 환호했다.

이 작품이 바로 400여 년간 전 세계인들에게 널리 읽혀지고 있는『돈키호테』다. 세르반테스는 역경을 재도약의 기회로 삼아 운명을 바꾸었다. 환경이 아무리 어려워도 인간의 의지를 꺾을 수는 없다.

고난은 성장의 기회다

프랑스산 포도주는 알다시피 세계적으로 유명하다. 그런데 프랑스의 한 마을에서는 좋은 포도주를 생산하기 위해서 포도나무를 심을 때 일부러 좋은 땅에 심지 않는다고 한다. 포도나무를 토질이 좋은 땅에 심으면 쉽게 자라서 탐스런 포도가 열리긴 하지만 뿌리를 깊이 내리지 않아서 땅거죽의 오염된 물을 흡수하기 때문에 포도의 품질이 떨어지는 까닭이다. 그러나 포도나무를 척박한 땅에 심으면 빨리 자라지는 못해도 땅속 깊이 뿌리를 내려 좋은 물을 흡수하기 때문에 오염되지 않고 품질이 뛰어난 포도를 얻을 수 있다고 한다.

비슷한 예로 한국의 소나무들을 보자. 사람들이 흔히 말하는 '잘 생긴' 소나무들이 자라난 땅을 파보면 배수가 어렵고 토양이 매우 거친, 말하자면 아주 열악한 환경이 많다. 살아남기 어려운 곳에서 자란 소나무가 명품이 되는 것이다. 쉽게 이루는 일보다 힘들게 이루는 일이 더 가치가 있음을 알 수 있다.

극동 지역 사람들은 중국산 대나무를 심는다. 나무를 심고 나서, 물과 거름을 주지만, 4년 동안 이 대나무는 거의 혹은 전혀 성장하지 않는 것처럼 보인다. 그러나 5년째 되는 해에 놀랍게도 5주일 동안 높이가 약 27.5m나 자란다!

이 현상을 보고 사람들은 물을지도 모른다. "중국산 대나무는 5주일 동안에 27.5m 정도가 자란 건가요, 아니면 5년 동안에 자란 건가요?"

답은 당연히 5년이다. 5년 중, 어느 시기라도 사람들이 물과 비료 주기를 중단했다면 그 나무는 죽고 말았을 것이다.

때로 우리는 꿈과 계획이 중국산 대나무처럼 성장하지 않는 것처럼 느껴지기도 한다. 그럴 때 우리는 포기하거나 중단하기 십상이다. 그러나 성공하는 사람들은 그 꿈들이 현실화되도록 계속해서 물과 비료를 준다. 우리도 할 수 있다. 우리가 그들처럼 중단하지 않는다면, 즉 우리가 인내와 끈기를 보인다면, 우리는 반드시 꿈을 이룰 수 있을 것이다.

1986~1993년 시즌 7연속 득점왕, 1987, 1990, 1991년 시즌 MVP, 1990~1992년 챔피언 시리즈 MVP를 차지하며 '농구의 신', '농구의 황제'라는 별명을 얻었던 마이클 조던. 그는 생애 통산 32,292점을 기록하며 2003년 선수생활을 마감했다.

그때 그는 이런 말을 남겼다.

"나는 농구 선수생활을 통틀어 9,000개 이상의 슛을 실패했고 거의 3,000게임에서 패배했다. 그중 26번은 다 이긴 게임에서 나의 슛 실패로 졌다. 나는 살아가면서 수많은 실패를 거듭했다. 바로 그것이 내가 성공할 수 있었던 비결이다."

차원이 다른 이 극복기들이 우리에게 주는 메시지는 분명하다.
"고난을 장애물로 여기지 말고 디딤돌로 삼으라!"

역경 그 너머에 축복이 있다

중국에 문화혁명이 일어났을 때, 말을 잘 그리는 화가가 있었다. 그는 문화혁명 기간 동안 그림을 그릴 수 없어서 부랑자처럼 떠돌다가 마구간을 치우는 일을 하게 되었다. 처음에는 불평과 원망으로 가득 차 화를 내면서 일을 했는데, 차츰 말들과 정이 들면서 기쁨으로 그 일을 할 수 있었다.

그러는 사이에 어언 7년이라는 세월이 흘러 10년에 걸쳐 진행된 문화혁명도 끝이 났다. 화가는 다시 그림을 그리게 되었는데 신기한 것은 그가 7년 동안 붓을 놓았는데도 그림은 여전히 힘이 있었다는 것이다. 더욱이 말의 모습에서 예전에는 볼 수 없었던 생동감이 넘쳐흘렀다.

그 비결은 어디 있었을까?

비록 화가는 문화혁명 동안에 말 그림을 그릴 수는 없었지만 말들과 가깝게 지내는 시간은 많았다. 때문에 말들의 생리를 피부로 확연히 느낄 수 있었다. 이전에는 이론적으로만 알고 말을 그렸지만, 이제는 몸소 체험한 후 말을 그리니 더욱 뛰어난 그림이 나올 수밖에 없었던 것이다.

희망봉에는 이런 사연이 얽혀 있다.

오랫동안 사람들은 아프리카 대륙 최남단을 '폭풍의 기슭'이라고 불렀다. 그곳은 누구도 가까이 할 수 없을 만큼 물결이 흉흉한 바다와 닿아 있었다. 그러나 15세기 포르투갈의 탐험가 바스코 다 가마가 이곳에 도전하여 당당히 성공적으로 통과했다. 그 후, 그곳 이름을 '희망봉'(喜(希)望峰, Cape of Good Hope)이라고 부르게 되었다. 바스코 다 가마가 그곳을 지나고 나니 세계에서 가장 잔잔한 인도양과 아름다운 해변이 펼쳐져 있었다고 한다.

사람들이 그렇게 두려워하던 폭풍의 기슭이 두려움의 벽을 넘고 보니 희망봉으로 보이게 되었다. 이런 일은 우리가 겪는 고난이나 역경 속에서도 그대로 진실이 되어 나타난다.

높은 관점에서 보라

고통은 잠시, 아름다움은 영원

높은 관점에서 보면, 여태 자신을 압도하던 고통을 견뎌낼 더 큰 가치를 보게 된다.

프랑스 인상파의 대표적 화가 '르누아르'. 그는 세상사에 영원히 남을 아름다운 걸작들을 그렸지만, 사실 그에겐 큰 고통이 있었다. 류머티즘으로 붓을 한 번씩 움직일 때마다 고통으로 얼굴에 땀방울이 송글송글 맺혔고, 어떤 때는 일어설 수가 없어서 의자에 앉아 그림을 그려야 했다.

한 번은 고통을 참으며 그림을 그리고 있는 모습을 안타깝게 여긴 한 친구가 물었다.

"그만 쉬는 게 어떤가? 왜 이렇게 고통스러워하면서도 계속 그림을 그리는 건가?"

그러자 르누아르는 이렇게 대답했다고 한다.

"고통은 지나가 버리지만 아름다움은 영원하기 때문이라네."

아름다움이 고통을 날려버렸다.
아름다움을 보는 눈이 고통의 감각을 마비시켜 버렸다.

아름다움을 향한 동경이 찰나 속에 벌써 영원을 끌어들였다.

그러기에 높은 곳에서 내려 보라는 거다.

실패해도 위대하다

20세기를 마감하면서 영국의 BBC방송은 여론 조사를 통해 '지난 1세기 최고의 탐험가 10인'을 선정했다. 그 가운데 특히 눈에 띄는 인물이 바로 실패한 탐험가 어니스트 새클턴이다. 그는 바로 '성공보다 더 위대한 실패'로 기록되는 인듀어런스호 탐험 이야기의 주인공이다.

1914년 8월, 영국인 탐험가 어니스트 새클턴이 이끄는 27명의 대원은 세계 최초로 남극대륙 횡단에 나선다. 하지만 목적지를 불과 150km 남겨두고 얼어붙은 바다에 갇히게 되고, 이윽고 해빙이 되면서 배는 바다에 침몰한다. 간신히 얼음 덩어리를 타고 표류하다가 5명의 선발대를 데리고 죽을 고비를 넘기며 탈출 루트를 개척한 새클턴은 마침내 2년여 만에 전원 생환이라는 불굴의 리더십을 발휘한다.

무엇이 이들을 살아남게 한 것일까? 그것은 살아있는 한 결코 포기하거나 절망하지 않았던 새클턴의 확고한 의지였다.

에베레스트 산을 세계 최초로 정복한 에드먼드 힐러리는 그와 관련하여 다음과 같은 말을 남기기도 했다.

"재난이 일어나고 모든 희망이 사라졌을 때 무릎을 꿇고 새클턴의 리더십을 달라고 기도하라."

비록 최초 목표인 남극 횡단에는 실패했지만 자신과 대원들의 소중한 생명을 지키는 데는 성공한 새클턴을 가리켜 사람들은 '위대한 탐험가', '최고의 지도자', '동료들을 먼저 생각할 줄 아는 영웅'이라는 칭송을 아끼지 않는다.

그의 실패는 단순한 실패가 아니었다. 성공보다 더 빛나는 위대한 실패였다.

멀리 보라

한 번은 서울공대 학생들을 위한 학회지에 인터뷰를 응한 적이 있다. 그때 물음 가운데 하나가 참 답변하기 벅찼다. 물음은 이랬다.

"어두운 경제 전망으로 장래를 걱정하거나 진로를 고민하는 서울대 공대 재학생들이 많습니다. 일곱 가지의 '무지개 원리' 중에서 특히 젊은 시절에 더 필요한 것이 있다면 어떤 것일까요? 후배인 젊은 학생들을 위해 조언 부탁드립니다."

이 물음은 사실 오늘 모든 젊은이들에게 해당하는 질문이다. 한창 혈기 왕성한 젊은이들에게 취업난은 참아내기 어려운 현실임에 틀림없다. 여기에 무슨 묘안이 있겠는가. 고민 끝에 나는 답답함을 여전히 느끼면서 이렇게 답변했다.

"당장 눈앞의 현실만 보지 말고 그 다음의 기회를 내다보고 때를 기다리면서 착실히 준비할 것을 권합니다. 지금 나에게 일자리가 없거나 기회가 주어지지 않는다면, 지금이야말로 지혜를 쌓고 내공을 키우기에 적기인 것입니다.

역사에서 위업을 달성한 사람들은 하나 같이 시련과 역경의 시기에 절망하지 않고 인내 가운데 준비한 사람들입니다."

그러면서 그 끄트머리에 다산 정약용이 유배 중에 자녀들에게 보낸 편지 한 토막을 인용하여 덧붙였다. 다산이 그 끝을 알 수 없는 인고의 유배를 견디며 자신으로 인해 앞길이 꽉 막힌 자녀들에게 보낸 편지의 편린이었다.

"이 달에 들어서면서부터는 심사가 더욱 괴롭구나. 그러나 마음에 진실로 반품의 성의라도 있다면 아무리 험난한 난리 속이라 할지라도 반드시 진보가 있을 것이다. 너희들은 집에 책이 없느냐, 재능이 없느냐, 눈과 귀가 총명하지 못하느냐, 무엇 때문에 스스로 포기하려 드는 것이냐. 폐족이라고 생각하기 때문이냐, 폐족은 오직 벼슬길에만 지장이 있을 뿐, 폐족으로서 성인(聖人)이 되고 문장가가 되고 진리를 통달한 선비가 되기에는 아무런 거리낌이 없는 것이다. 거리낌이 없을 뿐만 아니라 도리어 크게 나은 점이 있으니, 그것은 과거시험에 얽매이지 않고, 또 빈곤하고 곤궁한 고통이 심지를 단련시키고 지식과 생각을 개발해서 사물의 시비곡절을 두루 알 수 있게 하기 때문이다."

폐족으로 몰린 자녀들은 이 편지를 읽고 어떤 마음이었을까. 무릇 고개를 들어 아스라이 먼 곳 지평선을 응시하며 그 너머 꿈의 지대를 가슴에 그리지 않았을까.

결코, 결코, 결코

언제나 다시 시작

늘 그림을 그리다 말고 쓰레기통에 던져 버리곤 하는 화가가 있었다. 그는 그 그림이 자기 마음에 들지 않았을 뿐더러, 마치 '보고 싶지 않은 자신의 인생'이나 '버림받은 미운 오리새끼' 같았기 때문이다. 그런 날이면 화가는 화실 구석에 앉아 오랜 시간 비탄과 실의에 잠겨 있었다.

하지만 그의 아내는 쓰레기통에 버려진 '미완성의 꿈'을 다시 정성스럽게 펴서 말없이 이젤 위에 놓아두곤 했다. 그러면 화가는 한참 그 그림을 주시하다가 다시 붓을 들어 그림을 그렸다. 아내의 말없는 내조에 힘입어 결국 그는 모든 사람들의 찬사를 받는 유명한 화가가 되었다. 그가 바로 '전원풍경', '목욕하는 여인' 등으로 유명한 '폴 세잔느'다.

아내의 말없는 응원에 힘입어 세잔느는 '끝이다', '아니다'라는 생각을 접고 '다시'의 여지에게 기회를 줬다. 휴지 조각이 명작으로 탄생하는 순간이었다.

노벨 과학상 수상자들 치고 '다시 시작'하는 과정을 반복하지 않은 인물이 없었을 것이다.

2002년 노벨 화학상을 받은 스위스 화학자 뷔트리히 교수에게 한 과학영재가 어떻게 노벨상을 받게 되었는지에 대해 묻자, 그는 웃으며 이렇게 대답했다고 한다.

"내가 연구를 시작한 건 29살 때인데, 가시적 연구 업적이 나오기까지 16년이 걸렸습니다."[30]

이처럼 성취란 분명 쉬운 것이 아니다. 하지만 신념을 붙들고 끝까지 노력하노라면 반드시 이루어지게 마련이다.

한번은 한 고등학생이 뷔트리히 교수에게 물었다.

"큰 업적을 이룬 비결이 무엇입니까? 교수님과 같은 과학자가 되려면 어떻게 해야 하나요?"

이 물음에 뷔트리히 교수는 이렇게 대답했다.

"(그 나이 땐) 맘껏 재미있게 놀고 자유롭게 생각하세요. 연구개발은 실패의 연속입니다. 이를 즐겁게 여겨야지 절망하면 안 됩니다. 실패는 하나의 자극입니다. 즉 자주 실패하고 자주 시도할수록 성공에 가까워지는 것입니다."[31]

이 말이 문학적 표현이 아님을 명심하자. 이 말은 수사학적 진술이 아니라 과학자의 분석과 통찰이 담겨있는 과학적 진술임을 유념하자. 그러하다면, 글자 그대로 유효한 격려 아니겠는가.

두려움에 귀 기울이지 말라

제2차 세계대전 때 용맹성과 '피에 굶주린 늙은이'라는 별명으로 유명했던 패튼 장군은 언젠가 전투 직전에 두려움을 느낀 적이 있느냐는 질문을 받았다. 그는 중요한 전투를 앞두고 두려움을 느낀 적이 자주 있으며, 어떤 때는 전투 중에도 두려움을 느낀다고 말했다. 그러나 그는 절대 두려움에 귀를 기울이지 않는다고 말했다.

링컨 역시 같은 말을 했다.

"더는 갈 곳이 없다는 엄청난 거짓 확신이 수없이 밀려왔다. 그때마다 내 지혜는 아직 때가 되지 않았다고 말했다."

그는 대통령의 영예를 누리기까지 무수한 실패를 거듭했다. 1816년 가족파산, 1831년 사업실패, 1832년 주의회 의원 낙선, 1833년 사업 재실패, 1834년 약혼녀 사망, 1836년 신경쇠약으로 병원입원, 1843 · 48년 하원 의원 두 차례 낙선, 1854, 58년 상원 의원 두 차례 낙선. 이렇게 실패할 때마다 그에게는 절망의 유혹이 다가왔다. 두려움이 엄습하였다. 하지만, 굴하지 않았다. 마침내 그는 실패와 두려움을 극복하고 1860년 미합중국의 대통령이 되었다.

하루는 그가 국가의 미래를 걱정하는 시민들과 대화의 자리를 갖게 되었다. 자리에 참석한 어느 청년이 침울하고 비통한 표정으로 링컨에게 말했다.

"이렇게 가다가 미국은 끝장나는 것 아닙니까?"

청년의 말에 링컨은 그의 손을 잡고 이런 이야기를 해 주었다.

"내가 청년이었을 때, 훌륭한 인품으로 존경받던 한 노인과 가을밤을 바라본 적이 있었다네. 미래에 대한 두려움이 있었던 나는 무수한 별똥별이 떨어지는 것을 보면서 더 큰 두려움에 빠져 버렸지. 그때 그 노인이 내게 이렇게 말했다네.

'무수한 두려움을 바라보지 말고 저 높은 데서 반짝이는 별들을 보게나'라고 말이야."

그렇다. 떨어지는 별을 보고 낙담하여 좌절할 것이 아니라, 저 하늘에서 반짝이는 별을 바라보며 희망을 다잡는 것, 이것이 꿈이 있는 사람의 진정한 자세일 것이다.

유혹하는 소리를 물리칠 방법은 하나다. 응원의 소리에 귀를 기울이는 것이다.

두려움의 징후에 휘둘리지 않는 길은 하나다. 평화의 서광을 바라보는 것이다.

선택은 나의 몫, 주인은 바로 나다.

포기를 모르는 인생

처칠이 명문 옥스퍼드 대학에서 졸업식 축사를 하게 되었다. 그는 위엄 있는 차림으로 담배를 물고 식장에 나타났다. 그리고 열광적인 환영을 받으며 천천히 모자와 담배를 연단에 내려놓았다. 청중들은 모두 숨을 죽이고 그의 입에서 나올 근사한 축사를 기대했다.

드디어 그가 입을 열었다.

"포기하지 말라!"(Never Give Up!)

그는 힘 있는 목소리로 첫마디를 뗐다. 그리고는 다시 청중들을 천천히 둘러보았다. 청중들은 그의 다음 말을 기다렸다. 그가 말을 이었다.

"절대로, 절대로, 절대로 포기하지 말라!"(Never, never, never, never, never, never Give Up!)

처칠은 다시 한 번 큰 소리로 이렇게 외쳤다. 일곱 번의 "Never Give Up", 그것이 축사의 전부였다. 청중은 이 연설에 우레와 같은 박수를 보냈다.

사실 이 박수는 그의 연설에 보낸 박수라기보다는 그의 포기를 모르는 인생에 보낸 것이었다. 처칠은 팔삭둥이 조산아로 태어나 말더듬이 학습 장애인으로 학교에서 꼴찌를 했고, 큰 체격과 쾌활한 성격 때문에 건방지고 교만하다는 오해를 받았으며, 초등학교 학적 기록부에는 '희망이 없는 아이'로 기록되었다. 중학교 때에는 영어 과목에 낙제 점수를 받아 3년이나 유급하였다. 결국 캠브리지 대학이나 옥스퍼드 대학에는 입학할 수 없어 육군사관학교에 입학했다. 사관학교에도 두 차례나 낙방했다 들어갔고, 정치인으로 입문하는 첫 선거에서도 낙선하고 기자 생활을 하다가 다시 도전해 당선되었다. 노동당에서 21년 의정 활동을 하는 동안 사회 개혁을 주도했던 그는 성취보다는 실패와 패배가 더 많아, 당적을 보수당으로 바꾸어 출마했으나 역시 첫 선거에서는 낙선했다.

하지만 그는 졸업 연설 내용대로 언어 장애를 극복하고 결코, 결코, 결코 포기하지 않고 열심히 노력해서 노벨 문학상 수상자도 되고, 세계 대전의 영웅도 되고, 위대한 정치인도 될 수 있었다.

처칠의 가장 큰 위기는 제2차 세계대전 때였다. 당시 수상이었던 그는 영국 의회에서 연설하면서 "피와 흙과 눈물과 땀 이외에는 내가 국민들에게 줄 것은 아무것도 없습니다"라고 했고, 또 다른 연설에서는 "국기를 내리고 항복하는 일은 절대 없을 것입니다. 대양에서도 싸우고 해안에서도 싸울 것입니다. 결코 항복하지 않을 것입니다"라고 했다. 이처럼 처칠은 결코 포기하지 않고 전세를 역전시켜 결국은 대전을 승리로 이끄는 데 일조해 영웅이 되었다.

잔인한 현실이지만 삶은 끊임없는 싸움의 연속이다. 삶은 자신과의 싸움이며 한계와의 싸움이며 부단한 도전들과의 싸움이다.

승리는 누구의 것인가? 답은 냉엄하다. 포기하지 않는 자의 것이다.

누가 가장 강한 자인가? 포기하지 않는 자다.

누가 최후의 승자인가? 포기하지 않는 자다.

누가 궁극에 웃는가? 포기하지 않는 자다.
누구의 하늘에 무지개가 뜨는가? 포기하지 않는 자다.

포기하지 마라

때로는 잘못 되더라도
그대가 터벅대며 걷는 길이 오르막이더라도
지금은 부족하고 빚은 늘어나더라도
미소를 짓고 싶어도 한숨만 새어나오더라도
근심이 그대를 짓누르더라도
그래, 필요하다면 쉬어라. 하지만 포기하지는 마라.

우리 모두가 아는 것처럼
삶에는 우여곡절이 있는 법.
수많은 실패가 성공으로 바뀌지 않던가.
성공의 기운이 엿보이면 그 기운을 꼭 잡으라.
성공이 뒤늦게 찾아온다고 포기하지 마라.
어느 날 불어온 바람이 그대에게 성공을 안겨줄 테니까.

성공은 실패에서 태어나는 법.
의혹의 그림자가 은빛으로 물들더라도
그대는 성공이 가까웠다고 말할 수 없으리라.
저 멀리 있는 것처럼 보여도 가까이 있을 수 있을 테니까.
그대에게 커다란 시련이 닥치더라도 싸움을 포기하지 마라.
최악의 상태로 치닫더라도 절대 포기하지 마라.

—작자 미상

PART **03**

무지개 선순환

어떤 인디언 문화에서는 무지개가 언덕 위로 뜨는 것이 아니라 '어깨' 위로 뜬다는 표현을 쓴다. 이는 지혜이며 낭만이며 확신이다.

어떻게 무지개가 우리 어깨 위로 뜬다는 생각을 해냈을까.

어느 가슴이 어깨 위로 뜨는 무지개를 보고 두근거렸을까.

얼마나 실감나게 기대했길래 저만치가 아니라 요만치 어깨위로 뜬다고 믿었을까.

그렇다. 무지개 원리 일곱 가지를 실행하는 이의 '어깨' 위에는 반드시 무지개가 뜨게 마련이다. 누구든지 '무지개 원리'의 걸음을 뗀 이는, 그것이 꿈이 되었든, 행복이 되었든, 축복이 되었든, 무지개가 이미 약속처럼 그의 어깨 위에 떠 있는 것을 환희로 마주하게 될 것이다.

그런데, 그 무지개는 움직인다. 멈추어 박제된 무지개가 아니라, 계속 움직이면서 새로운 소용돌이를 일으키는 무지개다. 나는 이를 형상화하여 스티커로 보급하고 있다.

스티커에 담긴 '소용돌이 무지개'는 나름 '흐름'의 철학을 함축한다. 곧 무지개가 상징하고 있는 축복을 길이 간직하는 비결은 바로 흐르게 하는 것, 유통시키는 것, 나아가 순환시키는 것이라는 얘기다.

'고이면 썩는다'라는 말이 있듯이, 살아 있는 것은 모두 유동한다. 무지개도 계속 살아 있으려면 흘러야 한다. 그리하여 '무지개 선순환'이라는 법리가 성립한다. 그러면 이제 어떻게 무지개가 선순환을 하는지를 확인해 보자.

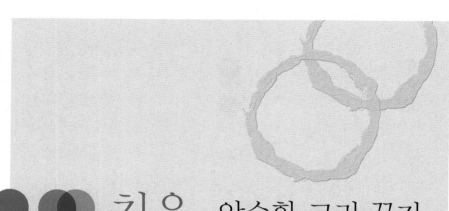

치유, 악순환 고리 끊기

참 소중한 당신

잡지를 창간할 때의 일이다. 나는 이 세상을 훈훈하게 해 줄 미담들을 모아서 많은 이가 나눌 수 있는 길이 있었으면 하는 바람이 있었다. 잡지가 좋겠다고 생각하였다. 그런데 잡지는 돈 잡아먹는 밑 빠진 독이라며 많은 분이 반대하였다. 나는 가치 있는 일이라면 손해를 생각하지 않고 실행하는 성격인지라 고집을 부려 감행하였다.

그런데 잡지에 붙일 신통한 이름이 떠오르지 않았다. 100만 원을 걸고 공모도 해 봤으나 마음에 드는 이름이 없었다. 그러던 어느 날 새벽, 막 잠에서 깨는 순간, 이름이 떠올랐다.

"참 소중한 당신!"

"참 소중한 당신? 거 괜찮네."

찰나적으로 어떤 따스한 손길이 나를 감싸 안아 줌을 느꼈다. 뜬금없이 눈물이 흘렀다. 그렇다. 나도 소중하고, 너도 소중하고, 모두가 소중한 존재다.

더 이상 고민할 이유가 없었다. 이렇게 해서 잡지 「참 소중한 당신」이 태어났다. 많은 분이 이 잡지를 읽으며 자신의 소중함을 재발견하게 되었고, 주변의 소중한 사람들을 만나는 축복을 누렸다며 감사의 말을 전해 온다.

그 이후 어느 날, 마더 데레사가 쓴 짧은 시 속에서 이분이야말로 바로 '참 소중한 당신'의 정신을 구현한 분이라는 사실을 깨닫게 되었다. 독자도 그 시 속의 '한 사람'이다.

한 번에 한 사람
난 결코 대중을 구원하려고 하지 않는다.
난 다만 한 개인을 바라볼 뿐이다.
난 한 번에 단지 한 사람만을 껴안을 수 있다.
한 번에 단지 한 사람만을 껴안을 수 있다.
단지 한 사람, 한 사람, 한 사람씩만……
따라서 당신도 시작하고 나도 시작하는 것이다.
난 한 사람을 붙잡는다.
만일 내가 그 사람을 붙잡지 않았다면
난 4만 2천 명을 붙잡지 못했을 것이다.
당신에게도 마찬가지이다. 〔……〕
단지 시작하는 것이다.
한 번에 한 사람씩.

'한 사람'이 소중한 것은 그가 바로 우주의 중심이기 때문이다. 여기는 어떤 예외도 없다.

그런데 왜 '참 소중한 나'가 아니라 '참 소중한 당신'일까. 자칫 잘못하면 '나' 안에 갇혀 매몰되어 버릴 위험이 있기 때문이다. 어차피 '참 소중한 당신'이라는 호칭은 '참 소중한 나'를 전제로 한다. '당신'의 소중함을 아는 사람은 '나'의 소중함을 당연히 안다. 하지만 '나'의 소중함을 안다고 '당신'의 소중함을 꼭 안다는 보장은 없다.

안타깝게도 현실은 '참 소중한 당신'과 너무도 괴리감이 크다. '치유'와 '위로'가 이 시대 핵심 키워드로 급부상하고 있다. 그 대상은 어린아이부터 노년층까지 모든 세대를 아우른다. 시내 한복판에는 심리치유 콘셉트의 카페까지 생겨났다. 그만큼 '아픔'이 우리 사회 전반에 보편화, 일상화 되고 있다는 얘기다. 힐링(healing), 치유야말로 이 시대 최고의 수요라 할 수 있다.

'무지개 선순환'을 익히기에 앞서 악순환의 고리를 끊은 것이 순서다. 이번 장에서 다루는 치유는 하나의 읽을거리가 아니라 어루만짐임을 유념해둘 일이다.

감정의 치유

부정적인 감정의 학습

상처는 악순환의 고리 역할을 한다. 상처가 원망이나 분노를 낳고, 또 그것들이 더 나쁜 결과를 초래하고, 이윽고 더 큰 상처로 되돌아오기 때문이다.

그렇다면, 그 고리를 어떻게 끊을 것인가. 상처 치유의 길을 묻기 전에 먼저 그 원인을 짚어보기로 하자.

지금까지 밝혀진 부정적인 감정만 해도 50가지가 넘는다고 한다. 그러나 그것들은 모두 부정적 감정의 핵심인 '분노'로 발전되고 표현된다. 분노는 여러모로 해롭다. 분노가 안으로 나타나면 건강이 나빠지고, 밖으로 나타나면 다른 사람들과의 관계를 해친다.

가장 빈번하게 느끼는 부정적인 감정은 의심과 두려움, 그리고 죄의식과 불쾌함 등이다. 시기와 질투도 있다. 이러한 부정적 감정은 어떻게 형성되는 것일까. 이것들은 우리가 어릴 때부터 성장하면서 모방, 연습, 반복, 강화로 학습된다. 따라서 '학습된' 이들은 우리가 어떻게 대처하느냐에 따라 충분히 제거할 수 있다.

짐작했겠지만, 부정적인 감정을 가장 먼저 배우는 곳은 가정이다. 일단 배우고 나면 '나는 원래 그런 사람'이라고 말하면서 부정적인 생각을 좀처럼 바꾸려하지 않는다. 핵심 질문을 피하려고만 한다.

브라이언 트레이시에 따르면, 부정적인 감정은 어린 시절에 겪는 두 가지 경험에서 나온다.[1]

첫째, '파괴적인 비판'이다. 만일 "너는 문제가 많아" 또는 "너는 믿을 수가 없어", "너는 거짓말쟁이야" 같은 말을 듣고 자란 아이들은 그 말을 틀림없는 사실로 받아들인다. 그리고 이것은 다시 잠재의식에 기록되어 미래의 행동을 결정하게 된다.

부모들은 자녀들의 행동을 고치기 위해 별 생각 없이 아이를 꾸중하지만, 결과는 그들이 바라는 것과 정반대로 나타난다. 어릴 때 비판을 많이 받고 자란 아이는 커서도 자신을 비판한다. 자기를 비하하고 과소평가하고 자신의 경험을 부정적으로 해석한다. 열심히 노력해서 좋은 결과를 얻고도 항상 자신이 부족하다고 느낀다.

둘째, '사랑의 결핍'이다. 아이들이 겪을 수 있는 최악의 경험은 부모 중 한쪽 또는 양쪽 모두에게서 사랑받지 못하는 것이다. 이렇게 자란 아이들은 정서적으로 메마르게 되고 심각한 성격 장애를 초래할 수 있다.

엄밀히 말하자면 우리가 삶에서 실패하는 일차적인 원인은 바로 이러한 부정적인 감정들 때문이다. 따라서 이들을 제거하는 것보다 더 중요한 일은 없다.

치유의 심리 원리
'감정의 치유'에 크게 효과적인 방법은 심리 원리를 적용하는 것이다.

여기서 잠깐 언급하는 정도로 소개해 본다.

부정적인 감정을 치유하기 위한 첫째 방법은 바로 '책임을 지는 것'이다. 이것은 부정적인 감정을 느낀 상황이나 장면에서 "이것은 내 책임이다"라고 반복해서 말하는 것을 시작으로 한다. 단순한 이 말은 마음을 제어하는 데 있어 큰 효과를 볼 수 있다. 말하는 순간 마음이 차분해지고 안정이 되면서 상황을 좀 더 객관적으로 볼 수 있게 되기 때문이다.

책임을 진다는 것은 우리를 삶의 주인으로 만들고 효과적인 해결책을 찾을 수 있도록 돕는 미래 지향적 행동이다. 그러나 분노와 원망으로 누군가 비난할 대상을 찾기만 하는 것은 과거 지향적 행동일 뿐 해결책은 아니다.

부정적인 감정을 치유하기 위한 둘째 방법은 바로 '대체의 법칙'을 활용하는 것이다. 대체의 법칙이란 '우리 의식은 한 번에 한 가지 생각밖에 할 수 없기 때문에 생각을 바꾸려면 기존의 생각을 다른 생각으로 대체해야 한다는 것'이다. 즉, 우리는 부정적인 생각을 긍정적인 것으로 대체함으로써 감정을 다스릴 수 있다. 여기에 가장 강력한 도구는 "나는 내가 좋다! 나는 내가 좋다! 나는 내가 좋다!"를 반복하여 말하는 것이다. 열정과 확신을 담아서 이 말을 하면 할수록 우리의 무의식은 부정적인 감정들을 제거해 나간다.

부정적인 감정에 얽혀 자신을 다스릴 수 없을 때, 위와 같은 두 가지 강력한 심리 원리를 활용하자. 내면 깊숙이 배인 상처가 치유되는 것을 느낄 수 있을 것이다.

감정 치유의 세 가지 길

부정적인 감정을 치유하는 심리 원리를 적용하더라도 좀 더 구체적인 방법을 아는 것이 도움이 될 것이다. 즉각 실행하여 즉석 효과를 얻을 수 있기 때문이다. 대표적인 세 가지를 소개한다.

첫째, 감정을 분출시켜라.

분노의 감정을 해소할 수 있는 보다 활동적인 방법은 바로 '접촉'을 통한 방법이다. 스트레스를 연구하다가 신체적 접촉이 분노를 줄여준다는 것을 발견한 한스 셀리 박사는 이것을 '거친 육체적 타격 활동'(G. P.I.A, Gross Physical Impact Activity)이라고 불렀다.

셀리 박사는 우리 신체의 네 부분 즉, 우리가 손으로 치거나, 발로 차거나, 이로 물거나, 소리를 지름으로써 분노를 배출할 수 있다는 것을 알아냈다.

스쿼시, 테니스, 골프, 야구, 배구, 농구 등 이들은 모두 손으로 치는(hitting) 활동이 필요한 스포츠다. 이들 운동을 통해서 분노를 신체로부터 공 속으로 전달할 수 있다.

축구처럼 무엇인가를 차는(kicking) 행동 역시 분노의 배출구가 된다. 화가 난 사람들이 종종 격분해서 아무 데나 발로 차는 것을 볼 수 있는데, 이는 억압된 분노를 없애려는 무의식적인 행동인 것이다.

가끔 질긴 음식을 먹을 때처럼 무언가를 씹고(chewing) 싶을 때가 있는데, 그것 역시 마음속에 불만이나 분노가 있기 때문이다. 이럴 때, 많이 씹어야 하는 음식을 먹고 나면 분노가 우리 몸 밖으로 배출되어 편안함을 느낀다.

고함 지르기(screaming)도 분노를 제거할 수 있는 방법이다. 자신이 작게 느껴질 때, 벌어진 일에 대해 아무것도 할 수 없다는 생각이 들 때

소리를 지르면 마음속에 있던 답답함이 밖으로 빠져나간다.

가끔 사람들이 싸울 때 손으로 치고, 발로 차고, 고함을 지르고, 입으로 무는 등의 장면을 볼 수 있다. 이런 반응들은 모두 분노를 몰아내기 위한 것이다.

종종 이렇게 싸우고 나면, 관계가 다시 회복되기도 한다. 그것은 그런 행위를 통해 모든 분노가 해소되어 좋은 느낌만 남게 되기 때문이다.

둘째, 분노를 성장의 기회로 삼으라.

우리 주변을 둘러보면, 자신이 가지고 있던 수치스러운 기억이나 분노를 통하여 삶을 바꾼 사람들을 만날 수 있다. 배우 마이클 케인은 분노를 이용하여 역경을 유익함으로 바꾼 모범적 인물이다. 그는 『대체 무엇이 문제인가?』라는 자서전에서 연기생활 중에 낙담했던 것에 대해 이야기한다.

그는 매우 가난하게 살고 있었다. 그가 맡은 역할은 보조 단역이었는데 여기서 얻는 수입은 너무나 형편없었다. 살아남기 위해 그는 철공소에서 일을 해야 했다. 설상가상으로 그렇게 우울한 시기에 아버지가 임종을 맞게 되었다는 소식을 듣고 고향으로 내려갔다. 그는 아버지가 돌아가시기 전 이틀 동안을 곁에서 보냈다. 그리고 그가 병실을 막 나섰을 때 간호사가 뒤따라와 아버지 옷에서 나온 것이라며 3실링 8펜스를 손에 쥐어 주었다. 10달러도 되지 않는 적은 액수였다. 케인은 그 순간 어떤 분노를 느꼈는데 그것에 대해 다음과 같이 묘사하고 있다.

"이것이 아버지가 우리에게 남긴 모든 것이다. 56년간 짐승처럼 일한 결과가 고작 이것이다. 나는 간호사에게 고맙다고 말한 후 어두운 복도를 서서히 걸어 나갔다. 걸음을 옮기면서 기필코 성공하겠다는 결심과 가족을 결코 가난하게 살도록 하지 않겠다는 굳은 결심을 하였다."

이렇게 하여 케인은 유명한 배우가 될 수 있었다. 곧 그가 성공한 것은 의로운 분노 덕이었다.

셋째, 슬픔을 즐거움으로 전환시켜라.

한 여인의 짧은 이야기를 통해서 우리는 슬픔을 어떻게 기쁨으로 바꿀 수 있는가를 간접적으로나마 체험할 수 있다.

최근 몇 해 동안, 그녀는 주위 사람을 네 명이나 잃는 슬픔을 당했다. 그들 모두가 뜻하지 않은 때에 죽음을 맞이하였다는 사실이 그녀를 더욱 힘들게 했다. 어느 날 아침, 그녀는 일을 하다가 문득 훨씬 이전에 세상을 떠난 남편이 생각나 깊은 슬픔에 빠졌다. 그러면서 자신이 사랑했던 사람들과 함께 한 짧은 삶에 대해서 생각하게 되었다. 자신에게 그런 날들이 있었다는 것만으로도 얼마나 행운인가라는 것을 문득 깨달은 순간, 그녀의 마음 깊은 곳에서 새로운 생각이 떠올랐다. 그것은 바로 '내가 사랑했던 그 사람들이 며칠 더 살 수 있었다면 그들은 과연 무엇을 하고자 했을까?'라는 것이었다. 그리고는 그들이 살아있을 때 했던 일들을 하나씩 하기로 결심하였다.

새로운 이웃을 반갑게 맞이하기 위해 시어머니가 했던 것처럼 초콜릿 과자를 굽고, 자신의 오빠가 했던 것처럼 헌 옷가지를 챙겨서 자선단체에 기증하였다. 그리고 시누이가 했던 것처럼 연락이 끊겼던 친구들에게 전화를 해서 안부를 묻고, 손자가 늘 그랬던 것처럼 그날 하루 많이 웃었다.

사랑했던 사람들을 기억하며 그들의 방식으로 다른 사람들을 돕고자 하는 것으로 자신의 슬픔을 치유한 그녀는 진정 슬픔을 기쁨으로 바꾸는 법을 안 사람이었던 것이다.

자아의 치유

자아 개념의 3요소

코끼리는 지구상에서 가장 큰 동물이다. 그럼에도 자기 몸무게의 몇십 분의 일에도 못 미치는 사람들에게 조종을 당하며 살고 있다.

인도나 태국에서는 야생 코끼리를 길들이기 위해 어린 코끼리를 유인해서 우리에 가둔다. 그리고 발에 굵은 쇠사슬을 채우고 쇠사슬의 한쪽 끝을 튼튼하고 우람한 나무 기둥에 묶어둔다. 아기 코끼리는 어떻게든 쇠사슬에서 벗어나려고 발버둥을 쳐보지만 우람한 나무 기둥은 꿈쩍도 하지 않는다. 아기 코끼리는 발버둥치기를 반복하면서 사슬에서 벗어나는 것이 불가능하다는 사실을 깨닫게 된다.

이런 과정을 거치면서 코끼리는 이른바 후천적 무력감을 학습하게 되고 결국은 사슬의 길이를 넘어서는 행동을 포기하게 된다. 그래서 다 성장한 뒤에도 쇠사슬이 아니라 가느다란 밧줄로 작은 나뭇가지에 묶어놔도 도망가지 못한다.

어쩌면 코끼리의 후천적 무력감이 바로 우리 '자아'가 처한 현실인지도 모른다. 대부분의 사람들은 나이를 한 살씩 먹어가면서 코끼리처럼 스스로가 정한 한계에 점점 익숙해져간다. 바로 자아를 한계 속에 가두고 살아가는 꼴이다.

'자아 개념'(self-concept)이란 자신, 그리고 삶의 모든 영역과 세상에 관한 믿음의 덩어리다. 즉, 지금 우리의 모습은 '스스로에 대한 믿음'의 결과다. 우리는 삶의 각 영역에서 어떠한 믿음 체계를 형성하고 있으며 이에 따른 기대와 태도가 그 결과를 결정한다.

이러한 자아 개념은 세 가지 요소로 이루어져 있다.

첫째 요소는 자아 이상(self-ideal)이다. 자아 이상은 말 그대로 모든 면에서 자신이 원하는 모습이자 우리가 생각하는 완벽한 사람에 대한 비전이다. 뛰어난 사람들은 대개 명확한 자아 이상을 지니고 있으며 그것을 향해 꾸준히 나아간다.

둘째 요소는 자아 이미지(self-image)다. '내면의 거울'이라고도 할 수 있는 자아 이미지는 행동과 직접적인 연관이 있다. 즉, 의식적으로 더 좋은 자신의 이미지를 그리면 더 나은 성과를 거둘 수 있다.

마지막 요소는 자부심(self-esteem)이다. 자부심은 '자신이 얼마나 가치 있는 존재며 얼마나 좋은 사람이라고 느끼는가'와 '어떤 일을 해낼 수 있다는 느낌' 즉, 자아 유능감(self-efficacy)으로 나타난다. 열정과 확신을 갖고 "나는 나를 사랑한다! 나는 나를 사랑한다!"고 말하면 자부심이 높아진다. 자신을 좋아하는 것만큼 건강한 것도 없다.

어떤 일에서든 자신을 좋아하고 존중할수록 성과는 더욱 커진다. 자신의 능력에 대한 자신감도 커진다. 결국 실수를 줄이고 활력이 넘치며 더욱 창의적인 사람이 될 수 있다. 자아의 치유도 마찬가지다. 즉, 자신을 존중하고 사랑하는 것에서부터 시작해야 한다.

패배의식의 치유

'자아 이상'이 좌절될 때 패배의식에 빠진다. 패배의식은 자아 이상의 상흔이다.

목표를 향해 최선을 다했다 하더라도 실패할 때가 있다. 언제나 옳은 결정을 하는 사람은 아무도 없으며 우리 모두는 날마다 가끔씩 잘못된 결정을 내린다. 그것이 자연스러운 인생이다.

어떤 경우에도 과거에 실패한 일 때문에 스스로를 비난하고 자학해서는 안 된다. 중요한 것은 새로운 내일을 계획하고 지금 할 일을 찾는 것이다. '하지 못했던 것들'을 후회하기보다는 목표를 다시 점검하고 자기 속에 숨어 있는 '할 수 있는 것들'을 찾는 것이 중요하다. 자신을 가혹하게 처벌하는 사람은 새로운 것을 배우기 힘들다.

사실 성공한 사람들의 뒤에는 대부분 그만큼 아니, 그 이상의 실패가 자리하고 있다. 미국의 프로야구에 있어서 홈런왕 베이브 루스는 전설적인 인물이다. 그는 그의 야구 인생에서 무려 714개의 홈런을 쳤고, 그 이후 미국에서는 역사적인 기록으로 남아 있다. 그러나 베이브 루스는 714번의 영광을 맛보기 위해 2배가 되는 1,330번의 쓰디쓴 삼진을 당해야 했다.

실패로 인해 상처받지 마라. 실패를 받아들이고 인정하라. 그래야 실패를 딛고 일어설 수 있다.

자아 이상이 건강한 사람들은 자신감이 넘치고 항상 모든 것에 긍정적인 자기 상황을 기대한다. 그리고 결과에 있어서도 실망하는 경우가 거의 없다. 이것은 자신에 대한 기대가 다른 어떤 부정적인 기대도 이겨낼 수 있을 만큼 강력하기 때문이다. 어떠한 상황에서도 유익한 것을 얻을 수 있다고 기대함으로써 우리는 주위를 긍정적인 에너지로 가득 채울 수 있다.

자아 이상에 대한 긍정적인 태도의 기초는 바로 '역 피해의식'(inverse paranoid)을 갖는 것이다. 이것은 세상이 나를 위해 행복과 성공으로 이 끈다고 믿는 것을 말한다.

"오늘은 내게 정말 멋진 일이 분명히 일어 날거야."

이렇듯 항상 자신에게 최고를 기대하는 것이다.

자아상의 치유

자아 이상 못지않게 치유가 필요한 것이 '자아 이미지' 곧 '자아상'이 다. 이 책의 앞에서 나는 자아 이미지를 바꾸어 주는 것은 긍정적 생각 과 말이라고 언급한 적이 있다.

생각과 말의 힘을 빌려 자아상을 치유한 대표적인 사람이 오프라 윈 프리다. 그녀는 인종 차별주의가 극심한 미국 미시시피주의 가난한 흑 인 출신으로 사생아였다. 6세 때까지 외가댁에 맡겨져 자랐으며 13세 때까지는 파출부로 일하는 어머니 밑에서, 19세 때까지는 다른 여자와 함께 살고 있는 아버지 집에서 자랐다. 이러한 환경에서 그녀는 꿈을 품기는커녕 마약을 흡입하고 강간을 당하기도 하고, 미혼모가 되기도 하며 소녀 감호원에도 출입하게 되었다. 그러나 차츰 그녀의 가슴 속에 는 '언젠가 사람들에게 내가 무엇인가를 해낼 수 있다는 것을 꼭 보여 주고 말겠다'는 강력한 소망과 뜨거운 열정이 생기기 시작하였다.

이러한 긍정적인 생각과 말은 곧 그녀를 최고의 토크쇼 진행자로 만 들어 주었다. 아직도 그녀를 비판하는 사람들이 그녀의 과거를 들먹일 때마다 전 세계 1억 4,000만 시청자들은 이렇게 말한다. "그래서, 그게 뭐 어쨌는데? 그러니까 오프라 윈프리 아니야?"라고 말이다.[2]

그렇다. 예전에 그녀가 어땠는지는 누구도 관심 없다. 지금 그녀가 자신의 쇼를 통해 시청자들에게 다양한 즐거움을 주고, 자신이 벌어들인 많은 돈을 가난한 사람들을 위해 선뜻 내어 놓는 참된 성공인의 오프라 윈프리를 볼 뿐이다.

누가 그녀의 과거 자아상에서 이토록 멋진 미래를 예측할 수 있었겠는가? 현재 세계 1억 4,000만 애청자들의 사랑을 받는 우리 시대에 가장 영향력 있는 방송인으로 말이다.

그녀는 진정 자신의 부정적 자아상을 극복하고 자아를 치유한 산 증인이다.

열등감의 치유

자아의 치유는 자부심의 회복으로도 이루어진다. 그런데 자부심에 상처를 입어 형성된 것이 '열등감'이다.

누구에게나 열등감이 있다. 최소한 전 세계 인구 중 95%의 사람들이 열등감으로 고통받고 있는데, 이것은 성공과 행복한 삶을 가로막는 심각한 장애라 할 수 있다. 그러나 진실은 이것이다. 우리는 '열등'하지 않다. 그렇다고 우리는 '우월'하지도 않다. 우리는 그저 자기 자신일 뿐이다. 한 개인으로서 '나'는 단 하나뿐인 개인이며 독특한 존재다.

스코트 펙이란 정신과 의사는 직업군인 중에서 성공한 30대 후반에서 40대 초반의 남녀 열두 명을 뽑아, 그들의 성공 비결이 무엇인지 조사하였다. 스코트 펙 박사는 뽑힌 이들에게 '인생에서 가장 중요하게 여기는 것 세 가지'를 순서대로 적어보라고 하였다. 여기에서 특이한 점 두 가지가 관찰되었다. 그 하나는, 이들이 질문을 대하는 진지한 태도였다. 제일 먼저 답안지를 제출한 사람이 무려 40분이 걸린 것이다. 또 하나 특이한 점은, 열두 명 모두 인생에서 제일 중요한 것으로 똑같은 답을 쓴 것이다. 그들의 인생에서 가장 중요한 것은 사랑도 가족도 심지어 하느님도 아니었다. 그것은 바로 '자기 자신'이었다.[3] 이들은 인생의 가장 중요한 덕목으로 성숙한 '자기애'를 꼽았다.

자기애와 자부심은 동전의 양면이다. 둘다 자기비하 내지 열등감의 반대 덕목이다. 이러한 자기애가 있을 때 남도 제대로 사랑할 수 있다.

우리는 어떻게 자기애를 회복할 수 있을까. 나는 인류 역사상 가장 아름다운 열등감의 치유로 자캐오의 예를 주저 없이 꼽는다.

로마 정부의 세관장인 자캐오는 유다인들에게 과도하게 세금을 징수하고 자기 수하의 다른 세리들이 받은 세금에서도 자기 몫을 떼어내어 큰 부를 축적했다. 유다 사회에서 세관장들과 그들의 부하 세리들은 이렇게 가증스러운 인간들로 멸시의 대상이었다. 따라서 비록 자캐오가 남부럽지 않은 부를 쌓아왔더라도 그의 내면 어딘가에는 허전함이 서려 있었을 것이다.

어느 날 자캐오가 사는 '예리코'라는 도시를 예수가 지나가게 되었다. 그는 예수가 어떠한 분인지 보려고 애썼지만 군중에 가려 볼 수가 없었다. 그래서 앞질러 달려가 돌무화과나무로 올라갔다. 그곳을 지나시는 예수를 보려는 것이었다. 자캐오의 모습을 본 예수는 말했다.

"자캐오야, 얼른 내려오너라. 오늘은 내가 네 집에 머물러야 하겠다"(루카 19,5).

이는 파격적인 선언이었다. 이로써 그도 사랑받을 자격이 있다는 사실을 알게 되었다. 이렇게 그는 '열등감'을 치유받고 다음과 같이 감사의 표현을 하였다.

"보십시오, 주님! 제 재산의 반을 가난한 이들에게 주겠습니다. 그리고 제가 다른 사람 것을 횡령하였다면 네 곱절로 갚겠습니다"(루카 19,8).

그에게는 또 다른 콤플렉스가 있었다. 키가 너무 작아 조상탓을 하며 살았다. 스스로 좋은 혈통이 아니라고 생각했던 것이다. 예수는 그의 온전한 치유를 위해 이를 확실히 선언해 주었다.

"오늘 이 집에 구원이 내렸다. 이 사람도 아브라함의 자손이기 때문이다"(루카 19,9).

'아브라함의 자손'이란 말은 무슨 뜻인가? 한마디로 축복받은 가문의 후예라는 말이다. 결국 이 말 한마디로 자캐오는 혈통콤플렉스로부터 치유를 받은 셈이다.

키가 너무 작아 나무 위에 올라가서 예수를 볼 수밖에 없었던 자캐오. 그러나 그는 예수와의 만남을 통해 진정으로 큰 사람이 되었다.

전인 치유를 위한 팁

'이것은 내 책임이다'라고 말한다

어느 사람이 독화살을 맞았다. 그 사람을 살리기 위해 꼭 '독화살'이 날아온 방향과 독의 성분을 분석할 필요가 있을까. 그냥 화살을 빼주고 독을 빨아내주면 되는 것이다.

마음에 꽂힌 독화살을 치유하는 방법도 마찬가지다. 앞에서 굳이 개념 구분을 해 봤지만, 우리에게는 자신의 상처를 직시하는 능력이 부족하다. 그냥 상처는 상처인 것이다. 그것을 구별하고 분석하는 것 자체가 또 하나의 괴로움인 경우도 허다하다. 그러므로, 그 실체를 모르더라도 효과적인 방법들을 쓸 줄 알아야 한다.

무엇보다도 강력한 전인 치유의 길은 '책임'을 받아들이는 태도에 있다.

브라이언 트레이시는 심리학자들의 통찰에 의거하여 책임을 치유의 열쇠라고 보았다.[4] 그러면 이제부터 이 '책임'에 대해서 알아보자.

깊이 생각해 보면, '책임감 = 자기제어 = 자유 = 긍정적인 감정'의 공식이 성립한다. 반대로 '무책임 = 제어상실 = 속박 = 부정적인 감정'의 공식도 진실이다. 한번 자신의 내면에서 일어나고 있는 심리현상을 섬세하게 관찰해 보라. 이 놀라운 공식의 진실성에 감탄하게 될 것이다. 이것을 깨닫게 되면 당신은 이제 부정적인 자의식으로부터 쉽게 해방될 수 있다.

책임감이 높은 사람들은 대부분 긍정적이고 낙천적이고 자신감에 차 있다. 반면 무책임한 사람들은 부정적이고 비관적이며, 패배주의적이고 냉소적이다. 동시에 목표가 없고 자신감도 없다. 책임을 진다는 것은 미래 지향적 행동이지만, 분노와 원망으로 누군가 비난할 대상을 찾는 것은 과거 지향적 행동이기 때문이다.

이러한 책임감은 통제력과 자유를 동시에 지닌다. 이것은 우리에게 대단히 긍정적이고 진취적인 느낌을 불러일으킨다. 즉, 우리는 책임을 받아들이는 만큼 행복해진다. 그러나 무책임한 태도, 이로 인해 통제력과 자유가 없다는 느낌은 불행, 분노, 좌절 등 부정적인 느낌을 만들어낸다.

사실 무엇이든지 선택은 우리에게서부터 시작된다. 흔히 사람들은 사기를 당하면 사기꾼을 증오하고 원망하지만, 따지고 보면 이는 일종의 책임 회피다. 내가 선택했기 때문에 당한 것이다. 이것을 받아들이는 것이 책임감이다.

"이것은 내 책임이다." 이 말은 자아의 치유에 있어 가장 효과가 큰 긍정문이다. 이 말을 하는 순간 우리는 마음이 차분해지고 여유가 생기면서 상황을 좀더 명료하게 볼 수 있게 된다.

여기에 한걸음 더 나아가 누군가 우리에게 자신의 문제나 불만을 이야기할 때에도, 먼저 진심으로 공감해준 다음 그 문제에 대해 책임질 사람은 바로 당신이어야 한다는 사실을 일깨워주는 자세가 필요하다. 자신의 인생에 100% 책임을 지겠다는 자세, 바로 이것이 자아 치유의 관건이자 출발점이다.

소울 힐링을 위한 시간을 갖는다

전인적 자가치유의 또 다른 방법은 영혼의 치유를 위한 시간을 내는 것이다. 켈트인에게 전해 내려오는 글에 이런 것이 있다.

"지쳐버린 많은 사람은 그동안 자기 자신에게 시간을 주지 않았다. 일을 잠시 멈추고 자신들의 영혼이 따라올 시간을 주지 않은 것이다. 자신에게 시간을 충분히 주는 것은 단순하면서도 꼭 필요한 일이다. 모든 일을 잠시 내려 놓고, 그동안 무시했던 그대의 영혼이 다시 그대를 만나게 하라. 그것은 그대의 잊혀진 신비와 다시 가까워지는 멋진 일이다."

덥썩 시간을 낸다고 그냥 치유가 이루어지는 것이 아니다. 시간을 내어 주변과 마음에 빈 공간을 확보하려 시도해 볼 때 그 치유가 슬슬 시작될 수 있다.

사업에 실패하여 이혼까지 당하고 인생의 밑바닥에서 자살 충동과 우울증으로 허우적대던 한 남자가 있었다. 그의 이름은 마스다 미츠히로. 그런 그가 다시 일어설 수 있던 배경에는 '청소'라는 다소 엉뚱해 보이는 처방이 있다. 그는 청소가 자기 인생에 가져다준 변화의 힘을 책으로 써내 일약 베스트셀러 작가가 되었다.

사업 실패로 방에 틀어박혀 술로 시간만 보내던 어느 날, 그에게 친구 한 사람이 찾아왔다. 친구는 가난했지만 청소를 직업으로 하고 있었다. 오랜만에 찾아온 친구는 그에게 청소를 하자고 제안했고, 둘은 온 집안을 깨끗하게 청소했다. 그런데 바로 그 경험이 미츠히로에게 엄청난 변화를 가져다 주었다.

"그래, 버린다는 것은 새롭게 시작한다는 것이다!"

그는 청소를 통해 버림으로써 인생의 새로운 변화의 순간을 맞이했던 것이다. 이후 그는 그 친구와 함께 청소 전문회사를 차려 회사의 성장에 전력투구했으며, 자신의 경험을 책으로 출판해 세상 사람들에게 '청소의 미학'을 강의하고 다니기 시작했다.

"필요 없는 고민처럼 우리 일상에 늘어진 잡동사니를 치우다 보면, 자연스레 하고자 하는 일에만 집중하게 되죠."[5]

그는 깨달았다. 쓸데없는 물건을 버리고 정리할 줄 알아야 자신의 마음속에 있는 부정적인 생각을 없앨 수 있고, 그런 다음 긍정적인 마음을 키우면 그것이 곧 행복한 인생으로 가는 지름길이라는 것을.

이것이 소울 힐링의 구체적인 접근법이다. 주변의 쓰레기와 마음의 쓰레기를 말끔히 청소하고, 이제 영혼의 청소를 위해 휴식을 취해 보는 것이다.

이때, 치유는 불현듯 하늘에서 내려올 수도 있다. 괴테는 이렇게 노래하였다.

"먼저 행하는 사람,
자기의 빵을 눈물 흘리며 먹어보지 아니한 사람,
근심으로 가득한 밤에 잠자리에서
울어보지 아니한 사람,
그대는 모르리라.
그대, 하늘의 힘을."

괴테는 하늘의 힘을 믿고 있었다. 위로라 해도 좋고 치유라 해도 좋을, 그 황홀한 터치를 그는 믿고 있었다. 이런 치유를 위해서는 모든 것으로부터의 멈춤이 필요하다. 잠시 그 어느 치유의 손길이 어루만지도록 자신을 내어드릴 휴식의 시간이 필요하다.

의미를 발견한다

아무리 경제적으로 풍족한 삶이라 할지라도 삶의 중요한 가치들을 놓치고 있다면 반드시 어느 순간 자아는 상처를 입게 된다.

이럴 때 의미는 가장 강력한 치료제일 수 있다. 우리는 열심히 사는 것도 중요하지만, 의미 있게 사는 것 역시 중요하다. 가족과 이웃과 사회 안에서 좋은 관계를 맺고, 경제적인 부분을 넘어서 배려와 나눔을 실천할 수 있는 삶 속에 진실된 보람과 기쁨이 있다.

'의미요법'으로 유명한 빅터 프랭클은 어느 날 새벽 2시경 한 통의 전화를 받았다. 착 가라앉은 여자의 목소리가 들려왔다.

"당신이 그 유명한 정신과 의사인 프랭클인가요?"

"그렇습니다만……."

"밤 늦게 죄송해요. 그러나 전 살 힘이 조금도 남아 있지 않다구요. 그래서 지금 죽으려고 제 손에 약을 한 움큼 갖고 있어요. 전 이제 죽어요."

프랭클은 다급하게 부인을 제지시키며 설득하기 시작했다. '어떤 경우에도 자살할 필요는 없다', '죽을 각오로 노력하면 극복하지 못할 어려움은 없다'라는 말들로 그녀의 마음을 바꾸려고 노력했다.

한참 이야기를 나누던 그녀는 프랭클의 말대로 자살을 미루는 대신 지금 좀 만나자고 했다. 프랭클은 허락하고 그녀를 기다리면서 몹시 궁금했다. 도대체 어떤 말이 그녀로 하여금 자살할 마음을 멈추게 했을까?

그 여인을 만난 프랭클은 다음과 같은 대답을 들을 수 있었다.

"저는 선생님이 저에게 무슨 말을 했는지 전혀 기억이 나지 않아요. 제가 자살할 마음을 바꾼 것은, 생판 모르는 여자가 밤늦게 전화해 죽겠다고 넋두리를 늘어놓는데도 전혀 싫은 기색 없이 애쓰시는 선생님을 생각하니, 이런 사람이 있는 세상이라면 아직은 살아볼 의미가 있다는 생각이 들었기 때문이에요."

바로 의미가 사람을 살렸다. 이것은 치유가 아니라 소생이다.

의식의 지평을 넓힌다

의식의 지평을 넓히는 것 역시 전인 치유의 묘약이다.

그런데, 치료와 치유는 어떻게 다를까? 치료와 치유는 종종 같은 뜻으로 쓰인다. 그러나 좀 더 엄밀하게 구분해 본다면, 치료는 어떤 증상에 대한 회복을 뜻하지만 치유는 좀 더 포괄적이고 근본적인 의미를 내포하고 있다. 증상에 대한 치료가 불가능할 때도 치유는 일어날 수 있다.

20세에 암으로 죽은 매튜라는 청년은 죽기 10개월 전 다음과 같은 시를 쓰고는 죽음을 초월한 삶을 살다 갔다.

태양이 없으면 우리는 무지개를 가질 수 없지.
비가 없어도 우리는 무지개를 가질 수 없지.
아, 태양과 비, 웃음과 고통,
그것들이 함께 어울려 무지개를 만드는 거지.
(You can't have it without the sun,
You can't have it without the rain,
Oh the sunshine and the rain,
the laughter and the pain,
together they make rainbows.)

이 시에서 무지개는 인생을, 태양은 삶의 긍정적이고 행복한 면을, 비는 삶의 어둡고 슬픈 면을 말한다. 그런데 이 시는 인생이 밝고 행복한 면과 어둡고 슬픈 면이 섞여 이루어진 것이니, 비록 어둡고 슬픈 상황이 닥칠지라도 그것을 초월하여 고고한 태도를 유지하자고 하는 것이다.

매튜는 비록 자신의 병을 치료할 수는 없었지만, 인생은 행복과 불행이 섞여 이루어져 있다는 사실을 깨닫고는 치유를 경험했던 것이다. 그래서 그는 마음의 평화를 얻고 주위 사람들과 사랑을 나누며 살다가 죽었다고 한다.[6]

이런 치유야말로 자아완성이 이루어지는 위대한 탄생의 순간이다.
그리하여 자아가 점에서 무한 공간으로 이어져 있으니.
나에게서 너에게로 잇닿아 있고,
지금에서 영원으로 뻗어 있으니.

비록 침묵이라도

고 김수환 추기경이 독일의 쾰른에 있는 어느 지하 방공호를 찾았을 때 그 곳 벽에 다음과 같은 시가 씌어 있는 것을 발견했다.

태양이 구름에 가려 빛나지 않을지라도
나는 태양을 믿습니다.
주위에 사랑이라고는 전혀 느낄 수 없지만
나는 사랑을 믿습니다.
하느님이 비록 침묵 속에 계신다 할지라도
나는 하느님을 믿습니다.[7]

히틀러의 나치 정권 하에서 시시각각 죽음과 맞닥뜨리던 이 사람은 죽음의 공포 속에서 이 시를 쓰면서 얼마나 커다란 위로를 받았겠는가. 그뿐 아니라 그는 이 신념을 통하여 그의 내면에 먹구름을 드리운 절망으로부터 치유를 받았을 것이다.

지금을 잡는다

행복하신가요?

나이 50줄에 국내 유명 여성지 인터뷰 요청이 많이 들어온다. 밀리언셀러 『무지개 원리』 덕이다. 천생 총각인 나에게 아이러니라는 생각이 들어 면구스러울 때가 있다. 기자들은 단도직입적으로 "행복이 뭐냐"고 묻는다. 그들은 이렇게도 묻는다.

"신부님은 어떠신지요? 진짜 행복하세요? 책 보니까 고생도 많이 하셨던데 혹시 자신이 불행하기 때문에 행복하고 싶어서 그러는 거 아니세요?"

나의 답은 한결같다.

"나는 행복합니다. 지금도 행복합니다. 스스로 행복하다고 말하지도 못하면서 '행복'에 대해 말하고 다닌다면, 그게 바로 사기꾼이지 않겠어요?"

"정말 힘들 때가 있을 텐데요. 그럴 때도 행복하신가요?"

"그럼요! 나는 그럴 때를 대비하여 이미 마음에 생각의 장치를 설치해 놨습니다. '나는 행복할 의무가 있다. 왜냐? 그만큼 행복론을 강의하고 다녔으니까. 고로 행복은 내 의무이며 책임이다'라고 말입니다."

흔히 사람들은 '의무'라는 말을 부정적으로 받아들인다. 나는 이 의무라는 말을, 말하자면 뒤엎어서 쓰기 좋아한다. 예를 들어 나는 이런 말을 잘 쓴다.

"나는 잘 될 의무가 있다."

"나는 행복할 의무가 있다."

여기서의 '의무'는 우리가 부담을 느끼는, 혹은 강박을 느끼는 부정적인 뉘앙스의 단어가 아니라 '반드시 그렇게 돼 있다'의 역설적인 표현이다. 마치 영어에서 '~임에 틀림없다'와 같은 강한 짐작을 뜻하는 '머스트 비'(must be)와 비슷하다고나 할까.

그러기에 여기서의 의무는 항상 나의 확신이자 신념이며 기대다.

기자들의 질문은 끈질기다. 이쯤에서 멈춰주질 않는다.

"그렇게 마음먹는다고 뜻대로 되나요? 그게 과연 가능한가요?"

"가능합니다. 그냥, 이유 없이, 무조건 행복하기로 선언하고 그대로 이행하면 됩니다. 오늘 하루 웃으면 되고, 수없이 부딪히는 선택의 순간에 '만족'을 선택하면 되는 것입니다……."

이 실갱이에서 나는 단 한치도 밀리고 싶지 않다. 미국의 영성심리학자 존 포웰은 자신의 세면대 거울 위에 한 문장의 글을 오려 붙여놓고, 매일 거울을 들여다 볼 때마다 읽었다고 한다. 이 문장이었다.

"당신은 지금, 오늘 당신의 행복을 책임질 사람의 얼굴을 보고 있다."

이제 '무지개 선순환'의 중심에 들어섰다. 바로 행복의 지대, 기쁨의 동산이다.

발생시키라

해피니스

행복의 비결은 영어 단어 'Happiness'에 함축되어 있다. 행복을 뜻하는 이 단어의 어원은 '발생한다'는 뜻을 지닌 'Happen'이다. 이는 "행복은 발생되는 것이지 소유되거나 쟁취되는 것이 아니다"라는 사실을 시사한다.

소유는 어려워도 발생은 쉽다. 발생은 발상의 전환으로도 가능하기 때문이다. 지금 한번 미소지어 보라. 큰 소리로 웃어 보라. 행복한 분위기를 만들어 보라. 다른 게 행복이 아니다. 바로 이러한 것들이 행복이다. '내가 주체가 되어 발생시킬 수 있는 것', 그것이 행복인 것이다.

그런데 행복을 발생시키는 데도 요령이 필요하다. 그것을 터득하려면 훈련이 필요하다. 고대 그리스 철학자들은 그 훈련을 '아스케시스'(askesis)라고 불렀다. 그들이 말하는 훈련은 이성의 힘을 빌린 자기조절을 통해 감정의 주인이 되도록 연습시키는 것이었다. 그리스 철학자들은 이를 위해 '행복학교'를 열어 운영했다고도 한다.

나는 이 시대 가장 효과적인 행복학교가 바로 '무지개 원리'라고 여긴다.

'긍정적인 생각'에 익숙해지면 어떤 악조건에서도 행복이 발생한다.

마음 밭에 '지혜의 씨앗'을 뿌려두면 그 지혜로 인해 행복이 만발한다.

'꿈'과 '신념'으로 충일한 사람은 늘 싱글벙글할 수밖에 없다.

'말'에도 행복을 증폭시키는 말이 있으니, 이 또한 행복의 샘이다.

'습관'은 또한 어떠한가. 행복도 습관이니, 일단 습관이 형성되면 버릇처럼 행복하게 마련이다.

'절대로 포기하지 않기'는 어떤 역경에도 웃을 수 있는 저력이 되어준다.

그러니 '무지개 원리'는 행복발생기라 불러도 지나침이 없다 하겠다.

여기에 하나 더, 행복을 발생시키는 방법 중 하나로 '몰입'이 있다. 걱정과 근심을 피하기 위하여, 무엇인가 자신이 좋아하는 것에 몰입해보자. 그것에 집중하다 보면 자연스럽게 얻어지는 것이 '행복'이다. 긍정심리학자들은 이러한 몰입현상을 '플로우'(flow)라고 부른다.

실제 무엇이든 플로우 활동이 될 수 있다. 독서, 묵상, 사람 사귀기, 산책하기, 노래 부르기 등 뭐든 상관없다. 이러한 몰입을 위해서는 반드시 '여기', 그리고 '지금'이라는 공간이 필요하다. 따라서 실패했던 과거나 불안한 미래 따위는 중요치 않게 된다.

얼굴을 펴면 인생길이 펴진다

우리가 평생 웃는 웃음은 얼만큼 될까?

보통 인간이 일흔 살까지 산다고 가정할 때 잠자는 데 보내는 시간은 23년, 양치질하고 씻는 데 2년, 일하는 데 26년, 화장실 가는 데 1년,

거울 보는 데 1년 반, 차 타는 데 6년, 누군가 기다리는 데 3년, 아침·저녁으로 신문 보는 데 2년 반, 텔레비전 앞에 있는 시간이 4년 정도라 한다. 그렇다면 웃는 시간은 과연 얼마나 될까? 대략 1~2년 정도?

놀라지 마라. 하루 열 번 웃는다 해도 시간으로 따지면 고작 5분 정도, 평생을 합쳐야 우리가 웃는 데 보내는 시간은 80일 정도 내외다. 더 정확하게 말하면 한 번 웃을 때 걸리는 시간을 몇 초 정도로 계산한다면 40일 내외뿐이라는 얘기다. 우리의 인생에서 행복의 시간은 이처럼 너무나 짧다.

당신은 지금 웃고 있는가? 진정 행복한 삶을 살고 있는가?

우리는 웃으면 좋은 일이 생긴다는 말을 숱하게 들었다. 새로운 얘기는 아니지만 그냥 지나치는 것도 바람직하지 않은 대목이다.

웃는 얼굴처럼 좋은 인상은 없다. 사람을 만날 때 첫인상은 대단히 중요하다. 첫인상은 보통 3초 안에 결정된다고 한다. 첫인상에 대한 아주 흥미로운 연구가 캘리포니아 대학의 심리학과 교수인 알버트 메라비안에 의해 이루어졌다. 그는 커뮤니케이션에 있어서 언어적인 요소 (말하는 내용)가 7%, 외모·표정·태도 등 시각적인 요인이 55%, 그리고 목소리 등 청각적인 요인이 38%를 차지한다고 했다. 그리고 이러한 원칙은 첫 만남에서 가장 강력하게 나타난다고 한다.

그의 연구를 웃음의 측면에서 보면 웃는 얼굴과 웃음소리가 첫 만남의 93%를 지배한다고 해도 무방할 것이다.

『얼굴』이라는 책으로 베스트셀러 작가 반열에 오른 미국의 과학 저널리스트 대니얼 맥닐은 그의 저서에서, 판사들이 재판에 임할 때 공평무사하게 판결을 내리는 것 같지만 실제로는 재판 중에 미소를 짓는 피고인에게 더 가벼운 형량을 선고한다고 밝혔다. 가장 객관적이고 논리적인 곳이어야 할 법정에서도 웃음과 미소가 최고의 변호사가 될 수 있다는 이야기다.

또 웃음이 건강에 매우 유익하다는 통계는 다양하게 있다. 그러기에 미국의 빌 메모리얼 병원에는 이런 말이 적혀 있다고 한다.
"하루에 15초 정도 웃으면 이틀을 더 오래 산다."

사랑하라

이런 말이 있다.
"우리 인생은 빨리 지나가지만, 사랑이 깃든 일은 영원하다."
누군가를, 무엇인가를 사랑하면 행복해진다. 이것은 영원불멸한 진리다. 사랑은 모든 것을 가능케 하고, 모든 것을 완성한다. 20세기 뛰어난 영적 사상가로 꼽히는 에멧 폭스는 그의 시 '황금의 문'에서 이러한 사랑의 본성과 위대함을 노래하고 있다.

황금의 문

사랑은 공포를 몰아낸다.
사랑은 온갖 죄를 덮어준다.
사랑은 그 누구에게도 지지 않는다.
충분한 사랑이 정복할 수 없는 어려움이란 없다.
충분한 사랑이 이겨낼 수 없는 질병은 없고,
충분한 사랑이 열 수 없는 문은 없고,
충분한 사랑이 건널 수 없는 바다는 없고,
충분한 사랑이 무너뜨릴 수 없는 벽은 없고,
충분한 사랑이 구제할 수 없는 죄는 없다.

문제가 아무리 깊이 자리 잡고 있더라도,
아무리 미래가 어둡더라도,
아무리 심하게 얽혀 있고, 아무리 실수가 크더라도,
충분한 사랑은 그것 모두를 녹여버린다.
우리가 충분한 사랑을 할 수만 있다면
우리는 이 세상에서 가장 행복하고
가장 강력한 힘을 가진 사람이 될 것이다.

인생의 수많은 물음과 의미와 목적들은 모두 사랑으로써 그 답을 찾을 수 있다. 사랑은 시작이자 끝이다. 삶을 사랑으로 가득 채우자. 그것이 바로 우리가 추구하는 진정한 행복의 열쇠다.

누려라

행복에 대한 편견

　우리는 대개 '성공하면 행복하다'고 생각한다. 이는 그야말로 착각이다. 많은 성공한 사람들 중에는 진정한 행복을 느끼는 이가 상당히 적다. 가진 것을 지키기에 급급해 한다거나 더 큰 야망을 불태우기에 초조한 인생이 되기 쉽기 때문이다. 모든 것을 권력과 돈으로 해결할 수 있다는 착각에도 빠지기 쉬우나, 실상 가치 있는 것이란 그러한 것들로는 절대 얻을 수 없기에 허무함만이 쌓이게 된다. 이는 유명 연예인이나 사회적인 거부들의 자살이나 부적절한 스캔들에서 그 한 단면을 볼 수 있다.

　1923년, 소위 경제적으로 성공했다고 하는 세계적인 부호 아홉 명이 시카고에 있는 에지워터 비취 호텔에 모였다. 각각을 언급해보면, 세계 최대의 강철회사 사장인 찰스 스왑, 최대의 전자제품회사 사장인 사무엘 인설, 최대 가스회사 사장인 하워드 홉슨, 최대 양곡 투기업자인 아서 커터, 뉴욕의 증권시장 사장인 리처드 위트니, 대통령 안보 담당 보좌관인 알버트 폴, 유명한 시장업자 제시 리버모어, 세계 최대 전매회사 사장인 이발 크로이거와 안전은행 행장인 레온 후레이져 등 이렇게 아홉 사람이었다.

그런데 25년 후 이들은 어떻게 변해 있었을까? 페더럴 리저브 은행이 발표한 바에 의하면 다음과 같다.

강철회사 사장이었던 찰스 스왑은 파산하여 마지막 5년을 빚더미에 있었고, 전자제품회사 사장인 사무엘 인설은 법정과 빚쟁이들을 피해서 망명 생활을 하다가 죽었고, 가스회사 사장이었던 하워드 홉슨은 미쳐서 정신 병원에서 자살했고, 양곡 투기업자였던 아서 커터는 파산하여 외국에서 망명 생활을 하다가 객사했고, 뉴욕 증권시장 사장이었던 리처드 위트니는 오랫동안 감옥 생활을 하다가 막 풀려 나온 참이었고, 월가의 유명 재벌이었던 제시 리버모어와 이발 크로이거와 레온 후레이져 세 사람은 모두 자살했다.

그들에게는 물질적인 것, 그리고 일시적인 수단과 목적만이 중요했을 따름이었다. 그러기에 그들이 아무리 오늘날 성공의 필수 조건인 돈, 명예, 권세 모두를 다 가지고 있었던들 결국 비참한 패배자로 전락할 수밖에 없었던 것이다.

이런 일은 왜 일어났을까? 그리고 이 이야기가 우리에게 던져주는 경종은 무엇인가?

답은 짧다. 저들의 불행은 저들이 손에 있는 행복을 누리는 법을 몰랐기 때문에 생겼다. 우리가 명심할 것은 행복을 누릴 줄 알아야 한다는 것이다.

행복은 소유되지 않는다. 행복은 누리는 자의 몫이다. 그러면 어떻게?

안 팔아

밥 러셀의 책 『Money: A User's Manual』에서 한 농부가 우리의 행복을 위한 멘토가 되어준다.

농부는 자기 농장 안 호수를 관리해야 하는 것이 늘 불평거리였다. 풀밭을 초토화시키는 살찐 젖소들도 이만저만한 골칫거리가 아니었다. 울타리를 치고 가축을 먹이는 일도 지긋지긋했다. 그래서 부동산 중개업자에게 농장을 매물로 내놓았다.

며칠 후 중개업자로부터 광고문을 확인해달라며 농부에게 전화가 왔다.

"조용하고 평화로운 곳, 굽이굽이 이어진 언덕이며 보드라운 목초가 쫙 깔린 곳. 깨끗한 호수로부터 자양분이 들어오고 가축은 무럭무럭 자라는 축복의 땅."

이야기를 듣고 있던 농부가 말했다.

"마음이 바뀌었소. 농장을 팔지 않겠소. 그 땅이 바로 내가 평생 찾고 있던 땅이오."

행복은 이미 우리 곁에 있다. 누리기만 하면 되는 것이다. 모든 것은 소유하는 사람의 것이 아니고, 그것을 보고 즐기는 사람의 것이다.

꽃은 꺾어서 화분에 담을 수 있다. 그러나 봄은 화분에 담을 수 없다.

누리는 것이 곧 지혜다. 장미 한 송이가 자신이 지닌 향기를 다 표현하는 데는 열두 시간이 소요된다고 한다. 이 말은 곧 하나의 장미향을 온전히 누리기 위해서는 열두 시간이 필요하다는 것을 의미한다. 한순간 반짝하고 향기를 맡을 수는 있어도, 시간에 따라 변하는 그윽한 향기를 누리는 사람은 드물다. 우리는 얼마나 피상적으로 누리며, 순간적으로 사는가.

'누린다'는 것은 궁극적으로 무엇을 뜻하는가? 한마디로 하늘의 은혜를 훔치는 것이라고 말할 수 있다.

소유 지향의 삶을 살면 샹들리에가 걸려 있는 천장만 보며 살지만, 존재 지향의 삶을 살면 별이 빛나는 하늘을 보며 살 수 있다. 하느님이 매달아 놓으신 더 멋진 샹들리에를 바라보며 살 수 있는 것이다. 또한 소유 지향의 삶을 살면 자신의 울타리 안 정원만을 즐기지만, 존재 지향의 삶을 살면 온 지구를 정원으로 즐길 수 있다.

요컨대, 진정한 부는 소유하는 자의 것이 아니라 누리는 자의 것이다. 이 깨달음은 우리에게 엄청난 해방감을 준다. 왜 우리는 죽을 때까지 돈을 모아야 되고, 큰 집을 지어야 되고, 아등바등하며 인생을 허비해야 하는가. 따지고 보면, 그렇게 정신없이 살다가 허둥지둥 죽는 것이 많은 이가 걷는 코스가 아닌가. 그건 비극이다. 그러기에 아예 생각을 바꿔 지금 주어진 것을 누리라는 것이다.

행복을 위한 시간

『개미』와 『뇌』를 쓴 프랑스 유명 작가 베르나르 베르베르는 말한다.

"가장 똑똑한 뇌는 지금 현재 여기서 만족하는 뇌다."

행복을 위한 시간은 바로 지금이며 행복을 위한 장소는 바로 여기라는 얘기다.

J. 모리스의 『잠깐만요』에는 갠지스 강변에 살았던 어부, '살림'에 대한 전설이 실려 있다.

어느 날 밤, 살림은 고된 일과를 마치고 눈을 반쯤 감은 채 집으로 돌아오는 길에 자기가 부자가 된다면 어떻게 할까 하는 생각을 하고 있었다. 그때 갑자기 작은 돌처럼 느껴지는 것들로 가득 찬 가죽주머니가 그의 발에 채였다. 그는 그 주머니를 주워 그 속에 든 돌을 물 속으로 던지기 시작했다. 그는 이렇게 말하며 돌을 던졌다.

"부자가 되면 난 큰 집에서 살 거야."

그는 또 하나의 돌을 던지며 속으로 말했다.

"하인들을 고용하고 기름진 음식을 먹을 거야."

마지막 한 개의 돌이 남을 때까지 그는 계속해서 던졌다. 살림이 마지막 돌을 손에 쥐고 들어 올리자 돌이 광선을 받아 번쩍였다. 그때 그는 그 돌들이 귀중한 보석이라는 것을 깨달았다.

이 어부는 가상의 부에 대해 헛된 꿈을 꾸고 있는 동안 손에 쥐고 있던 진짜 '부'를 내던지고 있었던 것이다. 이처럼 우리의 삶을 부유하게 만들 수 있는 '모든 것'을 우리는 이미 우리 손안에 가지고 있다.

시인 정현종은 행복을 놓치고 아쉬운 마음을 이렇게 읊었다.

모든 순간이 꽃봉오리인 것을

나는 가끔 후회한다.

그때 그 일이

노다지였을지도 모르는데…….

그때 그 사람이

그때 그 물건이

노다지였을지도 모르는데…….

더 열심히 파고들고

더 열심히 말을 걸고

더 열심히 귀 기울이고

더 열심히 사랑할 걸…….

반벙어리처럼
귀머거리처럼
보내지는 않았는가,
우두커니처럼…….
더 열심히 그 순간을
사랑할 것을…….

모든 순간이 다아
꽃봉오리인 것을,
내 열심에 따라 피어날
꽃봉오리인 것을![8]

행복한 사람은 '미래'를 위해 살지 않는다. '지금'이 바로 행복의 순간이다. '여기'가 바로 행복의 장소다. '지금 여기'는 우리의 일상생활을 의미한다. 매일매일 경험하는 평범한 것, 일상적인 것들이 행복의 계기다. 걸레질을 하는 그 순간, 설거지를 하는 그 순간, 빨래를 하는 그 순간이 당신을 위한 행복의 순간이다. 그것을 지겹게 생각하고 대충 끝내고 다른 즐거움을 좇겠다고 하면 그 즐거움은 파랑새처럼 영원히 붙잡을 수 없다.

잊지 말자. 당신의 '오늘'은 당신이 살아온 과거의 총결산이며 당신이 맞이할 미래의 담보다. 당신이 오늘 하루를 어떻게 사느냐가 당신의 과거와 미래를 죽일 수도 있고 살릴 수도 있다.

흐르게 하라

공감력의 회복

'무지개 선순환'의 대미는 나눔 곧 흐름이다.

나눔은 흐름이다. 받았으니 흘려보내는 것이다. 그러기에 나눔이 멈춰지면 고이고 썩는다. 나눔은 우리가 받은 은혜의 물결이 청정도를 유지하는 비결이다. 결국 나눔은 나 자신을 위한 것이다.

그런데 왜 나눔이 어려운가? 공감 능력이 고장났기 때문이다.

한 다섯 살 때쯤이었던 것으로 기억한다. 당시 나의 집은 먹고 살기 위한 수단으로 양계장을 운영했다. 봄철 어느 날, 다섯 살배기 눈에 병아리가 알을 깨고 나오는 부화의 장면이 포착되었다. 그 경이의 순간을 목격한 뒤로 아이의 놀라움과 호기심은 좀처럼 가실 줄 몰랐다.

며칠 후 마침내 기회가 왔다. 공무원이었던 아버지는 출근을 하셨고, 형들과 누이는 학교에 갔고, 집을 지키던 어머니가 품앗이로 동네 모내기를 도와주러 나가셔서 집이 텅 비어 있었다. 이때다 싶었다. 순간 그동안 꾹 눌러두고 있던 호기심이 불쑥 고개를 들어 부화실이 있던 광쪽으로 손짓했다. 광 안에는 여러 마리의 닭들이 저마다 달걀이 가득 담긴 광주리 하나씩 품고 앉아 있었다. 들어서니 수많은 병아리들이 자신들을 꺼내달라 외치는 듯했다.

나는 그 속에서 하나를 꺼내 깨뜨렸다! 어라! 그런데 삐악삐악 거리며 탄생의 기쁨을 노래할 병아리는 그 안에 없었다. 다른 광주리에서 하나를 골라 또 깨뜨려 보았다. 역시나 마찬가지였다. 또 다른 광주리에서 하나를 깨뜨렸다. 이번에는 병아리 형상이 약간 보였다. 신기했다. 반복 깨트리기를 하며 달걀 속에서 병아리가 어떻게 형성되는지를 확인하게 되었다. 결국 그날 부화실에 있던 모든 병아리들은 태어나기도 전에 죽음을 맞이하는 비극을 당했다. 그 비극은 고스란히 나의 비극이기도 했다.

대참사의 현장은 우선 이웃집 할머니께 발각되었다. 놀라신 할머니가 한 말에 비로소 나는 사태의 심각성을 깨달았다.

"아이구, 이 놈 봐라. 한 해 양계 다 망쳐놨군. 니 엄마 돌아오면, 너는 이제 죽었어!"

그러면 어떡하지? 다섯 살배기 아이에게 그 말은 마치 사형선고같이 들렸다. 일단 집 근처 어딘가에 몸을 숨겼다. 걱정과 후회는 점점 불어만 갔다. 저녁이 되고 어두워졌지만 집에 들어가지 못하고 문밖에서 서성였다. 이상한 것은 난리가 났어야 하는 집안이 아무 일도 없었던 듯이 너무 조용하다는 점이었다. 나는 눈치를 살피며 겨우 집으로 기어들어갔다. 무시무시한(?) 파국은 일어나지 않았다. 부모님은 나에게 그 일에 대해 아무런 책임을 묻지 않으셨다.

나는 한참이 지난 후에야 그 이유가 아들이 놀랄까 봐 부모님께서 일부러 연출하신 작전이었음을 알게 되었다. 사실 그 사고는 확실히 한 해 양계를 망쳐놓을 만큼 큰 규모였다. 하지만 부모님께서는 한 해 양계보다 아들이 더 소중했기에 그냥 모른 척하고 넘어가 주셨으리라.

병아리 얘기가 나와서 말인데, 그 다음해 반전이 되는 일이 하나 생겼다. 어느 날 나는 무녀리 병아리들이 처참하게 버려진 모습을 보게 되었다. 그것은 양계장에서 흔히 있는 관행이었다. 그 속에서 두 녀석이 용케도 살아있는 걸 확인한 나는 그놈들을 들고 울면서 앞집 할머니께로 달려갔다.

"할머니, 얘네들 좀 살려주세요. 불쌍해요. 엉엉."

그토록 그들이 불쌍해 보였던 것은 병아리들에 대한 나의 진심어린 보속 아니었을까. 결국 그들이 건강하게 자라는 것을 보며 느꼈던 그 안도감이란.

해마다 푸르른 봄이면 유년의 사랑에 휩싸인다. 넘치게 받은 사랑, 기꺼이 주는 사랑…… 그 안에서 나는 언제나 행복하다.

공감능력을 영어로 컴패션(compassion)이라 부른다. 연민 곧 측은지심이다. '측은지심'은 또 다른 말로 '인'(仁)이다. '인'은 상대방의 느낌을 내 것으로 느끼는 것, 상대와 내가 통하는 것을 뜻한다. 그렇다면 무엇이 통하는 것일까? 저 사람의 감각과 나의 감각이 통한다는 뜻이다. 한의학에 '불인'(不仁)이라는 단어가 있다. 이는 마비된 상태를 가리키는 단어다. 상대와 통하지 않을 때 우리는 정신적으로 '불인'됐다고 할 수 있다. 상대방은 지금 배고픈데, 슬픈데, 고통스러운데 나는 전혀 느낌이 없다면 이는 '불인'이다.

그러므로 이 컴패션, 연민, 인이 먼저 회복되어야 한다.

누군가 우리의 사랑을 목 마르게 기다리고 있다. 당신의 주위에 나눌 만한 사람이 없는지 끊임없이 돌아보라.

"주는 것이 받는 것보다 더 행복하다"(사도 20,35).

기쁘게 나눌수록, 풍족하게 나눌수록 나에게 돌아오는 보상은 크다.

행복의 유통

행복을 유통시키다 보면 이상한 셈법을 배우게 된다.

"준 것이 아니라 받은 것이다."

철강왕 카네기는 나눔을 통하여 불명예를 버리고 진정한 명예를 얻었다. 그는 돈 그 자체에 목적을 두고 번 것이 아니라, 사회 발전을 위한 수단으로 삼았던 나눔의 가치관을 지닌 인물이었다. 그의 명언 중에는 "부자가 되어서 부자로 죽는 것은 불명예다"라는 말이 있을 정도다. 그는 철강 산업으로 엄청난 재벌이 되었으나 그 재산을 후손에게 물려주지 않고 모두 사회에 환원하였다. 그가 사회로 환원한 돈은 자그마치 5억 달러에 달한다고 한다. 이를 입증하듯 피츠버그에 있는 명문 카네기멜론 대학교를 비롯하여, 미국 여기저기에 있는 수백 개의 카네기 박물관과 도서관, 예술관 등은 모두 그가 기증한 기금으로 세워졌다.

언제든지 나눌 수 있다. 나누는 것은 때와 장소를 가리지 않는다. 조오 페티는 말한다.

"당신이 도움을 얻을 수 없는 때는 있겠지만 당신이 도움을 줄 수 없는 때는 없습니다."

작은 실천으로도 나눌 수 있다. 내가 오스트리아 비엔나에서 신학공부를 하고 있을 때의 일이다. 그곳의 학장 신부님은 굉장히 쾌활하고 늘 친절한 분이셨다. 외국인인 나를 배려해서 늘 잘해 주셨다.

하루는 어디 갈 일이 생겨 학장 신부님이 모는 차를 타게 되었다. 나는 그때 그분의 모습에 반했는데, 신부님은 차를 몰면서 계속 다른 차에게 양보를 하시는 것이었다. 그러면서 이런 말씀을 해 주셨다.

"나는 학장이기 때문에 어디 뚜렷하게 자선을 베풀 기회가 없어요. 그래서 의무적으로 운전할 때라도 자선을 하자라는 생각으로 계속 양보해 주는 것입니다."

이렇게 자선을 실천하는 방법도 좋은 방법이다. 독자들도 한번 해 보시기 바란다. 자선은 '한꺼번에' '크게'가 아니라 '야금야금' '작게' 자선을 실천하는 재미도 쏠쏠한 법이다.

자선을 가리키는 영어 단어 'Alms'의 쓰임새가 참 특이하다. 복수지만 단수 취급을 받는다. 이는 '여러 번' 자선을 행했다고 얘기하는 것이 무의미하다는 것을 시사한다. 요지는 여러 번 한 것을 한 묶음으로 '자선'으로 불러야 한다는 말이다.

일생의 큰 결심으로도 자비를 베풀 수 있다. 외신 기사에 의하면, 최근 미국의 기부문화가 '사후 기부'에서 '생전 기부'로 바뀌고 있다고 한다.[9] 이는 무슨 이야기인가? 죽은 후 자식에게 재산을 상속하던 것이 이제는 살아서 미리 기부하는 쪽으로 바뀌었다는 말이다. 2007년 미국 기부금 집계를 보면 '살아 있는 자'들의 기부금이 '죽은 자'들의 유산을 제치고 액수 면에서 상위 10위까지를 차지했다고 한다. 특히 자선활동 전문지인 「크로니클 오브 필랜트로피」(Chronicle of Philanthropy)가 집계를 시작한 2000년 이후 최상위 기부자 10명이 모두 생존인물이라는 사실은 처음이었다는 것이다.

왜 이런 현상이 일어날까? 모르긴 모르되 자선을 통해서 현세에서는 '행복'을 느끼고, 내세에서는 '천국'을 보상받기 때문이 아닐까? 이들은 결코 손해 보는 선택을 하지 않은 것이다!

그런데, 자선의 실행은 궁극적으로 자아의 경계를 어떻게 긋느냐에 따라 그 범위가 결정된다. 자신의 바운더리를 바로 '나'에 한정하는 사람이 있고, '가정'을 바운더리라고 생각하는 사람이 있고, 나아가 '민족'을 바운더리라고 생각하는 사람도 있고, 크게는 '인류'를 바운더리라고 생각하는 사람이 있다. 우리는 '인류 가족'도 생각할 줄 알아야 한다.

예기치 않은 보상

1993년에서 1997년까지 전 주한 미국대사였던 제임스 레이니가 미국 남부의 명문 에모리 대학의 교수로 재직 중일 때의 일이다.

그는 건강을 위해서 매일 걸어서 출퇴근을 했다. 하루는 출근길에 혼자 쓸쓸히 벤치에 앉아 있던 노인을 만났다. 그는 노인에게 다가가 정겹게 인사를 나누고 말벗이 돼 주었다. 두 사람은 그렇게 근 2년여 동안 친분을 나누었다.

그런데 어느 날부터 노인의 모습이 보이지 않았다. 안부인사겸 노인의 집으로 찾아간 그는, 바로 어제 노인이 돌아가셨다는 소식을 듣게되었다. 그는 곧바로 장례식장을 찾아가 조문하였다. 그 자리에서 그는 깜짝 놀랄 소식을 알게 되었다. 그 노인은 바로 코카콜라 회사의 회장을 지낸 인물이었다.

그때 유족 측 한 사람이 레이니에게 다가와 봉투를 건넸다.

"회장님께서 당신에게 남긴 유서가 있습니다."

그는 유서 내용을 읽고 다시 한 번 놀랐다.

"당신은 2년여 동안 내 집 앞을 지나면서 나의 말벗이 되어 준 좋은 친구였소. 나의 친구, 레이니! 정말 고마웠습니다. 나는 당신에게 코카콜라 주식 5%를 유산으로 남깁니다."

뜻밖의 유산을 받은 레이니는 그 돈을 에모리 대학의 발전기금으로 내놓았다. 이를 토대로 에모리 대학은 유명 학자 및 교수들을 확보하여

곧 세계적인 명문대학으로 거듭날 수 있었다.[10]

2009년, 에모리 대학 재단이사회는 지난 1977년부터 1993년까지 16년간 이 대학 총장으로 재직하면서 세계적인 명문대학으로 발전시킨 레이니 전 총장의 지도력을 기려 대학원 이름을 '레이니 대학원'으로 명명했다.

대가를 전혀 기대하지 않았던 레이니의 선행은 예기치 않은 보상을 가져왔다. 레이니가 한 행동이라고는 은퇴한 한 노인의 '말벗'이 되어준 것뿐이었다. 하지만 그 보상은, 레이니로 하여금 한 대학을 성장시키게 할 만큼 실로 어마어마한 것이었다.

스스로를 낮추는 섬김과 보상을 바라지 않는 작은 선행이 만들어낸 기적은 이렇듯 아름답고도 멋지다.

아름다운 외출

제임스 메리트가 쓴 저술에 다음과 같은 이야기가 나온다.

"외식을 하기 위해서 너의 엄마는 아빠에게 옷을 입혀 주어야 하고, 아빠의 수염을 깎아 주어야 하고, 이를 닦아 주어야 하고, 머리를 빗겨 주어야 하고, 아빠를 휠체어에 태워 집 밖으로 나가 계단을 내려가야 하고, 차고 문을 열고 아빠를 차에 태워야 하고, 휠체어의 페달들을 집어넣어야 하고, 아빠를 일으켜 세워야 하고, 차 의자에 아빠를 앉혀야 하고, 아빠가 편안하도록 몸을 돌려주어야 하고, 휠체어를 접어 차에 넣어야 하고, 차의 반대편으로 돌아가 식당으로 차를 몰고 가야 하지. 엄마는 차에서 내려 휠체어를 펴야 하고, 문을 열고 아빠를 돌려서 세워야 하고, 아빠를 휠체어에 앉혀야 하고, 페달들을 꺼내야 하고, 차 문을 닫고 잠가야 하고, 휠체어에 태운 아빠를 식당 안으로 밀고 가야 하고, 아빠가 불편하지 않도록 페달들을 다시 집어넣어야 한단다. 그리고 엄마는 식사하는 동안 내내 아빠를 먹여 주어야 하지. 식사가 끝나면 엄마는 음식 값을 지불하고서 차로 휠체어를 밀고 가야 하며, 다시 똑같은 일을 반복해야 한단다. 그리고 이 모든 일이 끝나면 엄마는 아빠에게 '여보, 저녁 외식을 시켜 주셔서 정말 고마웠어요'라고 진정으로 따뜻하게 말한단다."[11]

누가 베풀었고, 누가 받았는가.
사랑은 이렇게 베푼 자와 받은 자를 뒤바꿔버렸다.
이것이 고통 속에서 사랑이 이룬 나눔의 기적이다.

이 세상에서 가장 향기로운 향수는 발칸 산맥의 장미에서 나온다고 한다. 그 가운데 가장 춥고 어두운 자정에서 새벽 2시 사이에 딴 장미에서 최고급 향수가 생산된다. 그 이유는 장미가 그러한 한밤중에 가장 향기로운 향을 뿜어내기 때문이다.

오늘 인생의 겨울을 지내고 있는 이가 있다면, 지금 이 순간 어둠의 터널을 지나고 있는 이가 있다면, 거기서 행복을 건져 올릴 때 그것이야말로 발칸 산맥의 장미처럼 가장 향기로운 행복이 될 수 있다는 희망을 갖자. 고통 가운데 영근 행복이 가장 진한 행복임을 잊지 말자.

생의 윤활류,
감사

땡큐와 컨그레츌레이션

나는 평소 대한민국을 '3만 불 시대'로 이끌게 할 수 있는 비책이 있다고 호언하고 다닌다. 지금은 장담을 넘어 광신도 수준이다. 그 비책이란 다름 아닌 땡큐(Thank You)와 컨그레츌레이션(Congratulation)이다. 나는 확신한다. "감사합니다", "축하합니다"라는 말들이 전 국민의 일상어가 될 때 우리나라는 1등 국민, 3만 불 소득의 꿈을 이루게 될 것이다.

편의상 감사에만 초점을 맞춰보자. 나의 어린 시절에는 "감사합니다", "고맙습니다"와 같은 말들을 들어본 적이 없다. 그 당시에는 그러한 말이 아직 일상어가 되지 못했던 것이다. 중학교 때 "Thank You"와 "I'm Sorry"를 처음 배웠을 때 어려웠던 것은 영어 자체가 아니라 어느 때에 말해야 할지였다. 그 이후 점점 우리나라 국민들 언어에서도 '고맙습니다', '미안합니다'라는 표현들이 확산되었다. 영어 문화가 한국 문화를 바꿔 주었던 것이다. 그리고 이런 변화된 의식과 병행하여 경제 성장이 이루어졌다. 지금 우리나라가 2만 불 시대를 넘어선 것은 그러한 말들로 인한 의식의 변화 덕분이라고 나는 생각한다.

그런데 아직도 한국인이 배워야 할 용어가 하나 더 있다. 바로 "축하합니다"라는 말이다.

나는 오스트리아에서 유학할 당시 "그라툴리어렌"(Gratulieren: 축하합니다)이라는 말이 그곳 국민들의 일상 언어라는 사실에 문화적 충격을 받았다. 거기서는 상대방에게 좋은 일이 있을 때면 어김없이 이 단어를 사용한다. 심지어 재채기를 할 때에도 "줌볼"(Zum Wohl: 좋은 일이 있을 거야)이라는 말을 쓴다. 미국에서도 역시 재채기를 하면 "블레쓰 유"(bless you)라고 말한다.

내가 미국 보스턴대에 교환학생으로 갔을 때의 일이다. 그곳에서 만난 한 교수는 수업시간마다 학생들에게 "Challenge me"(나에게 도전하라)라는 말을 각인시켜 주었다. 그는 학생들에게 폭포수 같은 질문을 퍼붓는 것을 즐겼다. 그리고 학생이 올바른 대답을 했을 경우, 항상 컨그레츌레이션이라는 말로 축하해 주었다.

나는 2만 불 소득은 경쟁의 논리로써 가능하다고 생각한다. 그러나 3만 불의 시대는 공생의 논리, 축하의 논리가 아니면 절대 불가능하다고 본다.

'사촌이 땅을 사면 배가 아프다'와 같은 속담이 없어질 때, 국가의 미래는 한층 높은 수준으로 도약할 것이다.

감사의 다이내믹

내가 흘린 네 번의 눈물

감사에는 무슨 힘이 있는 걸까? 유다인들은 진즉 감사의 비밀을 터득하였다. 그들은 날마다 최소한 100가지 이상 감사할 거리를 찾는 연습을 한다고 한다. 『탈무드』는 아예 우리가 천둥소리를 들을 수 있고, 번개를 볼 수 있고, 갖가지 맛을 느낄 수 있고, 대자연의 모든 것과 함께할 수 있음에 감사하라고 가르친다. 이처럼 유다인들이 깨달았던 감사의 다이내믹을 우리는 어떻게 설명할 수 있을까?

나름 감을 잡고 있었던 나에게 명료한 인식을 가져다 준 것은 2011년 안식년을 보내면서 번역한 『365 땡큐(Thank You)』라는 책 한 권이었다. 내용은 한 미국인 변호사의 실화다.

이야기는 개인적으로나 가정적으로나 사업에서나 총체적으로 파산에 직면한 변호사 존 크랠릭의 심리적 공황에서 출발한다. 절망과 방황의 늪에 빠져 있을 때 그는 여차저차해서 "네가 지금 가지고 있는 것들에 감사할 줄 알기까지는, 너는 네가 원하는 것들을 얻지 못하리라"는 음성을 듣는다. 달리 다른 방도가 없었던 그는 일단 주변 사람들에게 감사 편지 쓰기를 시도해 보기로 한다. 놀랍게도 일단 실험적으로 시작한 이 감사 편지는 즉각적이며 연쇄적인 성과를 가져온다. 그리고 이는 그동안 삐걱거렸던 모든 인간관계는 물론 계속 적자를 면치 못하고 있던 사업에서 기대하지 못했던 치유, 화해, 회복, 그리고 극적인 반전까지 가져온다.

동시대를 살아가는 미국인이 자신의 실화를 바탕으로 한 글이었기에 더욱 흡인력이 있었다. 나는 번역하는 내내 가슴이 뭉클해지고 눈물이 찔끔거리는 것을 억제해야 했다. 결국 끝내 네 번 울었다.

단순한 감사의 손편지가 어떻게 이런 결과를 가져왔을까? 나는 세 가지 효과를 그 원인으로 꼽고 싶다.

첫째, 감사는 긍정적인 생각을 전제로 요구한다는 점이다. 긍정적으로 생각하는 사람이 감사할 줄 안다. 긍정이 불평, 불만을 감사로 바꾸어 주기 때문이다. 이렇게 긍정과 감사가 어우러지면 그 결과 역시 좋을 수밖에 없다.

둘째, 감사는 이치상 먼저 역지사지의 발상을 요구하기에 공감능력을 향상시킨다는 점이다. 상대방의 입장을 충분히 헤아리고 공감해 줄 때, 진정한 감사가 가능하다. 그러니 감사하기를 연습하다 보면 소통을 지나 쾌통(快通)이 절로 이루어질 수밖에 없다. 화해와 치유가 동반할 것은 두 말할 나위 없겠다.

셋째, 감사는 상대방의 마음을 긍정적으로 움직인다는 점이다. '칭찬은 고래도 춤추게 한다'는 말이 있거니와, 감사는 '인정+칭찬+격려'인 셈이니 그 움직이는 힘이 얼마나 더 크겠는가.

이렇듯이 감사는 상황을 역전시키는 마술적인 힘을 지니고 있다. 그러기에 감사할 줄 아는 사람에게는 실패가 실패가 아니며, 절망이 절망이 아니다. 그에게는 그것들도 성공의 계기며 희망의 실마리다. 감사는 가장 강력한 위기 탈출의 지혜다.

감사와 불평 사이

부시가 미국 대통령이 되면서 최초의 흑인 국무장관이 된 뉴욕 빈민가 출신 파월 장관의 이야기다.

아르바이트를 하는 공장에서 어느 날 그는 다른 인부들과 함께 도랑을 파는 일을 하게 되었다. 그때 한 사람이 삽에 몸을 기댄 채 회사가 충분한 임금을 주지 않는다며 불평하고 있었다. 그 옆에서 한 사람은 묵묵히 열심히 도랑을 파고 있었다.

몇 해가 지난 후 다시 그 공장에 아르바이트를 하러 갔을 때 여전히 그 사람은 삽에 몸을 기댄 채 불평을 늘어놓고 있었지만 열심히 일하던 사람은 지게차를 운전하고 있었다.

또 여러 해가 흘러 그곳에 다시 갔을 때 삽에 기댄 채 불평만 하던 그 사람은 원인 모르는 병으로 장애인이 되어 회사에서 쫓겨났지만 열심히 일하던 그 사람은 그 회사 사장이 되어 있었다.

이 일화는 파월의 인생에 큰 교훈이 되었다고 한다. 불평을 일삼는 사람은 결국 스스로 그 불평의 열매를 따먹게 마련이다.

반면 감사는 그에 상응하는 열매를 가져올 뿐 아니라, 그 자체로 행복을 증가시켜 준다. 행복은 결국 감사에 비례한다. 서양 속담 중에 이런 명언이 있다.

"행복은 언제나 감사의 문으로 들어와서 불평의 문으로 나간다."

조심하라. 불평의 문으로 행복이 새나간다. 기억하라. 감사의 문으로 행복이 들어온다.

이것이 감사의 힘이다. 일본 마츠시타 전기의 창업자 마츠시타 고노스케 사장은 일찍이 감사의 마력을 간파했던 사람이다.

"감옥과 수도원의 공통점은 세상과 고립돼 있다는 점이다. 다른 게 있다면 불평하느냐, 감사하느냐의 차이뿐이다. 감옥이라도 감사하면 수도원이 될 수 있다."

옳은 말이다. 누군가 감옥에 살더라도 감사하는 마음을 가지면 그곳은 수도원이다. 반면 수도원에 살면서도 매일 불만을 가지면 그곳이 감옥이다. 이 작은 차이를 우리는 깨달아야 한다.

기계야~ 고맙다~

최근 나는 모 기업에서 '감사'를 주제로 한 특강을 한 적이 있다. 강의를 하러 가서 되레 감동을 받고 왔다.

그 회사는 전 직원이 이미 매일 근무시작 전에 다섯 가지씩 감사거리를 찾아 일지 쓰기를 실행하고 있었다. 강의 전 안내를 맡은 실무자를 통해 그 성과가 기업실적 향상, 근무 문화의 변화, 인간관계의 개선 등으로 나타나고 있다는 설명을 들었다.

감사의 힘을 두 눈으로 확인한 내 강의 서두는 이랬다.

"여러분, 오늘 강의에서 특별한 것을 기대하지 마십시오. 새로울 것은 하나도 없습니다. 저는 여러분이 지금까지 해 온 것을 단지 말로 떠들 뿐입니다."

얼마 후 같은 계열사의 감사실행 무용담(?)이 「감사 나눔 신문」에 소개된 것을 발견하고 반가움을 금할 수 없었다. 내용은 이랬다.

"기계설비에 대한 감사가 주목을 받고 있다.

포스코 포항제철소 3선재공장에서는 고장과 트러블이 자주 생기는 설비에 '감사합니다'라는 스티커를 붙이고 조업을 하고 있다. 〔……〕

한 달 만에 놀라운 결과가 나왔다. 트러블과 제어 이상이 빈번한 설비에 감사스티커를 붙인 후 품질 부적합품 발생률이 0.44%(2011년)에서 0.29%(2012년 1월)로 감소했으며, 설비고장 건수(월평균)는 13건(2011년 12월)에서 3건(2012년 1월)으로 현저히 감소했다는 것이다. 〔……〕

10~20년 숙련 직원들은 기계가 돌아가는 소리만 들어도 이상 유무를 감지할 수 있다고 한다. 감사 스티커를 붙이고 관심을 가지니 한번 둘러볼 것을 두세 번 살펴보게 되니 그만큼 고장을 예방할 수 있었다는 것이다."[12]

물론, 감사 스티커가 어떤 작동기전을 통하여 저런 성과를 가져왔는지 입증할 길은 없다. 하지만 나는 이 이야기의 낭만을 물리적 해명으로 물 타기 하고 싶지 않다.

한낱 기계가 "감사합니다"라는 말에 긍정적으로 반응한다면, 하물며 감정을 지닌 사람에게랴.

감사는 '무지개 원리'의 완성

'긍정적 생각'은 감사의 원천이다

'무지개 원리'를 터득한 사람은 결과적으로 감사할 수밖에 없고, 습관적으로 감사할 줄 아는 사람은 이미 '무지개 원리'를 수준 있게 익힌 셈이다. '무지개 원리' 하나하나와 감사를 연결시켜 보면 그 상관관계가 더욱 뚜렷하게 드러난다.

먼저 '긍정적 생각'과 감사의 관계에 초점을 맞춰 보자.

감사는 긍정적인 생각을 전제로 한다. 아무래도 감사거리를 찾으려면 긍정적 생각이 필요한 법이다. 부정적인 생각을 가진 사람은 죽었다 깨어나도 감사의 이유를 모른다. 그에게는 모든 것이 걱정거리며 불만의 계기기 때문이다.

긍정은 불평불만조차도 감사로 바꾸어 준다. 역으로 무조건 감사하는 법을 배우기만 해도 불평불만은 사라지고 긍정적인 생각의 길이 나게 된다.

감사의 선순환을 아는 것도 '지혜의 씨앗'이다

'지혜의 씨앗'과 감사의 관계는 또 어떠한가.

지혜는 감사의 선순환을 깨달아 안다. 감사는 '선순환'을 가지고 있다. 물론 불평의 '악순환'도 있다. 하나씩 짚어 보기로 하자.

여기 인생이 있다. 지금까지 살아온 자신의 한평생이다. 자신의 한평생을 종합하여 어떻게 보느냐에 따라서 '선순환'과 '악순환'이 갈린다.

먼저, 자신의 인생을 '축복'으로 인정하는 사람. 이 사람은 즉각 '감사'하게 된다. 그 감사는 곧바로 '나눔'으로 이어진다. 그리고 그 보상으로 다시 '축복'을 받게 된다. 이렇게 해서 감사의 선순환이 반복된다. 곧 축복1 → 감사 → 나눔 → 축복2 → 감사……. 이렇게 이어진다.

한편, 자신의 인생에 불만을 갖고 '팔자타령'을 하는 사람. 이 사람은 '불평'이 절로 나온다. '나는 받은 것이 없어', '내 삶은 불행의 연속이야' 등과 같이. 그러면 '인색'해져서 나눌 줄도, 감사할 줄도 모르게 된다. 이렇게 인색하니까 또 축복을 받지 못하게 되고 다시 '불평'만 나온다. 불평의 악순환이 반복되는 것이다. 곧 팔자타령1 → 불평 → 인색 → 팔자타령2 → 불평……. 이렇게 이어진다.

출발의 상황은 똑같다. 독자들은 어느 순환 속에 들어가고 싶은가? 내가 지금 불평의 악순환에 있다면 빨리 끊어 버리고 감사의 선순환으로 돌아올 일이다.

또 하나. 감사를 자주 하다 보면 점점 지혜가 깊어진다. 감사거리를 찾다가 심미안이 열린다. 우리가 건성건성 지나쳐 온 것, 대충대충 보던 것들 속에 숨어 있던 진·선·미를 통찰하는 눈이 열리는 것이다.

이렇게 해서 진(眞)을 통찰하는 눈이 열리면, 어린아이의 말에도 경청하게 된다. 선(善)을 판별하는 눈이 열리면, 사람들의 선의를 순수하게 받아들이게 된다. 그리고 미(美)를 감상하는 눈이 열리면, 사소한 것의 아름다움에 눈뜨게 된다. 이것이야말로 기적이다.

감사하는 사람은 '꿈'을 꾸는 데 주저함이 없다

'꿈'과 감사의 관계 역시 밀접한 상생관계다.

감사하는 사람은 과거를 긍정적으로 평가하기에 미래를 두려워하지 않는다. 반면, 감사하지 않는 사람은 대체로 과거를 부정적으로 보며, 따라서 미래를 두려워한다.

그러기에 감사할 줄 아는 사람이 낙관적으로 꿈을 품을 줄도 안다. 그러므로 큰 꿈을 품으려면 크게 감사할 줄 알아야 한다.

감사는 '신념'의 가장 강력한 표현이다

'성취에 대한 믿음' 곧 '신념'과 감사는 한마디로 찰떡궁합이다.

신념을 실행하는 가장 좋은 길 중 하나가 '마치 이루어진 듯이' 행동하는 것임을 앞에서 언급한 바 있다. 이를 감사에 적용하면 놀라운 일이 일어난다. '마치 이루어진 듯이' 미리 감사하면, 진짜 이루어지는 것이다.

꿈이 이루어지면 감사하겠다는 마음이 아니라, 이루어지지 않아도 미리 감사하는 태도를 갖으라. 성취의 확률을 더 높여 줄 것이다.

감사를 '말'로 표현하면 감사의 힘이 증폭된다

'말'과 감사 역시 서로 불가분의 관계다. '속엣말 백 마디'보다 '감사의 한 마디'가 더 감동을 준다.

감사는 내 마음의 표현임과 동시에 상대방에 대한 '칭찬'과 '인정', '격려'가 합쳐진 말이다. 흔히 '칭찬은 고래도 춤추게 한다'고 한다. 그런데 감사는 곧 이처럼 '칭찬+인정+격려'인 셈이니, '감사는 하늘도 감동시킨다'는 말이 가능해진다.

말은 훈련이다. 앞에서 언급했듯이 경상도 남자들에게 '사랑해'는 외국어였다. 익숙지 않기 때문이다. 그러니 혀와 뇌에 길을 내야 한다. 아이에게도 자동으로 '감사합니다'가 나올 수 있도록 가정에서 교육해야 한다. 이것이 아이가 잘되는 비결이다.

감사를 입에 달고 다니라. 반드시 감사의 열매가 땅에서 맺어지고 하늘에서 뚝 떨어질 것이다.

감사가 '습관화' 되면 감사 문화가 된다

'습관'과 감사의 관계는 또 어떠한가. 감사를 습관화하면 감사를 하기 위해 일부러 애쓸 필요가 없어진다. 저절로 나오기 때문이다.

습관이라는 그릇을 만들어 놓으면 내용은 채워지게 되어 있다. 그러니 감사를 입에, 몸에 배게 하자. 그러면 좋은 일이 생긴다.

고개가 부드러운 사람이 되게 하라!
허리가 유연한 사람이 되게 하라!
손이 개방된 사람이 되게 하라!
감사의 미소를 지으라!

이런 감사가 습관화되면 감사 문화가 된다. 그렇다면 감사 문화가 가정으로, 회사로, 사회로 퍼지면, 어떤 일이 일어날까? 한마디로 앞에서 언급한 감사의 선순환이 집단적으로, 민족적으로 이루어질 것이다.

절망의 상황에서 '포기하지 않고' 감사하는 것이 진짜 감사다

끝으로 '포기하지 않기'와 감사의 관계는 극적이다.

상식적으로 절망의 상황에서 감사하기는 거의 불가능하다. 설령 감사한다 해도 미친 짓처럼 보일 수 있다. 하지만 이런 때 '포기하지' 않고 감사하는 것이 진짜 감사다.

감사는 희망의 언어다. 감사는 역경으로부터 인생의 출구다.
그러기에 내 입에서 '감사합니다'라는 말이 가장 빈번하게 나올 때는 일이 잘 풀릴 때가 아니다. 가장 힘든 시기를 지나고 있을 때다.

나는 매순간 주어진 모든 것에 감사하며 생활한다. 그런 감사생활 덕에 인복, 일복, 사랑복을 너머 천복이 쏟아진다.
감사를 일상화하면 예기치 않은 도움이 나타난다. 그저 감사하면 호박이 넝쿨째 굴러 들어온다.

감사의 노래

심미안(審美眼)이 열리면

심미안이 열리면 모든 것이 감사거리다.

당신은 지금 무엇을 가졌는가? 머리를 둘 집이 있는가? 추위를 막을 옷이 있는가? 허기를 채울 밥이 있는가? 남편이 있고 아내가 있고 사랑스런 자녀가 있는가? 대화를 나눌 친구가 있는가?

당신은 지금 많은 것을 가지고 있다. 모든 것이 다 받은 것이다. 그렇다면 감사해야 한다.

오늘 아침 5분 동안, 당신에게 기쁨을 가져다 주는 일의 목록을 만들어 본다면, 어떤 것이 포함될까?

책 읽기, 낚시하기, 뜨개질하기, 달리기, 사랑하는 사람과 함께 있기, 화분 가꾸기, 악기 연주, 노래 부르기, 이웃을 위한 작은 봉사 실천하기, 사랑하는 사람에게 깜짝 선물 주기, 애완동물과 놀기, 목표를 달성하기, 날씨 좋은 날 공원 산책하기, 친한 친구와의 유쾌한 수다떨기, 자전거 타기, 해변에 앉아 있기, 얼굴 위로 부서지는 따스한 햇살 맞기, 꿀 같은 오후의 낮잠 자기……

이런 목록은 마치 물 흐르듯이 계속 이어질 것이다.

삶에서 이처럼 작은 기쁨에 눈을 맞출 때, 당신은 더 많은 행복으로의 초대를 경험하게 된다.

성찬경 시인은 '은총을 내려 주시는구나'라는 시에서 우리가 어떻게 '감사'드려야 하는지를 잘 표현하고 있다.

은총을 내려 주시는구나.
야속하다 싶을 만큼 묘하게
표 안 나게 내려 주시는구나.
슬쩍 떠보시고 얼마 있다가
이슬을 주실 때도 있고
만나를 주실 때도 있고
밤중에
한밤중에
잠 못 이루게 한 다음
귀한 구절 하나를 한 가닥 빛처럼
내려보내 주실 때도 있다.
무조건 무조건 애걸했더니
이 불쌍한 꼴이 눈에 띄신 모양이다.
얻어맞아도 얻어맞아도
그저 고맙다는 시늉만을 했더니 말이다.
시늉이건 참이건
느긋하게건 절대절명에서건
즉시 속속들이 다 아신다. 다 아신다.
그러니 오히려 안심이다.

벌거벗고 빌면 그만이다.

은총을 내려 주시는구나.

우리도 '얻어맞아도 얻어맞아도 그저 고맙다는 시늉'이라도 할 요량
으로 딴 생각 말고 감사드려야 한다. '그저 감사드리는 것', 이것이 행복
과 성공을 담보하는 왕도다.

페이 잇 포워드

판화가 이철수가 모 방송에서 인터뷰를 하는 것을 귀담아 들은 적이
있다. 그는 어려운 시절에 어느 목사에게서 큰 도움을 받았다고 한다.
그가 매우 고마워했더니, 이렇게 말하더란다.

"받을 때는 나에게 받았지만, 갚을 때는 다른 사람에게 갚으세요. 도
움이 필요한 사람에게요."

이것이 감사의 순환 원리다. 우리가 위로부터 받았든지, 옆으로부터
받았든지 이것에 대해 감사하는 가장 좋은 방법은, '나도 가서 그렇게
행하는 것'이다.

감사는 단지 베푼 이에게 돌려주는 것으로 끝나서는 안 된다. 감사는
다른 사람들을 돕는 양식으로 한 걸음 더 나아갈 수 있다.

언젠가 우리나라에서 상영되었던 '아름다운 세상을 위하여'로 알려진
영화의 원제목은 이와 전혀 다른 뜻을 지니고 있는 '페이 잇 포워드'(Pay
it forward)였다. 의역하면 '선행 릴레이' 정도 되겠는데, 이 영화는 12살
소년 트레버가 사회 선생님이 내준, "좀 더 나은 세상을 위하여 어떤 일
을 할 수 있을지 생각해오기"라는 숙제에 대한 해답을 제시하는 내용이

다. 트레버는 'Pay it forward'라는 개념을 발표한다. 그것은 바로 자신이 세 사람에게 정말 큰 도움을 주고, 그 사람들이 다시 세 사람을 돕고, 그 도움을 받은 사람들이 각자 세 사람을 돕는, 일종의 선행 피라미드라고 할 수 있다.

이를 통해 실제로 미국에서는 'Pay it forward'(사랑 나누기) 재단이 설립되었고, 수많은 지역에서 'Pay it forward' 운동이 전개되고 있다. 비록 가상의 인물이기는 하지만 '트레버'라는 12살 소년의 이야기가 사람들에게 감동을 선사했던 것이다.

'무지개 원리'의 확산 역시 입소문 '페이 잇 포워드'의 길을 걷고 있다.

이미 판매 100만 부를 훌쩍 넘은 『무지개 원리』를 읽은 이들은 하나같이 자신과 이웃의 놀라운 변화와 체험 사례를 곳곳에서 전하여 왔다. 그러면서 나에게 깊은 감사의 뜻을 전해 왔다. 이분들에게 나는 말한다.

"이것이 당신을 변화시켰다면, 이제 그 변화의 기회를 이웃에게 선물하세요. 그것이 저에게 감사를 돌리는 길입니다."

만일 이 책을 읽고 감동을 받았다면 그것을 가까운 이웃들과 함께 나누라. 그러면 그 기쁨과 결실이 나누는 만큼 증가할 것이다.

또 이런 말이 있다.

"가르치면서 배운다."

우리가 다른 사람을 돕기 위해 어떠한 개념을 설명하다 보면, 그것을 더 잘 이해하고 내면화하게 된다. 진정으로 어떤 것을 안다고 하는 것은, 다른 사람에게 그것을 가르쳐서 자신의 삶에 받아들이고 적용할 수 있게 하는 것을 말한다.

'무지개 원리'가 자신 안에서 그리고 더불어 살아가는 '우리' 안에서

완전히 자리 잡을 때까지 열정으로 나누다 보면, 반드시 우리는 '무지개'를 잡게 될 것이다.

'무지개 원리'는 대안 운동이다. 우리 국민을 세계에서 가장 희망에 찬 사람으로 이끌어줄 의식개혁 운동이다.

지금 대한민국은 소통체증으로 몸살을 앓고 있다. 상대방을 배려하지 않은 언어폭력, 포퓰리즘(대중의 인기를 얻는 것을 목적으로 하는 대중연합주의 혹은 민주주의)에 기반을 둔 무책임한 비판 문화 등이 SNS와 인터넷 악성 댓글을 타고 자유로이 활개친다. 이런 것들은 심히 파괴적인 결과만을 가져올 뿐이다. 언어는 곧 문화이기에 언어폭력과 비판적인 언어가 만연될수록, 폭력적이고 거친 심성이 그 사회를 지배하게 마련이다.

이런 맥락에서 나는 감사 문화의 확산이 바로 행복한 대한민국의 미래를 담보한다고 믿고 있다. '거리'를 굳이 찾으려 하지 말고 먼저 무조건 감사의 말을 서로에게 해 보자. 감사라는 말 자체가 감사할 '거리'를 가져다 줄 것이다.

그렇다. 감사는 상생이다. 지금 우리들의 숙제인 상생의 윤활유다.

무지개는 뜬다

어느 날 88도로를 지나가다가 한강을 뚫고 솟구치는 100m 분수에 무지개가 걸려 있는 것을 보았다. 요즘 이래저래 힘들어하고 있는 대한민국을 응원해 주는 것 같아 더욱 반가웠다. 뜬금없이 뜨는 무지개는 더욱 반갑다. 이유 없이 뜨는 무지개는 선물이다.

바로 그런 까닭에서인가. 영국의 낭만시인 워즈워드는 그의 작품 '무지개'에서 다음과 같이 노래했다.

"내 마음은 기뻐 춤춘다. 창공에 무지개 걸리는 걸 볼 때."

(My heart leaps up when I behold a rainbow in the sky.)

기뻐 춤추는 것은 비단 시인의 마음뿐이 아닐 것이다. 상서로운 축복이 하늘을 휘어 우리를 에워싸고, 찬란한 일곱 색깔 약속이 백지수표를 내려주는데, 누구의 마음인들 들썩거리지 않으랴.

이제 감사로써 무지개를 맞이한다.

지난날 고난의 터널 위로 떴던 무지개에 감사하고, 『무지개 원리』를 읽는 내내 내 안의 하늘 위에 어른거렸던 무지개에 감사하고, '무지개 원리' 덕분에 미래의 하늘 위에 뜨게 될 무지개에 독자들을 대신하여 감사한다.

그리고 그리고.

북미 대륙에서 유일하게 문자를 가진 인디언 부족으로 알려진 체로키 인디언의 '축복 기도' 마지막 구절로 무한 축복을 빌어드린다.

"(……) 그대 어깨 위로 늘 무지개 뜨기를."

([…] and may the rainbow always touch your shoulder.)

항상 감사하기

10대 자녀가 반항을 하면
그건 아이가 거리에서 방황하지 않고 집에 잘 있다는 것이고,
지불해야 할 세금이 있다면 그건 내게 직장이 있다는 것이고,
파티를 하고 나서 치워야 할 게 너무 많다면
그건 친구들과 즐거운 시간을 보냈다는 것이고,
옷이 몸에 좀 낀다면 그건 잘 먹고 잘 살고 있다는 것이고,
주차장 맨 끝 먼 곳에 겨우 자리가 하나 있다면
그건 내가 걸을 수 있는 데다 차도 있다는 것이고,
난방비가 너무 많이 나왔다면
그건 내가 따뜻하게 살고 있다는 것이고,
교회에서 뒷자리 아줌마의 엉터리 성가가 영 거슬린다면
그건 내가 들을 수 있다는 것이고,
온몸이 뻐근하고 피로하다면
그건 내가 열심히 일했다는 것이고,
이른 새벽 시끄러운 자명종 소리에 깼다면
그건 내가 살아있다는 것이고,
이메일이 너무 많이 쏟아진다면
그건 나를 생각하는 사람들이 그만큼 많다는 것이지요.
마음속에 나도 모르게 일궈진 불평, 불만들,
바꾸어 생각해 보면 또 감사한 일이라는 것을…….

— 작자 미상

●● ● 참고 문헌

PART 01 | 내 인생의 밑그림
1 허샨, 『인생을 움직이는 천년의 철학』, 주변인의 길
2 장자, 『달생(達生)』; 매튜 켈리, 『위대한 나』, 세종서적
3 신영복, 『감옥으로부터의 사색』, 돌베개
4 데일 카네기, 『데일 카네기 행복의 연금술』,
   시간과공간사
5 맥스웰 몰츠, 『성공의 법칙』, 비즈니스북스
6 이재상 기자, '아시아인 연습생의 기적', 『주간한국』,
   2012년 2월 16일
7 코시바 마사토시, 『하면 된다』, 생각의 나무
8 '취업스펙 넌 어디까지 가봤니?', 『연합뉴스』,
   2011년 8월 4일
9 인드라닐 고시, 『인도인들의 행복처방전』, 열음사
10 현웅수 쉐마교육연구원장, '유대인 아버지의 2차원
   영재교육—토론법—IQ 계발방법', 『중앙일보』, 2010년
   11월 25일

PART 02 | 하는 일마다 잘 되는 무지개 원리
1 유지현 기자, "비관적 현실 · 낙관적 기대 … 우리 뇌엔
   '연금술사의 돌'이 있다", 『헤럴드경제』, 2011년 5월 31일
2 김갑수, 『나의 품격을 UP 해주는 말 DOWN 시키는 말』,
   보성출판사
3 김은태, 『재밌는 리더가 사람을 움직인다』, 대산출판사
4 아리스토텔레스, 『니코마코스 윤리학』, 길
5 조현, 『성공하는 사람들의 7가지 황금법칙』, 미네르바
6 데일 카네기, 『인간의 마음을 사로잡는 원칙』, 솔로몬북
7 김경, 『셰익스피어 배케이션』, 웅진지식하우스
8 용혜원, 『열정 깨우기』, 나무생각
9 원 베네딕트, 『10대에 꿈을 꾸고 20대에 준비하여
   30대에 영향력을 발하는 인생이 되라』, 상상북스
10 이영미 기자, "위안전의 '진화' … 광개토대왕서
   김연아까지 대한민국 영웅 변천사", 『국민일보』,
   2010년 4월 29일
11 브라이언 트레이시, 『성취심리』, 씨앗을뿌리는사람
12 맥스웰 몰츠, 『성공의 법칙』, 비즈니스북스
13 2010년 1월 호 월간 『행복한 동행』
14 송재영, 『감자를 맛있게 먹는 방법』, 올리브북스
15 탄줘잉, 『성공의 지혜』, 디앤씨미디어
16 김갑수, 『나의 품격을 UP 해주는 말 DOWN 시키는 말』,
   보성출판사
17 사마천, 『사기열전 하』, 청아출판사
18 유철수, 『명품인재 짝퉁인재』, 이지북

19 조현삼, 『파이프 행복론』, 김영사
20 Brian Cavanaugh, 『Sower's Seeds of Virtue』,
   좋은생각사람들
21 사토 도미오, 『기적의 입버릇』, 중앙북스
22 김은성, 『오바마처럼 연설하고 오프라처럼 대화하라』,
   위즈덤하우스
23 데일 카네기, 『친구를 만들고 사람을 움직이는 방법』,
   시간과공간사
24 와이즈멘토, 『너무 늦기 전에 자녀와 화해하고 싶은
   부모를 위한 자녀심리학』, 리더스북
25 슈후노 토모샤, 『바로 꺼내 쓰는 일본어 경어』,
   시사일본어사
26 김현태, 『서른 즈음 다시 태어나는 나』, 북포스
27 『도산어록』
28 박차정 기자, "스티븐스 美 대사가 학생들에게 들려준
   '삶의 지혜'", 『한국경제』, 2010년 7월 23일
29 하워드 가드너, 『열정과 기질』, 북스넛
30 오윤희 기자, "'끈 이론을 아느냐' '네, 알고 있습니다'",
   『연합뉴스』, 2006년 10월 23일
31 박정식 기자, '노벨상 수상자를 만나도①쿠르트
   뷔트리히(2002년 화학상)', 『중앙일보』, 2010년 5월
   26일

PART 03 | 무지개 선순환
1 브라이언 트레이시, 『성취심리』, 씨앗을뿌리는사람
2 전미옥, 『I am Brand』, 행복한책가게
3 M. 스코트 펙, 『길을 떠난 영혼은 한 곳에 머물지
   않는다』, 고려원미디어
4 브라이언 트레이시, 『성취심리』, 씨앗을뿌리는사람
5 마스다 미츠히로, 『부자가 되려면 책상을 치워라』,
   이아소
6 윤종모, 『주님, 당신의 손길이 그립습니다』, 맑은울림
7 김수환, 『참으로 사람답게 살기 위하여』, 사람과사람
8 정현종, 『섬』, 열림원
9 임성원 기자, '미국의 기부문화', 『부산일보』, 2008년
   1월 15일
10 조성국 경민대 객원교수, '경로효친 사상이 가장 훌륭한
   노인복지 제도', 『세례일보』, 2007년 7월 23일
11 제임스 메리트, 『성령의 열매가 당신을 리더로 만든다』,
   기독교연합신문사
12 이상준 기자, "'감사합니다' 스티커 붙이고 일하나 고장
   줄었다", 『감사나눔신문』, 2012년 2월 16일

* 본문에 사용한 인용문 중에 저작권자에게 연락이 닿지 않은 곳도 있습니다. 출간 이 후에라도 성실히 접촉하여
   허락 과정을 거치겠습니다.